소년은 멈추지 않는다

ATTUCKS! by Phillip Hoose

Text Copyright ⓒ 2018 by Phillip Hoose
All rights reserved.
This Korean edition was published by Dolbegae Publishers in 2020 by arrangement with
Farrar Straus Giroux Books For Young Readers, an imprint of Macmillan Publishing
Group, LLC through KCC(Korea Copyright Center Inc.), Seoul.

생각하는돌 22

소년은 멈추지 않는다
: 차별을 부순 무적의 농구부 이야기

필립 후즈 지음 | 김충선 옮김 | 류은숙 해제

2020년 3월 4일 초판 1쇄 발행
2022년 1월 5일 초판 4쇄 발행

펴낸이 한철희 | 펴낸곳 돌베개 | 등록 1979년 8월 25일 제406-2003-000018호
주소 (10881) 경기도 파주시 회동길 77-20 (문발동)
전화 (031) 955-5020 | 팩스 (031) 955-5050
홈페이지 www.dolbegae.co.kr | 전자우편 book@dolbegae.co.kr
블로그 blog.naver.com/imdol79 | 트위터 @Dolbegae79 | 페이스북 /dolbegae

주간 김수한 | 편집 권영민
표지디자인 김하얀 | 본문디자인 김하얀·이연경
마케팅 심찬식·고운성·한광재 | 제작·관리 윤국중·이수민·한누리
인쇄·제본 상지사 P&B

ISBN 978-89-7199-995-0 (44940)
ISBN 978-89-7199-452-8 (세트)

책값은 뒤표지에 있습니다.

이 도서의 국립중앙도서관 출판시도서목록(CIP)은 서지정보유통지원시스템 홈페이지
(http://seoji.nl.go.kr)와 국가자료공동목록시스템(http://www.nl.go.kr/kolisnet)에서
이용하실 수 있습니다.(CIP제어번호: CIP2020000508)

소년은 멈추지 않는다

차별을 부순 무적의 농구부 이야기

★ ★ ★ ★

필립 후즈 지음
김충선 옮김
류은숙 해제

생각하는 돌 22

돌베개

일러두기

- Attucks는 국내에 '애턱스'로 알려져 있지만 실제 발음대로 '애틱스'로 표기했다. 저자도 본문에서 "철자와는 다르게 애틱스(Áttix)라고 발음한다."라고 설명하고 있다.

- 크리스퍼스 애틱스 고등학교 농구부가 맹활약하는 1950년대 '인디애나주 고등학교 농구 토너먼트 대회'는 구역 예선, 지역 예선, 준결승 라운드(16강전과 8강전), 결승 라운드(4강전과 결승전) 네 단계로 진행되었다.

- Ku Klux Klan은 국립국어원 표준국어대사전에는 '큐 클럭스 클랜'으로 등재되어 있으나 실제 발음에 입각해 '쿠 클럭스 클랜'으로 표기했다.

- 사진을 설명하는 글 끝에 괄호를 쳐서 명기한 것은 해당 사진의 출처이다.

- 이 책 초반부에 나오는 크리스퍼스 애틱스 고등학교를 소개하는 짧은 장은 1986년 랜덤하우스에서 초판이 출간되고 2016년 인디애나 대학교 출판부에서 3판이 재출간된 필립 후즈의 책 『후지어스: 인디애나의 특별한 농구 생활』에서 차용했다. 인디애나 대학교 출판부의 허가를 받아 수록했다.

월마 무어와 스탠리 워런 박사,

그리고 이 이야기가 생생하게 전달될 수 있도록 도와주신

다른 모든 역사학자와 선생님 들께 바칩니다.

차례

이보다 더 훌륭할 수는 없다.
버틀러 필드하우스에서 진행된 토너먼트 경기에서
오스카 로버트슨이 원 핸드 슛을 쏘고 있다.
(인디애나 농구 명예의 전당)

머리말

오스카의 주장

백인들이라 해도 그의 재능을 알아볼 수는 있었다. 하지만 전국 방방 곡곡, 흑인 선수들의 마음속에서 오스카 로버트슨이 특별한 위치를 차지한다는 사실을 백인들은 알아채지 못했다. 인디애나폴리스의 크리스퍼스 애틱스라는 흑인 고등학교 농구팀 선수로서 1955년과 1956년, 두 차례나 주 챔피언십에서 우승을 이끌었던 주역이 바로 오스카였다. 인디애나주에서 주 토너먼트 대회는 전국 대회 이상으로 거창한 것이었고, 오스카 이전까지만 해도 백인들의 잔치였다. …… 평생을 살면서 인디애나주에 발 한번 들여놓은 적 없는 흑인 수천, 수만 명이 이곳에서 무슨 일이 벌어지고 있는지 속속들이 알고 있었다.

— 데이비드 핼버스탬, 『게임의 휴식 시간』 저자

나는 인디애나주 스피드웨이에서 자랐다. 주도州都인 인디애나폴리스와 다리 하나를 사이에 둔 도시다. 다시 말해 16번가 대교를 기준으로 동쪽에는 인디애나폴리스가, 서쪽에는 스피드웨이가 자리하고 있다. 1956년 우리 가족이 처음 이사 왔을 때 스피드웨이의 주민 수는 총 1만 1,000명이었고, 모두 백인이었다. 단, 버튼 씨 가족만 빼고. 에블린 버튼은 그 댁의 외동딸이었고 나와 같은 4학년이었다. 키가 크고 날씬했던 에블린은 높은 톤으로 깔깔 소리 내어 웃는 소녀였다. 운동장에서는 줄넘기를 즐겨 하곤 했다. 나는 결국 그 소녀에게 말을 건넬 용기를 짜내지 못했지만 항상 그 아이가 궁금했다. 어떻게 우리 이웃이 되었을까? 나처럼 흰 피부가 아니라 그 애처럼 검은 피부를 갖는다면 어떤 느낌일까? 그 애와 이야기를 나누면 어떤 기분이 들까? 그 애는 우리를 어떻게 생각할까?

다리 저쪽 편의 인디애나폴리스에는 알 수 없는 수수께끼들이 더 많았다. 이 도시 어딘가에는 "인디애나폴리스에 사는 흑인 아이들이라면 모두가 다니는 어떤 학교"가 있다는 얘기를 들은 적이 있었다. 그 학교는 이름이 매우 특이했다. 크리스퍼스 애틱스. Crispus Attucks(철자와는 다르게 애틱스Attix라고 발음한다.) 우리는 너나없이 "크리스마스" 애틱스라고 불렀다. 이름 가지고 장난치려고 그랬던 것이 아니라 정말로 당시에는 학교 이름이 크리스마스 애틱스인 줄만 알았다. 스피드웨이에 사는 사람들 중 어느 누구도 그 학교가 정확히 어디에 자리 잡고 있는지 알지 못하는 것 같았다. 그냥 저기 어딘가에, 16번가 남쪽으로 야구장 근처 어딘가에 있다고, 그리 멀지 않다고 사람들이 말했다.

토요일이면 아버지는 우리 가족 모두를 차에 태우고 인디애나폴리스 시내 백화점까지 드라이브해 주셨다. 화이트리버강을 건너 인디애나폴리스 중심가에 다다를 무렵이면 지붕이 내려앉거나 기둥이 다 쓰러져 가는 집들이 줄지어 늘어선 동네를 지나가고는 했다. 대부분 우리 집보다 컸지만 훨씬 허름했다. 하지만 앞마당에서 뛰어노는 아이들의 모습은 스피드웨이에서 나와 친구들이 노는 모습과 다를 바 없었다. 다른 점을 찾자면 그 애들은 피부가 검다는 것뿐. 달리는 차창 너머로 그 아이들을 바라보며 나는 에블린에게 느꼈던 것과 똑같은 궁금증을 느꼈다. 저 아이들도 우리가 하는 놀이를 할까? 저 애들 집에도 TV가 있을까? 내가 좋아하는 프로그램을 저 애들도 보고 있을까? 저 애들은 행복할까? 내가 차에서 내려 저 애들에게 달려가 함께 논다면 어떤 일이 벌어질까? 우리 동네에는 거의 백인만 사는데 왜 이 동네에 사는 사람들은 모두 흑인일까?

우리 가족이 스피드웨이에 사는 동안 백인들이 아프리카계 미국인들과 실제로 접촉할 수 있는 유일한 기회가 인디애나주 고등학교 농구 토너먼트 대회였다. 스피드웨이 고등학교는 애틱스 고등학교와 같은 조에 속할 때가 있어서 간혹 애틱스 팀과 경기했다. 하지만 한 번도 우리 학교가 애틱스 팀을 이겨 본 적은 없었다. 스피드웨이에서 애틱스 팀은 전설로 통했다. 우리 가족이 스피드웨이로 이사하기 한 해 전에 애틱스 팀은 인디애나주 토너먼트 대회에서 700여 팀을 물리치고 우승했다. 애틱스 팀의 스타플레이어인 오스카 로버트슨은 인디애나주 역사상 최고 선수라는 평가를 받고 있었다. 누구나 언제라도 오스카에 관해 얘기했다. 그 당시 오스카는 아마도 인디애나폴리스에서 가장 유명한 인물이었을 것이다. 오스카가 미친 영향은 너무나 강력해서 그가 고등학교를 졸업하고 인디애나폴리스를 떠나 신시내티로 옮겨 간 지 3년이 지난 후 실시된 신문사 여론 조사에서도 오스카 로버트슨은 여전히 인디애나폴리스에서 가장 존경받는 인물 1위로 뽑힐 정도였다.

그 후 나는 인디애나주를 떠나 동부로 이사 갔다. 그로부터 오랜 세월이 지난 1986년, 우연한 기회로 오스카 로버트슨을 만나 장시간 대화를 나누게 되었다. 《스포츠 일러스트레이티드》라는 잡지사의 의뢰를 받고 인디애나주가 그토록 농구 경기에 열광하게 된 내력을 살펴보는 인터뷰를 진행하기 위해 인디애나주로 출장을 갔다. 나는 코치와 선수, 역사학자, 신문 칼럼니스트, 치어리더, 팬 등 수십 명을 만나서 이야기를 나누었다. 하지만 다른 누구보다도, 내가 절실하게 인터뷰하기를 원했던 한 사람이 있었다. 당시 대학 선수로서 또 NBA 프로농구팀 선수로서 훌륭한 업적을 쌓아 "빅 오"Big O라는 애칭으로 널리 알려진 오스카 로버트슨이었다. 오스카 로버트슨은 나의 인터뷰 요청에 응해 주었고 우리는 마침내 신시내티에 있는 그의 변호사 사무실에서 만났다. 우리는 꼬박 세 시간 동안 대화를 나누었는데 어릴 적 나의 호기심을 불러일으키고는 했던 그 미스터리한 학교, 인디애나폴리스의 크리스퍼스 애틱스 고등학교 시절에 관한 이야기로 대부분의 시간을 보냈다.

당시 그와 나누었던 대화의 한 대목이 지금 여러분이 읽고 있는 이 책을 쓰는 계기가 되었다.

"아시다시피, 우리 학교가 문을 열었던 것은 쿠 클럭스 클랜(Ku Klux Klan, 국립국어원 표준국어대사전에는 '큐 클럭스 클랜'으로 등재되어 있으나 실제 발음에 입각해 이 책에서는 '쿠 클럭스 클랜'으로 표기한다.―옮긴이) 때문이었지만 그들은 자신들이 벌인 일이 어떻게 전개될지 전혀 가늠하지 못했습니다."라고 오스카가 말했다.

"그게 무슨 말씀이시지요?" 내가 물었다.

"KKK는 스스로 짐작도 못했던 큰일을 해낸 것이죠. 흑인을 분리하고자 애틱스를 새로 세웠지만 우리가 토너먼트 대회에서 우승하면서 인디애나폴리스 전체가 인종적으로 통합되기 시작했어요. 뛰어난 소질을 보였던 흑인 아이들이 모두 애틱스에 입학했던 거예요. 덕분에 우리는 모든 경기에서 승승장구했고 다른 학교 코치들은 그것이 마음에 들지 않았지요. 그래서 흑인 학생 중 상당수가 백인 학생들만 다니던 다른 학교에 입학하기 시작했어요……."

도대체 오스카 로버트슨은 무슨 말을 하고 있는 것일까? 미국의 주요 도시, 그것도 북부에 위치한 인디애나폴리스의 고등학교가 쿠 클럭스 클랜 때문에 설립되었다고? 그리고 일개 고등학교 농구팀 덕분에 인디애나폴리스의 인종 통합이 시작되었다고?

오스카는 진지했다.

그의 주장은 사실일까?

마틴 루서 킹 주니어 박사는 흑인 민권운동의 역사를 되돌아보며 "공포의 장막이 걷힌 것은 이 나라의 흑인 청소년들 덕분이다."라고 평가한 적이 있다. 그의 말대로 인종차별을 철폐하기 위해 이런 저런 방식으로 헌신했던 젊은이들의 사례는 수없이 많다. 1951년, 버지니아주 팜빌에 있는 흑인 고등학교 3학년 바버라 존스는 과밀 학급과 부서진 책상, 열악한 교육 환경에 항의하며 친구들을 이끌고 시위를 주도했다. 1955년 3월 앨라배마주 몽고메리에서 클로뎃 콜 빈(Claudette Colvin, 필립 후즈가 쓴 『열다섯 살의 용기』의 주인공―옮 긴이)이라는 15세 소녀가 로자 파크스보다 거의 1년 앞서 그녀가 했 던 것과 똑같은 방법으로 저항했다. 당시 9학년 학생이었던 콜빈은 공공 버스에서 백인 승객에게 자리를 양보하라는 차장의 지시를 거 부했고, 이후 용기를 내어 버스 내 흑백 분리법을 놓고 법정에서 다 투었다. 2년 후에는 아홉 명의 학생들이 연방군대의 보호를 받으며 흑인으로서는 최초로 아칸소주 리틀록에서 센트럴 고등학교에 입 학했다.(리틀록 9인 사건. 학교 내 분리 정책이 위헌이라는 대법원의 결정 에도 불구하고 아칸소주 주지사는 주 방위군을 동원해 흑인 학생들이 리틀 록의 센트럴 고등학교에 등교하는 것을 막았다. 이에 아이젠하워 대통령이 연방 군대를 파견하여 아홉 학생들의 등교를 보호했다.―옮긴이) 유사한 사례는 계속해서 이어진다.

변화를 요구하는 이런 일련의 사건들이 모두 남부 지역에서만 일어났던 것은 아니고, 또 이런 요구 뒤에 항상 격한 충돌이나 물대 포, 군대, 법정, 또는 전투견이 뒤따랐던 것도 아니다.

그래서 곰곰이 생각해 보니 나와 인터뷰하면서 오스카 로버트슨이 주장했듯이, 한 고등학교 남자 농구팀의 부상이 미국의 주요 도시 중 하나인 인디애나폴리스 역사상 가장 기억할 만한 민권운동의 한 장면이었음을 깨닫게 되었다. 크리스퍼스 애틱스 고등학교의 당당한 등장은 인디애나폴리스의 흑인들, 그리고 많은 백인들에게 어떤 의미였을까? 이 질문에 대해 애틱스 팀이 마침내 위대한 승리를 거둔 이튿날 아침, 인디애나폴리스의 흑인 주민들이 주로 구독하는 주간지인 《인디애나폴리스 리코더》는 다음과 같이 적절하게 설명했다.

인디애나주를 잘 알지 못하는 사람들이라면 이토록 영광스런 기적이 이루어진 데 대해 무릎을 꿇고 하나님을 찬양하는 우리를 보며 지나치게 오버한다고 생각할 것이다. 그러나 농구 경기는, 그중에서도 특히 고등학교 농구 토너먼트 경기는 후지어(인디애나주 주민을 일컫는 말. 57쪽 박스 설명 참조—옮긴이)의 일상에서 매우 특별하고 높은 지위를 차지한다. 농구는 그저 남자아이들의 놀이가 아니라 그보다 훨씬 고귀한 어떤 것이다. 아마도 가장 중요한 관심사라고 해도 좋을 것이다.

록필드가든스에서 열린 더스트볼 토너먼트에서
슈팅하는 베일리 "플랩" 로버트슨.
(인디애나 농구 명예의 전당)

플랩의 숏

막상막하로 진행되는 시합에서 마지막 득점을 노릴 때 시도하는 '펜스'fence는 낡고 식상한 플레이였다. 네 명의 선수들이 자신들을 마크하는 상대 팀 선수들 앞을 막고 마치 장벽을 이루듯 어깨를 나란히 한 채 자유투 라인에 서 있는 동안, 팀의 최장신 선수가 자기 팀의 골대 아래에서 심판으로부터 공을 건네받는다. 그런 다음 인간 장벽 위로 높이 공을 던져, 대열로부터 한 발짝 물러서서 대기하고 있던, 숏을 가장 잘 쏘는 동료 선수에게 패스한다. 이 선수가 공을 잡아서 마지막 숏을 던진다. 농구에서 오래전부터 애용되었고 누구나 알고 있던 전술 중 하나였다. 물론 앤더슨 고등학교 팀도 마찬가지였다.

경기 종료 7초를 앞두고 크리스퍼스 애틱스 팀이 80 대 79, 1점차로 앤더슨 고등학교에 뒤지고 있는 상황에서 공을 잡게 되었다. 그때 애틱스 팀의 코치인 레이 크로가 지시한 작전도 '펜스'였다. 본래는 애틱스 팀의 최고 슈터인 할리 브라이언트를 염두에 두고 짠 계획

"애틱스, 세기의 경기에서
승리"라는 제목이
모든 것을 함축한다.
플랩 로버트슨의 슛은
인디애나폴리스를
놀라게 했고, 애틱스라는
이름을 널리 알렸으며,
프로그아일랜드를 열광의
도가니로 만들었다.
《인디애나폴리스 리코더》

ATTUCKS WIN

Fifty-sixth Year

Coach Spurle
"Never" Ga
Hope of Vict

Albert C. Spurlock
coach of the net-cutti
hadn't given the game
when Attucks was 10
hind with only four
minutes left to play.
given up when Jack
der on out front 80 to
seconds to go.
As a matter of fact
Tigers brought the ba
under the Anderson
started the seconds to
Spurlock said, he and
Crowe were trying to
out to "set something
they couldn't attract
tion of the officials a
was kicked out of ho
Attuck basket by Tib
The Tiger director
their pleas for a time
Jewell passed the ball

으로, 할리가 펜스 뒤에 한 발짝 물러서 있다가 결정적인 슛을 던지
기로 약속되어 있었다.

심판이 애틱스 팀의 골대 아래에서 라인 바깥쪽에 서 있던 애틱
스 팀의 센터 밥 주얼에게 공을 넘겼다. 그는 공을 쥔 두 손을 머리 위
로 뻗은 채 서 있었다. 이어서 심판은 휘슬을 불어 인디애나폴리스
농구 역사상 가장 중요한 마지막 7초의 시작을 알렸다.

처음 1초가 채 지나기도 전에 작전이 실패했음이 분명해졌다.
애틱스 팀의 계획을 정확하게 간파한 앤더슨 팀이 할리 브라이언트
를 밀착 방어하고 있어서 밥 주얼은 브라이언트에게 공을 패스할 수

GAME OF THE CENTURY"

polis THE Recorder

GREATEST WEEKLY

anapolis, Indiana, March 10, 1951   Number 10

sier GI from Marion
sing in Korean War

HEAD STYLES TIGERS'
Y GOD-SENT COMEBACK

God was on that
rday night," Rus-
chool, told 1,800
s at a special vic-
he school's audi-
morning.
adir a wonderful
only the Supreme
successfully have
cks principal con-

of the Attucks students.
"Every school and every
team in Indianapolis and this
region is behind our team,"
Watford said.
Neither Coach Ray Crowe nor
his assistant, Albert C. Spurlock,
spoke to the students. However,
both men and all the members of
the basketball squad appeared on

MARION –Pfc. Ezekiel A. Davis,
age 19, son of Mr. and Mrs. Eze-
kiel Davis, 1915 S. George street,
has been listed as missing in ac-
tion with the U.S. Army in Korea.
His parents have been advised
Pfc. Davis was listed as missing
about five weeks after he arrived
in Korea, or on Feb. 11.
Pfc. Davis had been on patrol
duty and received his first stripe
making him private first class, he
told his parents in his last letter.
He was with an infantry outfit.
His parents also received a let-
ter from the Department of De-
fense advising them no data about
his whereabouts was obtainable.
Pfc. Davis enlisted in July and

81-80 Victory Seen As
State's Most Decisive

By JIM CUMMINGS

In what may prove to be the decisive game of the 1951
state high school basketball tournament, Crispus Attucks'
magnificent Tigers overcame a 10-point deficit in the final
four and a half minutes of play and nipped Anderson 81-80
for the regional title last Saturday night.

Bailey Robertson, 5'9" sophomore
guard who missed the sectional
play because of a clerical mistake,
was the "minute man" who sank
the winning basket with only four
seconds to go as 15,000 almost
stupefied fans cheered, applauded
and cried in Butler Fieldhouse.

Fans will be describing that
basket and reliving that game
as long as Indiana caters to
the roundball sport. It was,
without a doubt, one of the
most thrilling high school bas-
ketball games ever played in
Indiana—or the world.

The game was widely noted and
will long be remembered for its
drama, its suspense, the heartache
it brought, and the joy it fostered.
The sterling floor play of both
teams, the Indians' ability to shoot
those important free throws, and
the Tigers' coolness and ability to
come through in the clutch will
be talked of for many years to
come.

Rose from the "Dead"
Coach Ray Crowe and his Tigers
had been given up for "dead" by
most spectators when they were

BAILEY ROBERTSON

없었다. "플랩"이라는 별명으로 불렸던 애틱스 팀의 예비 가드 베일리 로버트슨이 제일 먼저 작전 실패를 감지했다. 낭비할 시간이 없었기에 베일리는 대열에서 이탈해 오른쪽 코너로 달려갔고 주얼을 바라보았다. 밥 주얼은 별 도리 없이 방향을 바꾸어 공을 플랩 로버트슨에게 패스했다. 공을 잡은 플랩 로버트슨은 몸을 웅크려 슈팅 자세를 취했다가 골대를 조준하며 있는 힘껏 뛰어올라 오른손으로 슈팅했다.

과연 24년에 걸친 지역사회의 노력이 결실을 이룰 수 있을지가, 버틀러 필드하우스의 코트 바닥 위로 이제 막 떨어지려는 찰나에 있는 이 마지막 볼에 달려 있었다. 사반세기에 걸쳐 한 걸음씩 전진해 온 발전이 과연 어떻게 결론 날 것인가. 전형적인 슈터의 자세 그대로 슈팅을 마치고도 공을 따라가며 얼어붙은 듯 정지된 플랩의 손목에 걸려 있었다. 이제 낙하하고 있는 공이 만에 하나 링을 통과해서 떨어진다면, 그것은 혐오로 가득한 분위기 속에서 실패를 예정하고 학교를 세운 사람들에 대한 응답이 될 것이고, 무려 15년 동안 애틱스 고등학교가 토너먼트에 참가할 수 없도록 방해했던 사람들에 대한 웅변이 될 것이며, 무릇 흑인 선수들은 압박이 심해지면 쉽게 좌절하기 마련이라고 믿는 사람들에게 던지는 확실한 반박이 될 터였다. 플랩 로버트슨의 마지막 슛은 오랜 인고의 세월 끝에 존중을 얻느냐, 그렇지 못하느냐를 가를 일생일대의 승부수였다.

전설로 회자되는 사건들이 으레 그러하듯이 그다음 장면에 관한 세세한 내용은 오늘날까지 논란이 분분하다. 플랩 로버트슨의 막내동생으로 당시 열두 살 소년이었던—10년 뒤 "빅 오"라는 애칭으로 인디애나주를 넘어 미국 전역에서 이름을 떨친—오스카 로버트슨은 집에서 엄마, 둘째 형 헨리와 함께 1951년 인디애나폴리스 지역 챔피언십 경기에 출전한 큰형 플랩 로버트슨의 플레이를 TV로 지켜보고 있었다. 그로부터 35년이 지나서 나와 인터뷰할 때 오스카는 플랩의 슛을 '헤일 메리'(Hail Mary, 바스켓에서 멀어 성공할 가능성이 낮지만 마지막 순간에 던져 보는 슛—옮긴이)라고 기억했다. 다시 말해 "링에 맞고 한 번 튕겨 올랐다가 그물 속으로 곧바로 떨어졌다."는 것이다. 한편, 본래의 펜스 플레이에서 공을 패스 받을 예정이었던 할리 브라이언트는 공이 링 안에서 실컷 맴돌다가, 거의 에너지를 잃은 뒤에야 떨어졌다고 기억한다. 플랩 로버트슨에게는 인생에서 다시없었던 일생일대의 순간이었다.

한편 당사자인 플랩 로버트슨은 수년 뒤 필자와 인터뷰할 때 힘차게 고개를 끄덕이며 '낫싱 벗 네트'(Nothin'but net, 공이 링이나 백보드를 건드리지 않고 휙 소리를 내며 쏙 들어갈 때 쓰는 농구 용어ㅡ옮긴이)라고 말했다. "심장마비로 죽을 뻔했다고 말하는 사람들이 많았습니다. 만삭이던 어떤 여자분은 공이 그물을 가르며 떨어지자마자 출산을 시작했다고도 했어요. 그 후로 저는 계속 스스로에게 물었어요. '왜 나였지?' 물론 그에 대한 대답은 없어요. 저는 심지어 스타팅 멤버도 아니었거든요. 저는 '계속해, 플랩.'이라고 말하는 운명의 목소리를 들었고, 따랐을 뿐이라고 생각해요."

그날 운명의 신이 자아낸 커다란 미소는 플랩의 막냇동생인 오스카에게도 가닿았다. "플랩의 슛을 지켜본 뒤로 나는 완전히 달라졌다. 나는 깨달았다. 난생처음으로 내 마음 안에서 희망의 불꽃이 깜박이기 시작했다."라고 오스카 로버트슨은 훗날 자서전에서 썼다.

1장

희망을 찾아 북부로

폭풍우 치는 플로리다의 해변을 떠나며
나는 "안녕!"이라는 말로 남부에 작별 인사를 고했네.
그들은 더 이상 나를 그렇게 홀대할 수 없지
내 눈을 때려 멍들게 할 수 없지
—1916년 11월 11일 《시카고 디펜더》에 처음 실린 미스터 워드의 시
「약속의 땅을 향해」 중 일부●

● 《시카고 디펜더》는 시카고 기반의 주간지로서 흑인 독자층에게 가장 유력했던 신문 중
하나였다. 짐 크로 시대의 폭력 사태를 보도했고 노래와 시, 사설 등을 통해 남부의 흑
인들에게 북부 이주를 독려하여 '흑인 대이동'을 촉발했다. 특히 미스터 워드가 쓴 이
시는 인기가 높았고 중요한 영향을 미쳤다.—옮긴이

플로리다주에서 살다가 짐을 싸서 북부로 이주하는 가족.
(의회도서관)

1950년대에 인디애나폴리스의 크리스퍼스 애틱스 고등학교 농구 팀에서 활약했던 소년들 대부분은 본래 남부 태생이었다. 저마다 시기는 달랐지만, 인생의 어느 한때에 그들의 삶에 개입했던 어른들이 버스나 기차에 그들을 태우거나 아니면 자동차 뒷좌석으로 밀어 넣었다. 버스는 숨이 넘어갈 듯 밭은기침을 토하며 터미널을 빠져나와 희망을 찾아 길고 긴 여정을 시작했다. 아이들은 할아버지, 할머니, 사촌, 삼촌, 고모, 이모가 시야에서 사라질 때까지 두 눈 가득 눈물을 머금고 애달픈 작별 인사를 건네며 손을 흔들었다. 한 시간이나 지났을까, 어른들이 기름 얼룩이 밴 갈색 종이봉투에서 치킨과 파운드케이크를 꺼내 나누어 줄 즈음이면 울음소리도 잦아들었다.

고향을 등지고 떠난 흑인 가족은 31번, 41번, 51번, 61번과 같이 홀수 번호가 붙은 이차선 고속도로를 달려 인디애나폴리스라는 낯선 도시에 있는 이모나 고모 집을 찾아, 그것도 아니라면 삼촌의 차고를 찾아 북부로 향했다. 아이들은 더러운 차창에 코를 파묻고 빠르게 스쳐 지나가는 헛간과 젖소 들을, 켄터키주의 경계에 이르면 흰색 울타리 너머에서 겅중거리며 뛰어노는 아름다운 말들을, "매머드 동굴을 보러 오세요"라고 쓰인 관광 안내판을 차례로 바라보았다. 수년이 지나 고등학교 농구팀 선수가 된 후에도 소년들은 잭슨, 헨더슨빌, 밀러스빌, 볼링그린, 파두카, 호스케이브, 엘리자베스타운, 헨더슨으로 이어지는, 어린 시절 그들이 지나온 도시 이름을 순서대로 읊어 말할 수 있었다. 도로변에 일정한 간격을 두고 한 줄로 죽 늘어서 있던 흰색 광고판도 기억하고 있었다. "학교를 졸업하면" "여유를 찾으세요" "수염이 거뭇거뭇한" "애송이들이" "어른이 되게 놔두세요" "버마셰이브"라는 짧은 문구가 차례로 적혀 있었다.(미국산 면도 크림 브랜드 버마셰이브는 작은 광고판들을 일정한 간격으로 도로에 설치하는 광고 전략으로 성장했다.—옮긴이) 켄터키주의 유명한 지하 관광지인 "매머드 동굴"이라고 쓰인 광고판이 점점 더 커지고, 점점 더 자주 등장하다가 이내 사라졌다.

한 시간에 한 번쯤 버스가 정차하면 승객들이 차에서 내려 주유소나 건물 뒤편으로 가서 "유색인용"이라고 표시된 화장실이나 음수대를 이용했다. 근처에서 어슬렁거리다 보면 버스 기사가 다시 버스에 오르라고 고함을 질렀다. 켄터키주의 루이빌에서 오하이오강만 건너면 마침내 '북부'인 인디애나주의 제퍼슨빌이다. 2번가 대교를 통과해 강을 건널 무렵이면, 장차 농구 스타가 될 소년들 대부분은 깊은 잠에 빠져 곯아떨어져 있었다. 어쩌면 다시는 보지 못하게 될 친구들과 함께 일하거나 뛰어놀았던 너른 갈색 밭이 나오는 꿈을 꾸었을 것이다.

테네시주 벨스버그에서 살던 한 가족도 이들처럼 북부를 향해 출발했다. 1942년 겨울, 메이절 로버트슨은 세 아들인 베일리(9세)와 헨리(6세), 막내 오스카(4세)를 데리고 테네시주 내슈빌에서 그레이하운드 버스에 올랐다. 주민 수가 약 40만 명에 이른다는 대도시인 인디애나폴리스행 버스였다. 네 사람 모두 마음이 몹시 무거웠다. 그들은 친척은 물론이고, 당시까지 생존해 있던 메이절의 할아버지(112세)가 남북전쟁 직후부터 소작을 부치기 시작했던 36만 평의 옥수수 밭을 뒤로하고 고향을 떠나고 있었다. 메이절의 남편인 베일리 로버트슨 시니어는 이들보다 서너 달 앞서 공장 일자리를 찾아 이미 인디애나폴리스로 이사한 터였다. 공장 일이란 본래 백인들 차지였지만, 당시에는 백인 중 상당수가 해외에 파병 나간 상태였다. 군대 역시 인종차별과 분리가 만연한 상황에서 베일리 로버트슨 시니어는 넉넉한 급료를 주는 군수공장에서 일하려고 먼저 떠나왔지만, 찾는 일자리는 없고 간신히 시청 위생국에 취직한 상태였다.(제1, 2차 세계대전과 한국전쟁 당시까지 군대에서도 인종 분리가 엄격하게 적용되었다. 이론상 군대 내의 인종차별이 철폐되었지만, 실제에서는 흑인은 지휘관이나 병사가 될 수 없었고 잡역부 역할로 한정되었으며 반복적으로 백인 병사들에게 폭력의 대상이 되었다. 군수산업 분야에서도 사정은 비슷했다. 1941년 이후 전쟁 준비가 가속화되었지만 흑인 노동자들에게는 기회를 주지 않거나 일자리를 주더라도 단순하고 위험한 저임금 노동에 한정되었다.—옮긴이) 급여 조건은 좋지 않았지만 나름대로 안정적이었다. 이제 가족이 함께 살아야 할 때라고 그는 말했다. 가족이 지낼 만한 거처를 찾기 전까지 아이네즈 고모 집에서 함께 지내기로 했다.

메이절 로버트슨으로서도 고향을 떠날 수밖에 없었다. 선택할 수 있는 다른 대안이 없었다. 테네시주 딕슨 카운티에서는 1학년부터 6학년까지 전체 아동이 교실이 하나밖에 없는 학교에서 수업을 받아야 했다. 지극히 헌신적인 리지 글리브스라는 교사가 혼자서 전체 학년의 수업을 도맡았다. 배변 훈련을 간신히 끝낸 어린 아동들 바로 곁에는 이미 경험 많은 농장 일꾼으로서 한몫을 톡톡히 해내는 좀 더 나이 든 소년 소녀들이 앉아 함께 공부했다. 농장 일을 도와야 하는 남자아이들은 수업이 진행되는 중에도 끊임없이 교실 밖으로 불려 나갔고, 아이들은 학교에서 공부하기보다는 농장에 일하러 갈 때 더 즐거워 보였다. 메이절 로버트슨은 스스로에게 물었다. "이런 교실에서 내 아이들이 무엇을 얼마나 배울 수 있을까?" 인디애나폴리스가 어떤 곳이든, 딕슨 카운티보다는 나을 수밖에 없었다. 인디애나폴리스는 어쨌든 북부에 속하는 도시니까.

여덟 시간의 여정을 마치고 자정이 지났을 무렵, 로버트슨 부인과 세 아이를 태운 그레이하운드 버스는 인디애나폴리스 시내, 일리노이 스트리트에 위치한 그레이하운드 터미널에 멈춰 섰다. 로버트슨 가족은 철사로 친친 감은 딱 하나뿐인 여행 가방을 끌고 버스에서 내려 터미널로 들어갔다. 어쩐 일인지 아이네즈 고모는 그들을 마중 나오지 않았다. 네 모자는 한두 시간 기다려 보았지만 이내 진이 빠졌다. 비록 인디애나폴리스의 트롤리나 시내버스 같은 교통수단은 한 번도 이용해 본 적이 없었지만 오래 걷기라면 일가견이 있었다. 네 가족은 메이절이 손에 꼭 쥔 종잇조각에 적힌 주소를 찾아 세넛 애비뉴를 따라서 여행 가방을 끌고, 당기고, 무릎으로 밀며 열여섯 개 블록을 걸었다.

장남인 베일리 로버트슨 주니어는 수년이 지난 후에도 당시를 기억하고 있었다. 고모 집은 어둠에 싸인 채 잠겨 있었다. 네 가족은 동틀 무렵 아이네즈 고모가 일을 마치고 집으로 돌아와 집 안으로 안내할 때까지 현관 앞에서 웅크리고 앉아 밤을 지새웠다. 아이네즈는 그들이 오는 것을 모르고 있었다.

로버트슨 가족은 아이네즈 고모 집에서 1년을 함께 살았다. 꼬박 1년 동안 저축한 뒤에야 베일리 로버트슨 시니어는 가까운 곳에 집을 구할 수 있었다.

베일리, 헨리, 오스카 로버트슨 삼형제는 훗날 크리스퍼스 애틱스 고등학교 농구팀에서 활약한 다른 많은 선수들처럼 '흑인 대이동'이라는 시대의 물결에 휩쓸려 이렇게 북부로 왔다. 당시 흑인들은 질릴 대로 질린 남부를 등지고 마치 지도가 북쪽으로 기울기라도 한 것처럼 북부의 도시 지역으로 대거 이동했다. 희망에 부푼 흑인 가족들이 봇물 터지듯 뉴욕, 시카고, 클리블랜드, 디트로이트로 흘러 들어왔다. 인디애나주의 인디애나폴리스도 목적지 중 하나였다.

사랑하는 가족이 아직 남아 있는 남부와 가깝다는 것이 인디애나폴리스가 인기 높았던 이유 중 하나였다.

흑인 대이동

1916년부터 1970년까지, 약 600만 명에 달하는 아프리카계 미국인들이 일자리와 좀 더 나은 주거 환경, 자녀 교육을 위해 북부로 이주했다. '북부'란 그들에게 곧 희망을 의미했다. 그들을 증오하고, 위협하고, 제한하고, 업신여겼던, 그리고 보잘것없는 대가를 주고 노동을 착취했던 백인들로부터 비로소 벗어날 수 있다는 희망이었다. 1950년대에 십대 시절을 보내며 농구 경기를 혁명적으로 바꾸어 놓은 남부 출신 남학생들은 어릴 적이던 1930년대부터 1940년대 사이에 2차선 고속도로를 따라 그들이 곧잘 '냅타운'이라고 부르고는 했던 인디애나폴리스(Indianapolis)에 처음 당도했다. 아이들을 이곳으로 이끌었던 어른들은 나름의 계획과 꿈이 있었고, 북부의 대도시에서 더 나은 기회를 찾을 수 있다는 기대 하나에 자신의 모든 것을 걸고 있었다.

이렇게 인디애나폴리스로 모여든 소년들은 새로운 고향이 될 이 도시에 장차 어마어마한 영향을 미치게 된다. 하지만 당시만 해도 미래에 벌어질 일을 짐작조차 할 수 없었다. 강력한 덩크슛으로 경외감을 자아내기도 하고, 다른 사람들에게 미움을 사기도 했던 윌리 가드너는 테네시주 펄래스키에서 어머니와 함께 버스를 타고 북부로 왔다. 원 핸드 점프 슛의 창시자 격인 할리 브라이언트는 1942년 아버지와 함께 사우스캐롤라이나주에서 자동차를 타고 북부로 왔다.

훅 슛으로 유명한 셰드릭 미첼은 멀리 미시시피주에서 왔고, 나는 듯한 높은 점프로 유명한 윌리 메리웨더는 뷰익 컨버터블을 타고 아버지와 함께 테네시주를 떠나 북부로 왔다. 윌리나 그의 아버지 모두 이 멋진 자동차의 파워를 사랑했다. 과속 단속에 걸려 차를 정차해야 할 때면 윌리의 아버지는 운전사용 모자를 툭툭 치며 백인 손님에게 차를 배달하는 중이라고 경찰에게 둘러댔다.

그리고 테네시주에서 이사 온 메이절 로버트슨의 세 아들도 있었다. 장남인 베일리는 1951년 버저비터 코너 슛과 함께 애틱스 고등학교를 전국적으로 유명하게 만들었다. 차남인 헨리는 위대한 애틱스 농구팀의 귀중한 후보 선수가 되었다. 그리고 막내인 오스카는 인디애나주 역사상 가장 훌륭한 고등학교 농구 선수로 평가받게 되고, 이후 십 수 년 동안 대학 선수와 프로 농구 선수로 활동하며, 농구와 관련된 실로 모든 것에 족적을 남겼다.

인디애나폴리스로 이주한 흑인 가족들은 그들을 맞이하는 이 도시의 태도에 큰 충격을 받았다. 짐 크로^{Jim Crow}의 날개가 일상생활 곳곳에 드리워져 있었다. 학교에서는, 남부와 다를 것 없이 인종 분리가 시행되었다. 흑인 가족들은 대부분 키 작은 집들이 납작 웅크린 듯 모여 있는 '프로그아일랜드'라고 알려진 음습한 슬럼가에 위치한 불결하고 좁은 집에서 살았다. 난방이나 전기가 연결되지 않은 것은 물론이고 수돗물이나 수세식 화장실을 이용할 수 있는 실내 배관이 설치되지 않은 집들이 태반이었다.

흑인 여성 대부분은 몇 푼 안 되는 일당을 받는 가정부로 취업해 부유한 백인 가정에서 그 집 아이들을 키우고 집 안을 청소했다. 점심 끼니는 뒤 베란다에서 때워야 했다. 심지어 공원에도 '백인 전용', '유색인용'이라는 표지판이 세워져 있었다. 흑인은 전반적으로 환영받지 못하는 분위기였다. 시립병원에서 흑인 환자를 치료하는 병동은 단 하나뿐이었다.

짐 크로

미국 전역, 그중에서도 특히 남부 지역에서는, 촘촘하게 짜인 법과 표지판, 분리벽, 화살표, 조례, 불평등한 기회, 규칙, 모욕, 위협, 관행, 그리고 때로는 이 모든 것을 뒷받침하는 폭력을 통해서 인종이 분리되어 있었다. 공식 명칭은 아니지만 이 모든 인종차별 또는 분리 체계를 통틀어 흔히 '짐 크로 법'이라고 일컫는다. 백인 연기자가 얼굴을 거게 칠하고 흑인을 부정적으로 묘사했던 1830년대의 보드빌(vaudeville, 노래, 춤, 촌극 등을 엮은 쇼—옮긴이) 캐릭터인 '짐 크로'에서 유래된 이름이다.(인디애나주의 1885년 민권법은 "인디애나주의 모든 주민은 '피부색이나 인종과 상관없이' 식당에서 식사하고, 극장 좌석에 앉고, 전차를 타고, 호텔을 이용할 수 있다."고 약속했다. 하지만 이 법은 거의 실효성이 없었으며, 현실에서는 19세기 후반부터 20세기 중반까지 인종을 분리하고 차별하는 짐 크로 법이 만연했다.—옮긴이)

시내 백화점은 흑인 손님을 기피했고, 영화관에서는 발코니로 쫓아냈다. 리버사이드 놀이공원은 '유색인종 놀이의 날'을 정하고 이날에 한해서만 흑인 어린이들의 입장을 허용했는데, 1년에 딱 하루뿐이었다. 그것도 지역의 유제품 가게에서 우유를 구매하고 병뚜껑을 정해진 개수만큼 모아야 입장할 수 있었다. 놀이공원 안에서는 '백인 손님 전용'WHITE PATRONAGE ONLY SOLICITED이라고 쓰인 표지판이 곳곳에서 눈에 띄었다. "인디애나주는 북부 아니었어?"라고 이제 막 인디애나폴리스로 이주해 온 신출내기들이 다른 사람들에게 물었다. 북부 도시라면서, 어떻게 그들이 방금 탈출해서 나온 남부 지역만큼 흑인에게 적대적일 수 있을까?

하지만 되짚어 보면 사실 인디애나주는 단 한 번도 흑인을 환영한 적이 없었다. 1831년에 처음 도입되고 1851년에 널리 보급된 투표를 통해 개정된 인디애나주 헌법과 법률에 따라 인디애나주로 이주하는 흑인들은 거주 '등록'을 해야 할 의무가 있었다. 다시 말해 흑인들은 증인 한 사람을 대동하여 주소지 법원에 출두하고 500달러의 보증금을 납부해야 했다. '등록'의 목적은 인디애나주에서 거주하고자 하는 흑인들이 향후 '거지 또는 범죄자'로 전락하지 않도록 보장하는 것이었다.

실상은 이러했다. 하지만 '흑인 대이동'의 시대에 남부를 등지고 오하이오강을 건너 북부로 향하는 희망에 가득 찬 흑인 가족들의 물결을 그 누구도 막을 수 없었다. 오하이오강 하나만 건넌 뒤 인디애나주에 속하는 작은 시골 마을에 정착하는 사람들도 없지 않았으나 대다수는 좀 더 북쪽에 위치한 인디애나주의 주도 인디애나폴리스를 선택했다. 1920년을 기준으로 약 3만 5,000명의 아프리카계

인디애나폴리스의 방치된 슬럼가였던 프로그아일랜드.
인디애나폴리스의 아프리카계 미국인 주민 대부분이 이곳에 모여 살았다.
(O. 제임스 폭스 컬렉션, 인디애나 역사학회)

미국인들이 인디애나폴리스에서 살았는데, 이 숫자는 20년 전과 비교하면 두 배가 넘는 수치였다. 상당수 백인들은 흑인들의 이주를 막아 내야 할 '침략'이라 여겼다.

바로 이 국면에서 데이비드 커티스 스티븐슨이라는 인물이 등장한다. 1921년, 쿠 클럭스 클랜의 단원 모집 총책이었던 조지프 허핑턴은 당시 29세로 석탄회사 영업사원이었던 스티븐슨을 발탁해 인디애나주 에번즈빌에 클랜의 지방 지부인 클래번Klavern을 설립하라고 지시한다. 다부진 체격에 풍성한 금발 머리칼을 가진 스티븐슨은 웃음기 띤 얼굴에 옷 잘 입는 신사였다. 이 잘생긴 신사가 실제로 어떤 사람인지, 제대로 아는 사람은 아무도 없었던 것 같다. 사실 특별히 알려질 만한 인생을 살았던 것도 아니었다. 스티븐슨은 8학년 때 학교를 그만두고 인쇄소에서 식자공으로 일하며 그레이트플레인스 전역을 떠돌아다녔다. 일찌감치 결혼했지만 임신한 아내를 버리고 떠났다.

'스티브'라 불리는 것을 좋아했던 D. C. 스티븐슨은 변호사나 은행원, 농부 할 것 없이 누구를 상대하더라도 혼을 쏙 빼놓을 수 있는 타고난 이야기꾼이었다. 엄청난 술고래인 데다 여성을 바라보는 눈길은 한결같이 탐욕스러웠다. 게다가 조직을 구성하는 데 천재적인 재능을 가지고 있었다. 인디애나주를 찬찬히 살펴본 스티븐슨은 이곳에서라면 클랜이 자신을 왕으로 만들어 줄 수 있음을 간파했다. 이를테면 1920년 당시 인디애나주는 북부 연맹Union에 속했던 다른 어느 주들과 비교하여도 이 고장 태생 백인 주민의 비율이 현저하게

데이비드 커티스 스티븐슨. 쿠 클럭스 클랜의 인디애나주 책임자 격인
그랜드 드래건. "내가 곧 인디애나주의 법이다."라고 스티븐슨이 곧잘 떠벌리고는
했는데 그의 이런 주장이 1920년대 초에 이르러 사실에 가까워졌다.
(인디애나 역사학회)

높았다. 바꾸어 말해 당시 인디애나주 주민 상당수는 주 경계 밖으로 여행을 떠나 본 적이 없고, 외부인들에 대한 경계심이 유난히 높았다. 스티븐슨은 이런 사람들 사이에 두려워하거나 증오하기에 적당한 적을 던져 준 셈이었다. 연설할 기회가 있으면 스티븐슨은 가톨릭교도나 흑인, 유대인 들을 '이방인들'이라고 싸잡아 비난했다. 인디애나주에 침입하여 돈을 통제하고, 일자리를 훔치며, 백인 여성을 공격한다고 열변을 토했다.

"클랜의 이상"이라는 제목을 단 한 책자에서는 클랜을 다음과 같이 묘사하고 있다.

— 클랜은 백인 남성 조직이다.
— 클랜은 비非유대인 조직이다.
— 클랜은 미국인의 조직이다.
— 클랜은 개신교 조직이다.(아프리카계 미국인을 적대시하는 백인
  우월주의가 클랜의 전부는 아니다. 개신교를 주창하므로 가톨릭교
  도와 유대인 들은 물론 이런 신앙과 연관된 아일랜드, 이탈리아, 발
  칸, 슬라브계 이민자들도 배척했다. —옮긴이)

클랜의 '야외 집회' 행사가 열리면 스티븐슨의 연설을 듣기 위해 수천 명이 모여들었다. 1923년 코코모 시 맬팔파 공원에서 진행된 한 연설회에는 무려 20만 명의 인파가 모였으며, 인디애나주 역사상 최대 규모의 대중 집회 중 하나로 기록되었다. 당시 스티븐슨은

전용 비행기를 이용해 예정된 시간보다 늦게 도착했다. 빠르게 돌던 프로펠러가 점점 느려지다가 멈추었을 때 문이 열리고 마침내 그가 나타났다. 재킷을 한 번 털고 금발 머리를 쓸어 넘기고는 갑자기 쏟아지는 햇빛에 눈을 찡그렸다. 그는 늦게 당도한 것을 사과하며 연설을 시작했다. "중요한 국정 현안에 대해 조언을 구하려는 미합중국 대통령이 나를 놓아주지 않았습니다."라고 지각한 이유를 변명했다. 열렬한 환호가 잦아들자 스티븐슨은 자신이 악의 세력이라고 불렀던 대상을 향해 맹렬한 공격을 퍼부었다. 이방인들이 우리나라를 훔쳐 가고 있다면서 "백 퍼센트 완벽한 미국인들"이 각성하여 인디애나주를 되찾아야 할 때가 왔다고 주장했다. 불과 몇 해 만에 아돌프 히틀러가 권좌에 오르는 데 성공했던 것도 이와 유사한 정치적 수사 덕분이었다.

1924년 기준으로 인디애나주에 거주하는 백인 남성 인구의 1/3에 해당하는 약 25만 명이 클랜 단원이었고, 인디애나주는 '클랜주'Klan State로 미국 방방곡곡에 알려졌다. 역사학자인 어빙 리보비츠는 훗날 다음과 같이 기록했다. "부드럽게 넘실대는 북동부 초원지대부터 남부의 가난한 농장들까지, 인디애나주 주민의 절반 이상이 클랜 단원이었다. …… 흰색 가운을 입고 후드를 쓴 50만 명에 가까운 사람들이 거의 매일 밤 십자가를 불태우며 이웃의 마음속에 두려움을 일으켰다." 스티븐슨은 훗날 한 작가가 '소속감 히스테리 증상'이라고 부른 심정을 상업적으로 이용하여 눈 깜짝할 사이에 백만장자가 되었다. 그는 마치 은행가라도 되는 양 맞춤 양복을 빼입고, 외출할 때는 경호원을 대동했다. 백인 개신교도인 인디애나주 주민 수만 명이 10에서 25달러를 가입비로 지불하고 클랜 단원이 되었고, 그중 4달러가 스티븐슨의 몫으로 돌아갔다. 흰색 가운과 뾰족 모자는 한 벌당 6달러에 판매되었는데, 이 중 4.25달러를 스티븐슨이 챙겼다.

D. C. 스티븐슨은 이곳저곳을 돌며 공포를 판매한 덕분에 불과 1년 반 만에 200만 달러 이상의 재산을 모았다. 1923년 그는 쿠 클럭스 클랜의 인디애나주 그랜드 드래건이자 다른 7개 주의 단원 모집 총책으로 임명되었다. "나는 뒷배가 전혀 없는 별 볼일 없는 사람이었습니다." 스티븐슨은 즐겨 이렇게 말하고는 했다. "하지만 머리를 잘 굴릴 줄 압니다. 나는 미국에서 가장 힘 있는 거물이 될 것입니다."

책임감 있는 부모, 선한 이웃, 지역사회의 리더였던 평범한 사람들이 하룻밤 사이에, 머리 위로 두건을 뒤집어쓰고 어둠을 도와 떼지어 다니며 흑인과 유대인, 가톨릭교도 들의 가정과 일터를 공포의 도가니로 만들었다. 석유가 뿌려진 십자가들이 언덕 위에서 밤새 불타올랐다. "이 고장 검둥이들은 해가 저문 뒤에 감히 나돌아 다니지 말 것"이라고 쓰인 표지판이 인디애나주 여러 마을에서 높이 세워지고는 했다.

1922년 예비선거일에 클랜 단원들을 태운 자동차 행렬이 허공에 리볼버를 발사하며 프로그아일랜드를 질주했다. 시민들이 두려움에 집 밖으로 나오지 못하고 투표를 포기하게 만들려는 심사였다. 스티븐슨의 캐딜락 뒷좌석에 앉아 선거운동을 다녔던 공화당 후보

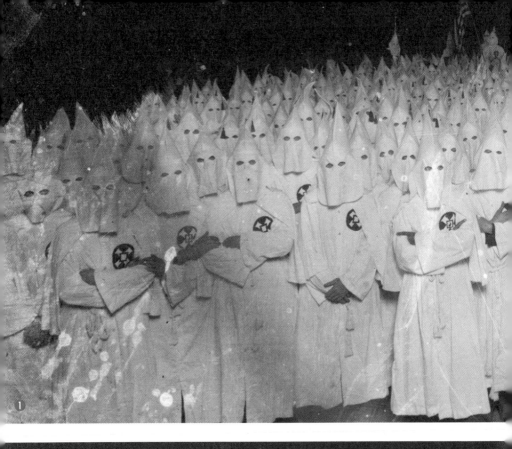

1

2 A PICTURE THAT NEEDS NO TITLE.

MARION, IND. 1922.

#3X

W.A.SWIFT.
MUNCIE IND.
PHOTOG.

❶ 인디애나주 백인 남자
   셋 중 하나가 클랜 단원이던
   1922년 당시 인디애나폴리스
   로부터 북동쪽으로 100km
   떨어진 인디애나주 먼시
   시에서 열린 야간 집회.

❷ 인디애나주 매리언 카운티
   주민들이 클랜 집회에서
   무릎을 꿇고 기도하고 있다.
   제단 뒤에는 불타는 십자가가
   보인다.

❸ 1924년 먼시에서
   얼굴을 가리지 않고 촬영한
   네 명의 카멜리아.
   카멜리아는 '보조적인' 여성
   클랜 단원으로 알려져 있다.
   (볼 주립대학교, 아카이브 및
   스페셜 컬렉션)

에드 잭슨이 1924년 압도적인 표차를 기록하며 인디애나주의 새 주지사로 당선되었다. 더불어, 클랜과 우호적인 관계를 맺고 있던 의회 의원, 검사, 판사, 시장, 지역 공동체 지도자 수십 명이 인디애나 전역에서 당선되었다.

1924년 선거 직후에 스티븐슨은 인디애나폴리스 인근 어빙턴에 있는 대저택에 물러나 앉아 자신이 이룬 과업을 단 한 마디로 요약해서 선언했다. "내가 인디애나의 법이다."

그리고 이런 그의 주장은 사실에 가까웠다.

1920년대 초, 클랜의 영향력 아래 있던 인디애나폴리스 교육위원회는 공교육에 새로운 관심을 기울였다. 지난 수십 년 동안 인디애나폴리스의 흑인과 백인 학생들은 초등, 중등, 고등학교에서 함께 공부해 왔다. 물론 완벽한 평등은 아니었다. 흑인 학생들은 교실 뒤편에 비집고 앉아야 하는 경우가 많았고, 팀 스포츠나 동아리 활동에서는 분리 정책이 시행되었다. 하지만 흑백 분리 정책이 시행되기 전까지 인디애나폴리스의 흑인 학생들은 공립학교에서 수준 높은 교육을 받을 수 있었다.

클랜이 전성기를 구가하던 당시, 인디애나폴리스의 아프리카계 미국인 고등학생 수는 약 800명이었고 이 학생들은 네 개 학교(쇼트리지 고등학교, 에머릭 매뉴얼 고등학교, 아스널 테크 고등학교, 워싱턴 고등학교—옮긴이)에 흩어져 백인 학생들과 함께 공부했다. 지역에서 활동하는 각종 백인 단체는 소리 높여 인종이 분리된 학교를 요구했다. 인디애나폴리스 상공회의소는 1922년 "흑인 학생들을 위해 인종적으로 분리되었으되 현대적이며 완벽한 시설을 갖춘, 적합한 고등학교"를 설립해 달라고 교육위원회에 청원했다. 심지어 흑인은 백인에 비해 상대적으로 결핵 감염률이 높으니, 흑인 학생들을 격리하고 공공 보건에서 발생할 수 있는 위험을 예방하려면 인종 분리 학교가 필요하다고 주장하는 사람들도 있었다.

그해 12월, 교육위원회는 "고등학교 교육에 대한 흑인들의 가상한 열망"을 추켜세우며 "자립"과 "독립" 정신, "선량한 시민의식"을 함양할 수 있는 흑인 전용 고등학교를 신설하라고 권고했다.

이 안건은 4 대 0, 만장일치로 통과되었다. 대다수 흑인 학부모는 이에 반대했다. 흑인 전용 학교라는 것의 **실체**가 학생과 교사 들을 인종적으로 분리하겠다는 속셈임을 깨닫고 있었기 때문이다. 이는 혐오로 가득한, 인종차별적인 조치였다.

1924년 7월, 교육위원회는 신설될 학교 부지로 사용하고자 3,400달러를 지불하고 웨스트 12번가 맞은편 공터를 매입했다. 흑인 지도자들은 신설 학교의 건축을 중단하려고 소송을 제기했지만 노력은 실패로 돌아갔다. 수차례 소송을 제기한 끝에 간신히, 새로운 학교의 이름을 토머스 제퍼슨 고등학교라고 지으려 했던 교육위원회의 시도를 막았을 뿐이다.(토머스 제퍼슨은 미국 건국의 아버지로 존경받는 제3대 대통령이다. 교육위원회는 신설 고등학교의 이름을 '제퍼슨 고등학교'로 정했으나 흑인 공동체는 200여 명의 노예를 거느린 농장주이기도 했던 제퍼슨의 이름을 따르기를 반대했다. ─옮긴이) 지역사회의 지도자들은 신설 학교의 이름을 선원 출신으로서 미국 독립전쟁 당시 선두에 섰다가 영국 병사들에게 살해당한 흑인 크리스퍼스 애틱스로 정했다.

크리스퍼스 애틱스: "최초의 저항자, 최초의 희생자"

1770년 일단의 미국인들과 영국 주둔군 사이에서 충돌이 일어나 다섯 명의 보스턴 시민이 사망하는 사건이 있었다. 유색인이었던 크리스퍼스 애틱스(애틱스가 유색인인 것은 사실이고 당시에는 막연하게 흑인이라고 여겨졌지만, 최근의 연구 결과 흑인은 아니었다는 주장도 있다.—옮긴이)는 훗날 '보스턴 학살'이라고 알려진 이 사건에서 사망한 최초 희생자였다. 폴 리비어로 대표되는 여러 독립파 인사들이 영국의 식민통치에 맞서 싸우도록 반란군을 독려할 때 단합을 위한 슬로건으로 이 사건을 자주 인용했다. 애틱스의 아버지는 아마도 아프리카 출신으로 **추정**되고, 어머니는 아메리카 원주민이었다. 매사추세츠주 프레이밍햄의 한 농장에서 노예 소년으로 자라면서 애틱스는 소를 사고파는 노하우를 습득했다.

애틱스는 27세에 탈출하여 자유를 얻는다. 그리고 12년 동안 보스턴에서 포경선 선원으로, 밧줄 만드는 사람으로 일했다. 영국 식민 정부와 아메리카 혁명 운동가들 사이에서 긴장이 차츰 고조되고 있던 무렵 크리스퍼스 애틱스는 보스턴에 있었다. 1770년 3월 2일 금요일, 보스턴 시민인 밧줄 만드는 사람들과 세 명의 영국인 병사 사이에서 다툼이 일어났으나 일단 가라앉았는데, 사흘 후 월요일 저녁에 2차전이 시작되었다. 세관 앞에서 보초를 서고 있던 영국인 경비병에게 약 30명의 노동자들이 나뭇가지나 눈을 뭉쳐 던지거나 욕을 하며 조롱했다. 일곱 명의 다른 영국군 병사가 이 경비병을 구출하려고 모여들었고 군중을 향해 총을 발사했다. 크리스퍼스 애틱스는 이 사건으로 사망한 보스턴 시민 다섯 명 중 하나였다. 뒤에 총을 쏜 병사들이 살해 혐의로 재판에 회부되었지만 무죄판결을 받았다. 법정에서 (병사들을 변호했던 훗날 제2대 미국 대통령이 될 존 애덤스는) 크리스퍼스 애틱스가 "한 손에 총검을 들고, 다른 손으로는 주먹질을 하며 영국군을 때려눕혀" 먼저 싸움을 도발했다고 묘사했다.

하지만 애초에는 누군가에 의해 '오합지중'으로 폄훼되기도 했던 크리스퍼스 애틱스와 네 명의 희생자는 어느 결에 자유를 향한 투쟁의 상징으로 재평가되기 시작했다. 보스턴 시민들은 독립전쟁(1775~1783년)으로 이어지는 수년 동안 해마다 보스턴 학살 사건을 기념했다. 흑인 영웅으로 치켜세워진 크리스퍼스 애틱스의 이야기도 어느덧 전설이 되었고 그는 "최초의 저항자, 최초의 희생자"로 알려지게 되었다.

1927년 9월 12일 아침, 인디애나폴리스의 크리스퍼스 애틱스 고등학교 교문이 활짝 열렸다. 프로그아일랜드의 북서쪽 끄트머리에 자리 잡은 3층짜리 붉은 벽돌 건물은 개교 첫날부터 지나치게 과밀했다. 총 1,385명의 학생들이(그중 상당수는 저마다 다니던 동네 학교에서 강제로 전학 왔다.) 기둥이 아치를 떠받치고 있는 교문 사이로 떠밀리듯 들어와 저마다 교실을 찾아 들어갔다. 첫날 등교한 학생 숫자는 시청의 교육 담당 공무원들이 어림했던 예상치의 두 배에 가까웠다.

1927년 무렵에는 인디애나주 전역에서 클랜의 영향력이 다소 잦아들고 있었다. 2년 전에 D. C. 스티븐슨이 자신의 비서였던 매지 오버홀처라는 인디애나폴리스 출신 여성을 납치, 강간, 상해, 살해하려 한 혐의로 기소된 것이 사정이 변한 가장 큰 이유였다. "에드 잭슨

Indianapolis THE Recorder

INDIANA'S GREATEST WEEKLY

"WE SHALL PUBLISH THE TRUTH REGARDLESS OF, WHOM IT HELPS or HURTS"

VOL. No. XXX—No. 49. FEARLESS—INDEPENDENT —CONSTRUCTIVE!!! THE INDIANAPOLIS RECORDER, SAT., SEPT. 10TH 1927 $2.00 Per Year—5 Cents the Copy

HOODLUMS ATTACK HOME

Man Killed In Motor Car Accident

WHITES FIRE ON AND ROCK NEGRO HOME

Negroes Suffer Atrocities In Fla.

COMPANION DEAD, DRIVER OF CAR HURT

Driver Blinded By Bright Lights Hits Safety Devices

Occupants Pinned Under Overturned Car

SCHOOL HEAD

MATTHIAS WILCOX

THIS WEEK
READ
ROSCOE SIMMONS
On
"SAXONS AND JEWS"
And
"A PROTESTANT SPEAKS"
Always
The PEOPLE'S COLLEGE

ATTUCKS HIGH WILL OPEN SEPT. 12TH

Building Fully Equipped For Opening of 1200 Expected

By J. Ernest Webb

AGED NEGRO'S PROPERTY PILLAGED

Wife, Daughter Found Dead; Home Burned; Crops Destroyed

WHITES KILL HUMAN; LIKE VILE BEASTS

Mob Defeated; Kills Wife Of Near Victim On Highway; Body Left On Road

(Special)
MADISON, Fla., Sept. 8th.

SUPPORTER OF BRIDGE CLUB

MISS
Miss Madeline Bailey, daughter of Mrs. Sarah Bailey in Boulevard Place, is a supporter of a new bridge club that is being organized. Miss Bailey recently graduated from Indianapolis Teachers College.

MAN SHOT IN QUARREL OVER HORSES

Indiana Will Likely Electrocute Boy Of 17 Yrs.

Pardon Board Rules On Wallace McCutcheon's Case Recommends No Clemency; Governor Reported As Following Board Recommendations

Charles Lewis' Home, Family Assaulted Three Times By White Hoodlums

On Wednesday evening of this week, white hoodlums of the Westside, attacked the home of Charles Lewis, at 1306 Indiana Avenue. Mr. Lewis has recently moved in to the house at the above address and there those with his mother and sister. In an interview with a Recorder representative, Lewis states he and his family moved into the house on Monday of this week.

CRAZY MAN WOUNDS 16

EVANSVILLE, Ind., Sept. 8th—Sixteen persons were wounded, two seriously Monday night by Wesley Conner, age 38, colored.

ELKS VOTE FUND FOR HEALTH

(Order Appropriates $5,000.00 For Health Work

Man Tries Suicide Three Times

크리스퍼스 애틱스 고등학교의 개교를 알리는《인디애나폴리스 리코더》1면 기사.
같은 면에 배치된 다른 기사들을 보면 인디애나폴리스의 아프리카계 미국인
공동체가 직면한 차별과 폭력의 증거가 넘쳐 나고 있다.
(《인디애나폴리스 리코더》)

애틱스 고등학교 9월 12일 개교 예정

각종 시설을 완벽하게 갖춘 새로운 학교에 등록할 학생 수는 1,200명으로 예상

J. 어니스트 웹

인디애나폴리스 학교 조직 일정에 맞추어 크리스퍼스 애틱스 고등학교가 오는 9월 12일 개교를 준비하고 있다. 다른 고등학교들의 상황을 감안할 때 등록 학생 수는 대략 1,200명 선이 될 것으로 예상된다. 선발된 교사진의 수준으로 보아 학교 당국은 축하받아 마땅하다. 사실상 거의 모든 대규모 칼리지와 대학교 출신들로 구성된 교사진을 확보함으로써 탁월한 결과를 얻을 것으로 예상된다. 우리의 아들딸들이 교육 분야에서 충분한 보살핌을 받게 되리라고 확신이 든다.

교육위원회는 학교 시스템에서 정한 기준에 맞추어 신설 학교의 시설물을 훌륭하게 완비하는 데 만전을 기했다. 특별히 몇 가지 주목되는 시설을 언급하자면, 강당, 구내식당, 음악실, 도서관, 과학실험실, 상업반 등이 있다. 이상의 시설 각각에 대해서 이야깃거리가 많지만, 한두 가지만 상세히 소개하고자 한다. 강당에는 약 875석의 관중석이 있고, 체육관 겸 공연 무대가 있어서, 관중이 강당에 앉아서 체육관에서 진행되는 농구 경기를 관람할 수 있다. 강당 내 실내장식과 조명 시설은 인디애나폴리스 최고 수준이다.

(2면으로 이어짐)

3교대로 운영되는 구내식당은 350명이 한 번에 식사할 수 있다.

크리스퍼스 애틱스 고등학교에 입학할 자녀를 둔 부모라면 교육위원회가 이 학교에 다닐 소년 소녀 들을 위해서 밴드나 오케스트라를 구성할 수 있는 아름다운 악기 일체를 구비해 주었다는 사실에 기뻐할 만하다. 애틱스 고등학교가 향후 음악의 중심지가 될 것이라는 데 대체로 모두가 동의하고 있으며, 인디애나폴리스 주민들을 결코 실망시키지 않을 만한 수준임을 확신한다. 기악과 보컬을 포함하여 다양한 분야에서 음악적 발전을 이루기 위한 지원이 예정되어 있다.

특히 애틱스 고등학교에 아들이 입학할 예정인 학부모라면, 원하는 경우 군사훈련을 받을 수 있다는 사실이 반가울 것이다. 인디애나폴리스의 R.O.T.C. 업무를 총괄하는 카스로 시장은 크리스퍼스 애틱스 고등학교의 신임 교장인 놀콕스 씨에게 사격 훈련을 포함하여 일정하게 정해진 관련 업무 일체 세부 사항을 일임했다.

애틱스 고등학교의 교육과정이 제공할 상세한 내용에 관한 문의가 많았다. 이에 대해 놀콕스 교장은 인디애나폴리스 관내 다른 학교

(Continued from page 1).

the city.

The Cafeteria will operate in three shifts being able to serve 350 at each shift.

The parents of children attending Crispus Attucks High School, will be delighted with the fact that the Board of School Commissioners have purchased many beautiful musical instruments for the boys and girls of the High School making it possibel to have a band and an orchestra. It has generally been understood that Attucks High School will be made a musical center and we are certain that the people of the city will not be disappointed. Provisions will be made for all lines of musical development, both instrumental and vocal.

It has been the delight of the boys who are to enter the high school to learn that provisions have been made to offer Military Training to all who wish to take it. Major Cathro, who has charge of the R. O. T. C. work of the city has arranged with Mr. Nolcox, Principal of Crispus Attucks High School, for a definite line of work including target practice and all details connected with his line of work.

Many inquiries from time to time have been made relative to what will be offered in the Program of Studies for the high school. On making inquiry of the principal, Mr. Nolcox, it was stated that all subjects signed up for in sufficient numbers would be offered including Spanish, French, Latin, Commercial Studies, Industrial Work, and etc., found in the other high schools of the ctiy. When Mr. Nolcox was asked about the ranking of the colored high school, he answered, "We are not planning a colored high school, but we are planning a high school and this high school must meet the standards from every point of view."

에 개설된 에스파냐어와 프랑스어, 라틴어, 상업, 산업공예 등을 포함하여, 신청 학생 수만 충분하다면 모든 과목을 개설할 예정이라고 답했다. 유색인 고등학교로서 학교 위상을 묻자 놀콕스 교장은 대답했다. "우리가 계획한 바는 유색인 고등학교가 아닙니다. 그냥 고등학교이며, 우리 학교는 모든 측면에서 기준을 충족하게 될 것입니다."

주지사가 나를 사면해 줄 거야." 스티븐슨은 끌려가면서도 이를 드러내고 웃으며 말했다. 하지만 그의 기대와 달리 스티븐슨의 가석방을 허가한 것은 25년 후 다른 주지사였다. 인디애나주 안에서는 "해가 저문 뒤에 감히 나돌아 다니지" 않아야 한다는 조건도 붙었다.

덕분에 다소 세가 기울었지만 애틱스 고등학교가 문을 연 첫날 그 주위를 돌며 세력을 과시할 만한 클랜 단원들은 여전히 충분히 많았다. 훗날 《인디애나폴리스 스타》는 애틱스 고등학교의 역사를 다룬 기사에서 다음과 같이 썼다. "가면을 쓴 클랜 단원들이 이곳저곳에서 모여 행진했다. 워싱턴 스트리트에서는 얼굴을 가린 클랜 단원들이 천을 감싸 소리를 죽인 북소리에 맞추어 천천히 행진했는데, 그 줄이 꼬리에 꼬리를 물며 길게 이어져서 행렬이 다 지나가기까지 한 시간 정도 소요되었다."

이런 분위기 속에서, 인디애나폴리스의 흑인 청소년들이 새로운 학교에서 각자의 책을 펼쳤다.

메이절 로버트슨이 북부 도시에서 새롭게 삶을 일구고자 세 아들 베일리 주니어, 헨리, 오스카와 함께 테네시주를 떠나 아이네즈 고모 집 현관 앞에 처음 나타난 것은 크리스퍼스 애틱스 고등학교가 개교하고 15년이 지난 1942년이었다. 동이 트고 사위가 밝아 오자, 로버트슨 가족은 자신들이 다다른 곳이 흔히 '북부의 남부'라고 알려진 인디애나폴리스의 빈민가라는 사실을 새삼 깨달았다.

로버트슨 가족은 아직 인디애나폴리스 웨스트사이드 주변 지

1927년 개교 직후에 촬영된 크리스퍼스 애틱스 고등학교.
교비는 부족하고 교실은 과밀했지만, 건물은 훌륭했다.
(배스 포토 Co. 컬렉션, 인디애나 역사학회)

역의 삶을 규율하는 규칙을 알지 못했다. 클랜의 영향을 받은 정치인들이 흑인 주민이 거부당했다고, 열등하다고 느끼게 만들기 위해 한 세대 전부터 닦아 온 증오가 가득한 이 지역의 분위기를 알아차릴 수 없었다. 크리스퍼스 애틱스라는 고등학교도, 레이 크로라는 농구부 코치도 알지 못했다. 당연히, 세 형제가 농구 경기를 통해서 인디애나주 역사에 중요한 기여를 하게 될 미래도 짐작하지 못했다.

아직 알지 못했을 뿐, 전모가 드러날 시간이 차츰차츰 다가오고 있었다.

2장

후지어 히스테리아

"나의 인디애나 농가 둘레엔"*(지난 시절 이렇게 노래했지)
이제는 농구공들이 창공을 가르고, 많은 공으로 하늘이 가려질 지경
체육관은 선수들로 가득 차고, 마을은 체육관으로 가득 차고
셀 수 없이 많은 저격수들이 날카롭게 주시하며 과녁을 향해 겨냥한다.
(······)
저 멀리 단풍나무 숲 사이로 촛불이 빛나는 곳에서 인디애나의
소년들이라면 누구나 별처럼 자신의 바스켓을 향해 공을 쏜다.
—그랜트랜드 라이스,** "옛날 1925년에는"(Back in 1925)

● 　19세기 히트곡 〈저 멀리 워바슈 강변에〉의 첫 소절. 이 곡은 음반 발매 후 오랜 시간 인
　　기를 끌다가 인디애나주 노래로 채택되었다.—옮긴이
●● Grantland Rice, 우아한 문체로 유명한 20세기 초 미국의 스포츠 전문 기고가—옮긴이

KING ARTHUR TRESTER

IHSAA의 전성기에 전제적인 독재자로 군림했던 아서 트레스터.
'아서왕'은 무려 15년 동안 흑인 고등학교와 가톨릭 교구 고등학교의
인디애나주 고등학교 농구 토너먼트 대회 참여 신청을 거절했다.

(데일 글렌)

인디애나폴리스에서 크리스퍼스 애틱스 고등학교가 처음 개교하고 며칠 지나지 않은 1927년 늦은 여름날에 '빅 쓰리'라고 알려진 존경받는 흑인 지도자 삼인방 F. E. 드프랜츠, H. L. 헤로드 목사, F. B. 랜섬은 자동차를 몰아 인디애나주 앤더슨으로 갔다. 인디애나주 고등학교 체육협회Indiana High School Athletic Association, IHSAA에 찾아가 애틱스 고등학교의 가입을 직접 신청하기 위해서였다.

IHSAA는 인디애나주의 모든 고등학교 스포츠 경기를 관할하는 기관이었다. IHSAA에 회원으로 가입한 후라야 애틱스 고등학교가 인디애나주의 다른 고등학교를 상대로 각종 운동 경기에서 경쟁할 수 있었다. 무엇보다도 주 단위 경기이지만 미국 전역에서도 유명했던 인디애나주 고등학교 농구 토너먼트 대회, 즉 지상 최대의 농구 대회에 참여할 자격이 생겼다. 그렇게만 된다면 애틱스 고등학교의 선수들 역시 피부색과 상관없이 인디애나의 학교 가족에 포함됨을 모든 사람들에게 알릴 수 있는 기회였다.

삼인방은 IHSAA의 상임 사무총장이었던 아서 트레스터의 집무실을 방문했다. 이 자리에 오른 지 이미 11년째로 독재에 가까운 막강한 권력을 휘둘렀던 트레스터는 인디애나주 고등학교 농구 토너먼트 대회를 유명하게 만든 인물이었다. 사람들은 그를 '아서왕' 또는 'IHSAA의 차르'라고 불렀다. 한 신문 삽화는 팔짱을 긴 채 머리에는 톱 해트를 쓰고 지구 위에 앉아 있는 모습으로 그를 묘사했다. 실상을 정확히 묘사하고 있었다. 큰 덩치에 떡 벌어진 어깨, 돌출한 턱. 트레스터는 외모에서부터 융통성 없는 단호한 권위를 풍겼다.

아서 트레스터는 재임 중에 인디애나를 미국 농구의 중심지로 만들어 놓는 데 다른 누구보다 큰 역할을 했다. 농구는 1891년 매사추세츠의 YMCA 회관에서 처음 발명되었다. 체육 교사 제임스 네이스미스는 농구를 창안하면서 도시의 아이들이 겨울 동안 실내에서 즐길 수 있는 운동 종목이라고 생각했다. 그로부터 2년이 지난 뒤 농구가 인디애나주에도 전파되었을 때, 사람들은 이 운동이 인디애나주의 시골 농장에서 자라는 소년들에게도 적합한 종목임을 알게 되었다. 농구는 가을에 추수를 끝내고 이듬해 봄 다시 씨앗을 뿌리기 전에 농장 아이들이 즐길 수 있는 소일거리가 되었다. 당시 인디애나의 작은 마을들은 인구 규모가 너무 작아서 미식축구팀(미식축구는 한 팀이 열한 명으로 구성되므로 경기를 진행하려면 총 스물두 명이 필요하다.—옮긴이)을 이루기 어려웠고, 동시에 너무 가난해서 어깨 패드부터 무릎 패드까지 각종 패드나 헬멧을 구비할 수가 없었다. 반면에 농구는 한 팀당 다섯 명만 있으면 되고, 게다가 필요 장비라고 할 것이 거의 없다. 헛간이나 오두막에 간단히 링 하나만 고정해 놓으면 혼자서도 충분히 연습할 수 있었다. 게다가 실내에서는 물론 야외에서도 경기할 수 있었다.

후지어란 무엇인가?

'후지어'는 인디애나주 주민을 일컫는 말이다. 아쉽지만 본래 정확히 어떤 의미였는지 긴 세월이 지나는 동안 잊혔다. 다만 시간이 흐르면서 후지어는 '친절한', '촌스러운', '투박한', '성미가 괄괄한' 등의 의미를 내포하게 되었다.

'후지어 시인'으로 널리 알려진 제임스 윗컴 라일리는 후지어를 익살스럽게 설명한 적이 있었다. "초기 정착민들은 지독한 싸움꾼들이었다. 그들은 단순히 찌르거나 할퀴기만 하지 않고 코나 귀를 물어뜯는 경우가 많았다. 어떤 주점에서 한바탕 싸움이 일어났다가 잦아들었는데, 그때 마침 한 주민이 들어와서 바닥에 나뒹구는 귀 한 쪽을 보았다. 발로 간단히 밀어내며 아무렇지도 않게 '후즈 이어(Whose ear)?'라고 물었다."

농구와 관련해 존 바르틀로 마틴이라는 시인은 다음과 같이 쓴 적이 있다. "후지어들의 속담에 이런 말이 있다. '먼저 기둥을 두 개 세우고 복숭아 바구니를 매달아라. 그런 다음 그 둘레에 고등학교를 지어라.'"

인디애나주 고등학교 농구 토너먼트 대회가 시작된 것은 1911년이었다. 인디애나주 하원 선거구당 1개 팀, 총 13개 팀이 초청받아 인디애나 대학교 블루밍턴 캠퍼스에서 처음 경기를 치렀다. 패자는 바로 탈락하는 토너먼트 방식으로 진행되었다. 우승팀은 인디애나주 챔피언이라는 영예를 얻게 된다. 인디애나주의 일부 고등학교에 여고생 팀이 조직되어 있었지만 당시의 주 토너먼트 대회는 남학생 경기만 있었다. (인디애나주 여고생 토너먼트 대회는 이로부터 65년이 흘러 하원에서 관련 법안이 통과된 뒤에 시작되었다.)

제1회 토너먼트 대회가 열렸을 때 인디애나 대학교 체육관에는 빈틈없이 관중이 들어찼다. 이듬해에는 관중이 더 많이 늘었다. 제3회 토너먼트에서는 인디애나주 최초의 농구 슈퍼스타가 등장했다. 호머 스톤브레이커라는 키가 껑충한 농장 출신 소년이었다. 스톤브레이커는 헛간에 링을 고정하고 작은 고무공을 던지고 놀면서 슈팅을 배웠다. "스토니"라는 애칭으로 불렸던 호머 스톤브레이커는 장차 자신이 얼마나 훌륭한 선수로 성장할지 전혀 짐작지 못했지만, 윈게이트 고등학교에 입학할 나이가 되었을 때 스토니는 농구장 어디에서든 정확하게 슛을 날릴 수 있는 실력을 갖추고 있었다. 시즌 두 번째 경기에서는 스토니 혼자 80점을 득점해서 인디애나주 농구 팬들을 충격에 빠뜨렸다. "스토니와 짐리스의 기적"을 둘러싼 열띤 호기심이 인디애나주 전체를 휩쓸었고 3월이 되자 블루밍턴에는 구름 떼 같은 관중이 모였다. 스토니는 알려진 것보다도 훨씬 훌륭한 플레이를 보여 주었다. 윈게이트 고등학교는 1913년과 1914년 연속하여 주 챔피언십 토너먼트 대회에서 우승했다. 한번은 준준결승전 경기에서 스토니 혼자 팀 점수를 모두 득점했다.

'후지어 히스테리아'(농구 경기, 특히 인디애나주 고등학교 농구 토너먼트 대회에 열광하는 인디애나주의 흥분 상태를 말한다. — 옮긴이)가 탄생하는 순간이었다. 이후 10년 동안 토너먼트 참가 고교는 13개교에서 394개교로 급증했다. 도시마다, 동네마다 학교에 등록된 학생 수의 수배에 달하는, 심지어 전체 주민 수보다도 많은 관중석을 갖춘 대규모 실내 체육관을 건립했다. 농구 경기가 열리는 금요일 저녁만을 바라보며 살았던 외곽 지역 농구 팬들까지 모두 수용하는 것은 물론이고, 토너먼트 1차 관문, 즉 '구역' 예선(토너먼트 참가 학교 수가 급증하자, 협회 관계자들은 토너먼트 대회를 세분하고 패자는 탈락시키는 방식을 도입했다. 그 결과 순차적으로 구역 예선, 지역 예선 등이 추가되었다. — 옮긴이)에서 홈 코트의 이점을 확보하기 위해서였다.

체육관 건설 경쟁이 전쟁 수준으로 과열되었다. 작은 타운들은 도로 정비나 교량 건설에 써야 할 예산을 유용해 분에 넘치는 대형 체육관을 세웠다. 어느새 미국 전체에서 규모를 기준으로 체육관 순위를 꼽으면 대부분 인디애나주에 소재하는 지경에 이르렀다. 뉴캐슬, 엘크하트, 미시간시티, 라피엣. 7,000명 이상의 팬을 수용할 수 있는 고등학교 체육관을 건설한 인디애나주의 지역공동체는 이 밖에도 일일이 손꼽기 어려울 정도로 많았다. 이렇게 세워진 체육관은 다목적 커뮤니티 센터가 아니었다. 오직 농구 한 종목만을 위한, 그야말로 농구의 전당이었다. 일례로 인디애나주 먼시 시 의회는 1929년 회의를 통해 무려 7,400명을 수용할 수 있는 농구장 건설을 위해서 10만 달러의 예산 배정을 결정한 가운데, 사서 한 명을 고용하기 위해 필요한 예산 300달러 배정을 거부하기도 했다.

체육관 건설 열기

20세기 내내 실내 체육관 건축 열기는 식을 줄 몰랐다. 1993년 시점에 (관중석 기준으로) 미국에서 가장 규모가 큰 고등학교 체육관 15개 중 14개가 인디애나주에 소재한다.

1. 인디애나주, 뉴캐슬 고등학교: 9,314석

2. 인디애나주, 앤더슨 고등학교: 8,996석

3. 인디애나주, 시모어 고등학교: 8,110석

4. 인디애나주, 리치먼드 고등학교: 8,100석

5. 인디애나주 이스트시카고 고등학교: 8,050석

6. 인디애나주 매리언 고등학교: 7,560석

7. 텍사스주 댈러스 고등학교: 7,500석

8. 인디애나주 엘크하트 고등학교: 7,373석

9. 인디애나주 미시간시티 고등학교: 7,304석

10. 인디애나주 게리웨스트 고등학교: 7,217석

11. 인디애나주 라피엣 고등학교: 7,200석

12. 인디애나주 사우스포트 고등학교: 7,124석

13. 인디애나주 워싱턴 고등학교: 7,090석

14. 인디애나주 콜럼버스 고등학교: 7,071석

15. 인디애나주 코코모 고등학교: 6,604석

토너먼트 경기에서 우승하는 것. 그것은 후지어들이 바라는 모든 것이었다. 모교의 이름을 널리 알리고, 사람들로부터 존중을 얻는 방법이었다. 지역 상인들은 고등학교 팀을 승리로 이끈 코치들에게 보너스를 주었는데, 심지어 폰티액 세단 자동차를 선물한 경우도 있었다. 경기에서 이긴 선수들은 우승 선물로 금시계를 받았다. 고등학교 코치들은 저마다 슛 좀 할 줄 아는 키 큰 소년들을 찾아 산이고 들이고 할 것 없이 인디애나주를 샅샅이 뒤졌다. 소년을 스카우트하기 위해서 가족 전체를 이주시켜야 할 때는 부모에게 수입이 짭짤한 일자리를 제공했다. 상당수 선수들의 나이는 20대 초반이었다. 개중에는 이미 결혼한 선수들도 있었고 학교에서 한 과목도 수료하지 못한 선수들도 있었다.

인디애나주 권역 내에서 고등학교 운동 경기를 규율한다는 목적으로 1903년에 설립된 IHSAA는 스스로 만들어 낸 괴물을 관리, 감독할 힘이 부족했다. 1916년, IHSAA의 집행이사들은 마침내 두 손을 들었고, 그들을 대신해 혼란한 상황을 정리할 변호사를 한 명 고용했다. 당시 38세였던 아서 L. 트레스터는 누구든지 납득할 만한 확실한 선택이었다. 트레스터는 과거 고등학교 교장과 장학사로 일했던 경력이 있었다. 더불어 그는 권력의 역학 관계를 천부적으로 터득한 사람이었다. 취임 후 그가 취한 첫 번째 조치는 자신이 가장 신뢰하는 친구들을 '감독위원회' 위원 자리에 앉히는 것이었다. 이내 곧 사람들은 이 위원회를 '감독받는 위원회'라고 바꿔 부르기 시작했다.

1927년, 세 명의 흑인 지도자들이 신설 흑인 학교인 크리스퍼스 애틱스 고등학교를 대표하여 가입 신청서를 제출하려고 집무실을 찾아왔을 무렵, 아서 트레스터는 인디애나주에서 열리는 모든 고

해마다 인디애나주 농구 토너먼트 경기가 열리는 동안 《인디애나폴리스 뉴스》
기자 윌리엄 폭스(왼쪽)와 버틀러 대학교 농구팀 코치 폴 D. "토니" 힌클은 스터츠
베어캣 스포츠카를 타고 16강에 오른 고등학교를 차례로 탐방했다. 몇 해 동안은
비행기를 타고 인디애나주 곳곳을 누비며 토너먼트 대회를 홍보하기도 했다.
(인디애나 농구 명예의 전당)

등학교 스포츠 경기와 관련해 전제적인 권력을 행사하고 있었다. IHSAA가 정한 규칙을 어긴 경우 예외 없이 트레스터의 집무실에 호출당해 심리를 거쳐야 했다. 규칙을 어긴 사람이 초조하게 더듬더듬 변명을 늘어놓고 혐의를 부인하느라 입이 마르고 입술을 떠는 사이, 소위 '아서왕'은 눈도 한번 꿈쩍이지 않고 돌덩이처럼 앉아 있었다. 보통, 아서 트레스터는 그들의 이야기를 끝까지 들어 주었다. 그런 다음 토너먼트 참가를 금지한다는 결정을 말해 주고 문밖으로 내쫓으며 평소 곧잘 읊어 대던 슬로건을 일러 주었다. "규칙은 명확하고 징벌은 가혹하다."

크리스퍼스 애틱스를 대표하는 삼인방이 아서 트레스터와 대면했을 당시에 관한 기록은 남아 있지 않지만 상황이 어떻게 흘러갔을지 짐작하기 어려운 일은 아니다. 아마도 드프랜츠와 헤로드와 랜섬은 트레스터의 집무실로 안내받았을 것이다. 자리에 앉으라는 권유와 함께 커피가 제공되었을 것이다. 이어서 무슨 일로 찾아왔는지 물었겠지. 삼인방은 농구 토너먼트에서의 승리는 존경을 얻는 지름길이며, 크리스퍼스 애틱스의 학생들에게는 그런 존경이 필요하다는 주장을 펼쳤을 것이다. 공정하고 민주적인 미국만이 애틱스 학생들에게 기회를 줄 수 있다는 점도 잊지 않고 **지적**했을 것이다.

하지만 1927년 당시의 인디애나폴리스 상황을 고려할 때 트레스터의 입장에서는 인디애나주 농구 토너먼트 대회에 애틱스 고등학교를 참가시켜서 얻을 수 있는 이득이 별로 없었다. 그렇게 한다면 인디애나주 곳곳에서 반대의 목소리가 들끓을 것이다. 인디애나주

아서 트레스터와 1만 5,000명의 관중을 수용할 수 있는 그의 '꿈의 궁전'
버틀러 필드하우스. 농구 경기를 창안한 제임스 네이스미스 박사는
1925년 이곳에서 토너먼트 대회를 관전한 후 이렇게 적었다.
"마치 하나의 계시처럼 농구의 가능성을 확인할 수 있었다."
(데일 글렌 제공)

전체에서 자신의 지지 기반이 약해질 위험도 있었다. 게다가 당시는 인디애나주의 2대, 3대 도시인 게리 시와 에번즈빌 시에서도 흑인 고등학교 건물들이 올라가고 있던 참이었다.(1928년 에번즈빌에서 링컨 고등학교 개교, 1930년 게리에서 시어도어 루스벨트 고등학교 개교—옮긴이) 인디애나폴리스의 고등학교 면전에서 '쾅' 소리를 내며 문을 세게 닫아 버리면 트레스터는 인디애나 전역의 흑인 공동체 지도자들 모두가 들을 수 있도록 자신의 메시지를 분명하게, 또 성공적으로 전달할 수 있었다. "이 안에 들어오려고 감히 꿈도 꾸지 말라."

트레스터는 무표정한 얼굴로 삼인방을 바라보며 자신으로서는 별 도리가 없다고 말했다. 인디애나폴리스의 크리스퍼스 애틱스 고등학교는 흑인 학생들만 입학할 수 있고 백인 학생들의 입학이 불가하므로 '공립' 고등학교가 아니라는 것이 그의 주장이었다. IHSAA의 감독 대상은 공립 고등학교로 한정된다는 것이다. 가톨릭계 고등학교 역시 마찬가지 난관을 겪고 있었다. 흑인 지도자 삼인방이 분개하였음은 쉽게 짐작할 수 있다. 어쩌면 자신의 손목시계만을 흘끔거리며 이야기를 들은 체 만 체 서 있는 아서 트레스터에게 냅다 소리를 질렀을지도 모를 일이다. 그럼에도 규칙은 명확했고 (검은색 피부를 가지고 태어났다는 죄에 대한) 징벌은 아프도록 가혹했다.

개교 후 한동안 애틱스 고등학교 농구팀은 비슷한 처지여서 따돌림당하는 다른 학교들, 다시 말해 미국 중서부 지역의 흑인 고등학교와 아서 트레스터로 인해 토너먼트 참여가 금지된 인디애나주 관

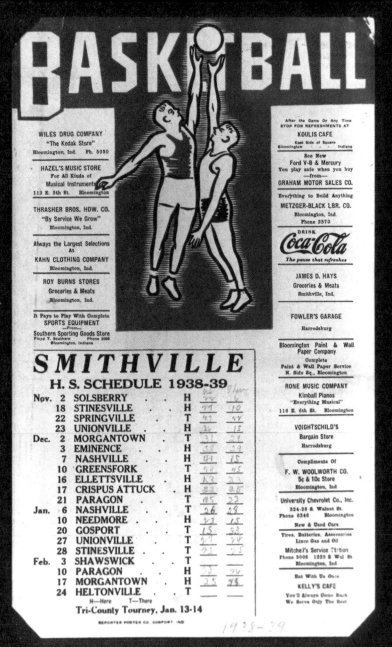

1938/1939 시즌 동안 스미스빌 고등학교 농구팀 일정표.
12월 17일 경기의 상대 팀은 '크리스퍼스 애틱스'였다. 토너먼트 참가를 거부당한
15년 동안, 애틱스 고등학교는 스미스빌 고등학교 같은 작은 시골 학교나
중서부 지역을 떠돌며 다른 인종 분리 학교의 농구팀들하고만 경쟁할 수 있었다.
(인디애나 농구 명예의 전당)

내 가톨릭 고등학교 9개교하고만 경기를 치를 수 있었다. 농구팀은 물론이고 애틱스 고등학교의 다른 종목 팀들도 유목민처럼 먼 거리를 이동하며 길 위를 떠돌아야 했다. 미식축구팀은 한 경기를 치르기 위해 인디애나주에서 전세버스를 타고 네브래스카주까지 이동했던 적도 있었다.

1933년 마침내 최초의 돌파구가 마련되었다. 애틱스 고등학교의 교장인 러셀 레인 박사는 엘레츠빌 고등학교의 운동 감독을 설득하여 애틱스 고등학교와 경기를 치를 수 있는 기회를 마련했다. 엘레츠빌은 블루밍턴 북쪽에 위치한 작은 마을의 고등학교였다. 엘레츠빌 고등학교의 운동 감독은 미리 조심하고자 아서 트레스터에게 허가를 구하는 편지를 써서 보냈다.

러셀 레인 박사

키가 작고 안경을 썼으며 언제나 멋지게 차려입는 러셀 레인 박사는 자신이 교장을 맡고 있는 크리스퍼스 애틱스 고등학교와 그 학생 및 교사 들이 남보다 못하고 열등하다는 인식을 절대로 인정하는 법이 없었다. 뛰어난 학자들이기도 했던 레인 박사의 부모는 교육이야말로 발전으로 나아가는 지름길이라고 믿으며 자식들을 양육했다. 레인 박사는 1930년에 애틱스 고등학교의 교장으로 부임했고, 이 학교를 월등함의 요람으로 만들기로 결심했다.

레인 박사는 제일 먼저 박사 학위까지 받은 인재 여럿을 포함하여 최고 수준의 교사들을 채용했다. 이게 가능했던 것은 인디애나주의 백인 학교들이 흑인 교사를 채용하지 않던 탓에 박사 과정까지 끝내고도 일자리를 구하지 못한 뛰어난 인재들이 남아돌았던 덕분이었다. 교사 중에는 남부의 유서 깊은 흑인 대학교 출신들도 다수 포함되었다. 수개 국어를 말할 줄 아는 존 모튼피니가 대표적인 예였다. 레인 박사는 출중한 인재들을 발탁하여 대학 대수학부터 재단 기술까지 망라한, 풍부하고 다양한 교과과정을 애틱스 고등학교 안에서 개발했다. 개교 초기부터 크리스퍼스 애틱스 고등학교는 재즈의 선구자들을 필두로 군 장교, 작가, 사학자, 교사 등 여러 분야에서 지도자들을 양성했다.

레인 박사는 인디애나주에서 농구가 얼마나 중요한지 바로 알아챘고, 그때부터 애틱스 고등학교 팀이 인디애나주의 다른 공립학교와 겨룰 수 있는 기회를 마련하고자 분투했다.

편지를 받은 트레스터는 "한 번에 딱 두 팀만 경쟁한다는 조건하에" IHSAA 회원 고등학교가 애틱스 고등학교와 시합하는 것을 허가한다고 답장했다. 다시 말해, '큰 상', 즉 토너먼트 참가는 여전히 불허한다는 뜻이었다. 레인 박사는 트레스터의 결정을 거절이라 생각하지 않기로 했다. 외려 암울한 현 상황을 타파하기 위한 첫걸음이라 여기기로 결심했다.

다음 시즌 동안 애틱스 고등학교는 이곳저곳 떠돌며 벽지의 작은 학교들을 상대로 몇 차례 더 경기를 치렀다. 웨스트 12번가의 애틱스 고등학교 주차장을 출발한 버스들이 2차선 도로를 따라 프로그아일랜드를 지나고 냅타운 외곽을 지나 어둠을 뚫고 사라졌다. 그러다 어느 한적한 동네에 위치한 자그마한 학교에 도착하면, 그곳에는 학교 건물보다 훨씬 큰 체육관이 빛나고 있었다.

　검은 피부를 가진 사람들을 처음 본 시골 마을 아이들은 애틱스 팀 버스에서 선수들이 내릴 때 주위를 에워싸고 구경하듯이 쳐다보았다. 사인을 해 달라며 수줍게 부탁하는 아이들도 있었다. "마치 우리를 외계인으로 생각하는 것 같았어요." 애틱스 고등학교의 한 학생은 당시를 이렇게 회상했다. "걔네들이 '쟤 좀 봐. …… **진짜** 새까맣다.' 이렇게 말하는 소리를 들었어요."

　당시 치어리더로 활약했던 한 숙녀는 다음과 같이 기억하고 있었다. "우리가 가는 곳마다 사람들이 우리 버스를 기다리고 있다가 체육관에 들어갈 때까지 따라다녔어요. 어느 날 밤에는 한 아이가 우리 치어리더들 쪽으로 다가와서 쭈뼛쭈뼛 말을 걸었어요. 착해 보이는 어린아이였는데 우리는 즐겁게 수다를 떨었죠. 그 애는 경기 초반 무렵까지 우리랑 같이 있었어요. 경기가 시작되고 얼마 지나지 않아 누군가 제 팔을 긁는 것이 느껴졌어요. 옆을 돌아보았지만 아무도 없는 거예요. 조금 있다가 또다시 그러더라고요. 그 꼬맹이 녀석이 제 팔을 손톱으로 긁었던 거예요. 그러더니 손가락을 입에 가져갔다가 '초콜릿이 아니네.'라고 말하더라고요. '내 피부야. 네 피부랑 똑같아. 색깔이 어두울 뿐이야.'라고 제가 대답해 줬지요."

　많은 백인 농구 팬들에게 애틱스 고등학교 선수들은 현란한 기술을 선보이는 묘기 농구단 할렘 글로브트로터스처럼 느껴졌다. 하지만 레인 교장이 생각하는 농구 경기는 전혀 그런 것이 아니었다. 레인 박사는 시합을 치르기 위해 방문하는 시골 학교의 체육관 하나하나를 한 걸음 더 나아가기 위한 홍보의 장으로, 애틱스 고등학교 팀의 선수 한 명 한 명을 일종의 친선대사로 여겼다. 시골 학교에서 치르는 경기 하나하나가 백인 농구 팬들에게(그중 일부는 틀림없이 흰색 가운과 뾰족 모자를 옷장 속에 숨겨 놓고 있을 텐데) 어떤 사고나 폭력 사태 없이도 흑인 후지어와 백인 후지어가 우호적으로 경쟁할 수 있음을 직접 보여 줄 기회였다. 관중이 빽빽하게 들어찬 체육관 안에서 흑인과 백인 소년들이 선한 경쟁을 펼치는 가운데 후지어들이 인종 사이의 화합을 직접 확인할 수 있다면, 차후에라도 다른 학교나 이웃 사람들 역시 흑인과의 관계를 개선할 수 있으리라 믿게 될 거라고 레인 박사는 생각했다.

레인 박사는 교장 신분이었지만 애틱스 고등학교 농구팀의 선수 선발에도 직접 관여했다. 그는 예의 바르고 말주변이 좋으면서 쉽게 욱하지 않는 학생들을 선발했다. 레인 박사는 반칙을 범하지 마라, 심판이 휘슬을 불 때 항의하지 마라 등등 끊임없이 잔소리를 늘어놓았다. 그는 선수들이 상대 팀이 조롱을 해도 흘려듣고, 최선을 다해 신체적인 접촉을 피해야 한다고 주장했다. 선수들은 현란한 패스나 비하인드 더 백^{behind-the-back} 드리블은 잊어버려야 했다. 애틱스의 선수들은 할렘 글로브트로터스가 아니므로 그들처럼 플레이해서는 안 된다는 것이다. 전체 흑인을 대표하여 애틱스 고등학교 선수들은 일정한 품위를 지켜야 했다.

할렘 글로브트로터스

1950/1951 시즌 팀. 맨 오른쪽이 구단주이자 코치인 에이브 세이퍼스타인.(위키미디어)

할렘 글로브트로터스는 현묘한 기술과 극적 요소, 코미디 등을 조합한 묘기 농구를 선보이는 팀으로서 현재까지 활동을 이어 가고 있다. 글로브트로터스는 눈이 휘둥그레지는 아프리카계 미국인 선수들의 재주를 보여 준 대표적인 팀으로 손꼽힌다. 흑인 선수들을 진정한 선수가 아닌 우스꽝스러운 엔터테이너나 진지하지 못한 장난꾸러기로 묘사한다는 점에서 판에 박힌 인종차별적 스토리를 팔아먹는 팀이라고 비난하는 사람들도 없지 않았다. 그럼에도 자칭 "글로비스"(Globies)는 영원할 라이벌인 워싱턴 제너럴스를 상대로 한 시합에서 거의 져 본 적이 없을 정도로 실력이 출중했다.

1926년에 처음 창립되었을 때는 시카고의 웬들 필립스 고등학교 출신 선수들로 팀이 구성되었다. 그로부터 지금까지 글로브트로터스는 총 123개 국가와 영토에서 2만 6,000여 회 묘기 경기를 보여 주었다. 브라더 본스가 휘파람으로 부른 할렘 글로브트로터스의 테마송 〈스위트 조지아 브라운〉은 전 세계적으로 널리 알려져 있다.

크리스퍼스 애틱스 고등학교 농구팀이 인디애나주 벽지를 돌며 시골 마을 학교 팀하고만 시합할 수 있던 시절에 백인 농구 팬들 대부분이 보거나 들은 적이 있는 유일한 흑인 선수들이 글로브트로터스였다. 그리고 1951년, 아프리카계 미국인 선수들이 사상 처음으로 미국프로농구협회 NBA(National Basketball Association) 선수 명단에 이름을 올리기 전에는 농구를 해서 먹고살기로 작정한 젊은 흑인 선수들이 꿈꿀 수 있는 최종 목표는 글로브트로터스에 입단하는 것이었다. 찰스 "타잔" 쿠퍼, 냇 "스위트워터" 클리프턴, 얼 로이드 등 NBA에 진출한 최초의 아프리카계 미국인 선수 세 명도 글로브트로터스 팀에서 활동했던 경력이 있었다. 글로브트로터스가 미국 전역에서 대규모 트라이아웃(tryout, 공개 선발전—옮긴이)을 치를 때는 지원자가 수백 명 몰렸지만 극소수만이 계약을 제안받았다.

경기가 시작되면 레인 박사는 분주하게 관중석을 누비며 농부와 상점 주인, 가정주부 들에게 자신을 소개하고 인사를 나누었다. 작은 키에 안경을 쓰고, 양복에 넥타이까지 맨 친절한 신사에게 많은 사람들이 친밀감을 느꼈다. 레인 박사는 사람들에게 손을 내밀어 악수하고 관중 사이에 섞여 담소를 나누다가 경기 종료를 알리는 버저가 울리면 땀범벅이 된 선수들을 이끌고 양 떼를 모는 목동처럼 체육관 밖으로 나갔다.

하지만 이런 레인 박사도 낙관적인 평정심을 유지하기 힘든 때가 있었다. 일단 그들은 너무 가난했다. 애틱스 고등학교 선수들은 버틀러 대학교의 의류 수거함에서 건져 낸 남이 입던 헌 유니폼을 입었다. 학생들은 해진 유니폼을 학교 재봉실에서 어떻게서든 기워 입으려고 최선을 다했지만, 그 흔적은 누덕누덕 고스란히 드러났다. 체육관이 없어서 연극 공연장에서 연습해야 하는 경우가 많았는데, 놓친 공을 잡으려고 다투다 보면 선수들이 무대 끝에서 고꾸라져 앞 열의 관중석으로 떨어져 뒹구는 일이 다반사였다. 애틱스 고등학교에는 실내 체육관이 없었기에 다른 학교 팀을 초대하는 홈경기를 펼칠 수가 없었다. 따라서 모든 경기는 원정 경기였다.

원정 경기를 치른 뒤, 애틱스 고등학교 선수들이 라커룸에서 샤워하는 것조차 허락하지 않는 학교 관리자들도 더러 있었다. 흑인 손님에게 식사를 대접하는 식당을 미리미리 섭외해 두어야 했다. 시골의 모텔들은 흑인 손님을 받지 않기 때문에 애틱스 고등학교 선수들은 경기가 끝나자마자 곧바로 버스를 타고 집으로 돌아오거나 해당 지역의 값싼 여인숙이나 YMCA 회관에서 쪽잠을 자야 했다. 심지어 체육관 마룻바닥에서 자야 하는 경우도 있었다.

하지만 이 모든 어려움 가운데서도 최악은 인디애나주 토너먼트 대회에 참가조차 할 수 없다는 점이었다. 해마다 3월이 돌아오면 애틱스를 제외한 인디애나폴리스의 다른 고등학교들은 단합 대회를 여느라 분주했다. 애틱스 고등학교 선수들은 이때 자신의 라커나 청소하고 있었다. 한 해가 지나고 다음 해가 지나고, 예의 삼인방은 점점 더 늘어나는 흑인과 가톨릭 지도자, 백인 자유주의자 들과 함께 인디애나주의 흑인 학교나 가톨릭 교구 학교도 IHSAA에 참여할 수 있도록 허용하라는 캠페인을 펼쳤다. 하지만 한 해가 가고, 다시 두 해가 가도록 아서 트레스터와 그의 영향력하에 있던 '감독받는 위원회'는 고집스레 앙 다문 턱에 좀 더 힘을 줄 뿐이었다.

1941년 초 어느 날 저녁, 인디애나폴리스 교육위원회의 한 회의에서 최악의 상황은 절정에 달했다. 앞서 소개한 트레스터와의 첫 면담에 참여했던 삼인방 가운데 한 사람인 F. E. 드프랜츠는 다시 한번 따돌림받는 학교의 토너먼트 참여를 위해 교육위원회가 애써 달라고 열정적으로 호소했다. 그러나 교육위원회의 디윗 모건 교육감은 가차 없이 말을 자르며 대꾸했다. "드프랜츠 씨 미안합니다. 저나 선생의 살아생전에 그런 일은 일어나지 않을 것입니다."

하지만 디윗 모건의 호언장담은 빗나갔다. 그해 3월, 인디애나주의 주의원인 로버트 브로큰버르(Robert Brokenburr, 아프리카계 미국인 최초의 인디애나주 상원의원. 그의 아버지는 노예로 태어나서 어린 시절에 해방되었다.—옮긴이)가 아서 트레스터가 사유화하다시피 했던 IHSAA에 대한 주 정부 차원의 관리 감독과 흑인 및 가톨릭계 고등학교의 가입 허가를 요청하는 상원 법안 제181호를 발의했다. 마침 미국의 제2차 세계대전 참전이 임박한 것을 계기로 애국주의가 팽배했던 시기였기에 교회 지도자들도 투쟁에 동참했다. 그들은 흑인 학생들에게 자유를 위해서 목숨을 바치라고 요구하면서 기회를 박탈하는 것은 위선이라고 소리 높여 주장했다. 《인디애나폴리스 스타》도 논설을 통해 새로 발의된 법안에 힘을 실어 주었다. 덕분에 가뿐히 주 상원을 통과했지만 의회 내 방해 공작 때문에 하원을 통과하지 못하고 있었다.

그러다 1941년 12월 20일, 미국이 일본에 전쟁을 선포한 지 2주일 만에 아서 트레스터는 모든 "주 관내에서 3년 또는 4년제 고등학교 과정을 수립한 공립, 사립, 교구, 유색, 제도권 내 고등학교"에

IHSAA 가입을 허가하는 명령을 간단히 사무적으로 발표해 버렸다.

무려 15년에 걸친 투쟁 끝에 마침내 따돌림당하던 고등학교들도 기회를 인정받게 된 것이다.

베일리, 헨리, 오스카 로버트슨 삼형제가 어머니와 함께 테네시주를 떠나 인디애나폴리스에 당도한 것은 1942년, 애틱스 고등학교의 토너먼트 참가가 처음으로 허용된 바로 그해였다. 베일리 로버트슨 시니어는 고모인 아이네즈 로버트슨의 집에서 복작거리고 산 지 1년 만에 마침내 프로그아일랜드의 콜튼 스트리트 1005번지에 침실 두 개, 배불뚝이 난로가 놓인 거실, 부엌으로 구성된 집을 얻을 수 있었다.

"그 집은 전형적인 '샷건 하우스'였다."라고 오스카 로버트슨은 후에 기록했다. "네 개의 공간이 일렬로 줄지어 배치되어서 시선이 일직선으로 관통했다. 타르지로 만든 지붕은 비나 간신히 피할 수 있을 뿐 너무 얇아서 추위나 거센 바람, 파리나 모기로부터 우리를 보호하기에는 역부족이었다. 수도는 연결되었지만 화장실은 집 밖에 있었다. 집 한가운데에는 커다란 배불뚝이 난로가 있었지만 겨울 한철 동안 집 안에 온기라고는 없었다. 덮을 수 있는 것이라면 뭐든 가져다 몸을 감쌌지만 창문으로 바람이 거침없이 들어왔다. [이웃이] 다투거나 싸우는 소리가 항상 들려왔다. 심지어 밤에는 총성이 울리기도 했다."

로버트슨 가족의 집은 프로그아일랜드 안에서도 거칠기로 가

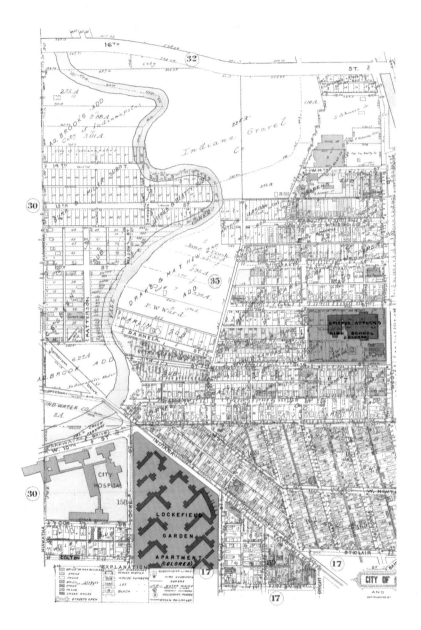

1941년 인디애나폴리스의 도로 지도 중 한 부분.
로버트슨 가족이 살았던 콜튼 스트리트는 왼쪽 하단에 위치한다.
애틱스 고등학교와 록필드가든스는 '유색인 구역'으로 표시되어 있다.
(인디애나-퍼듀 대학교 인디애나폴리스 캠퍼스(IUPUI) 도서관 디지털 컬렉션)

장 악명 높은 킨케이드홀에 위치했다. 킨케이드홀이라는 별명은 1940년대 중반 이웃 마을에 있던 리도 극장에서 상영되었던 《황야의 산적》Bandits of the Badlands이라는 서부영화에서 따온 것이었다. 영화 속에서 한 무리의 텍사스 레인저가 소도둑 떼를 추격해서 도둑들의 은신처에 당도했다. 한바탕 거친 입씨름 끝에 그들은 주먹으로 문제를 해결하기로 결정한다. 검은색 옷을 입은 악당 한 명과 흰색 옷을 입은 레인저 중 한 명이 킨케이드홀이라고 부르는, 오르내릴 사다리를 치운 깊은 구덩이 속에 뛰어 내려가서 한 사람이 쓰러질 때까지 싸운다. 영화 속 이 구덩이의 이름이 프로그아일랜드의 별명으로 쓰인 것이다. 킨케이드홀은 인근 지역에서도 가장 위험한 구역이었다. 바로 이곳에 베일리와 헨리, 오스카 로버트슨 삼형제가 자리 잡게 되었다.

로버트슨 삼형제는 집 뒤쪽 골목길에서 농구를 하며 놀았다. 당시에는 다른 아이들도 모두 농구밖에 몰랐다. 큰형 베일리가 복숭아 바구니를 하나 가져다 밑을 자르고 나무 기둥에 고정했다. 삼형제의 '더스트볼'dust bowl이었다. 동네 아이들은 이처럼 포장이 깔리지 않은 농구 코트를 흔히 더스트볼이라고 불렀다. 농구공을 구할 수 없었으므로 아이들은 헝겊을 둘둘 만 뒤 고무줄로 감거나 신문지를 둥글게 뭉친 후 양말 속에 넣고 줄로 묶어서 마치 진짜 농구공처럼 튕기는 시늉을 하며 놀았다. 아이들은 낮이고 밤이고 상상 속의 경기를 펼치면서 놀았는데 가장 나이가 많고 덩치도 컸던 베일리가 우세했다. "우리는 서로에게서 배웠어요." 베일리 로버트슨은 훗날 이렇게 회상했다. "우리는 계속 슈팅을 했어요. 해가 저물도록 말이지요. 그러다 보면 어느새 눈이 어둠에 적응해요. 우리는 땅거미가 진 다음에도 오래도록 놀았어요."

프로그아일랜드에서 가장 그럴듯한 농구 시합은 킨케이드홀에서 모퉁이를 돌면 바로 나오는 록필드가든스에서 열리고는 했다. 록필드가든스는 총 748가구로 이루어진, 연방정부가 운영하는 주택 단지로서 방 세 칸짜리 현대적인 아파트 건물 24개 동으로 구성되어 있었다. 냉온수가 모두 나오는 상수도, 보일러, 실내 배관, 전기난로, 냉장고, 강화마루, 중앙 정원, 이미용 시설, 심지어 영화관까지, 필요한 시설이 다 갖추어져 있었다. 흑인이라면 단연, 인디애나폴리스에서 가장 살기 좋은 주택 단지였다.

하지만 프로그아일랜드의 소년들에게 록필드가든스의 가장 중요한 매력은 놀이터 한 귀퉁이를 차지하고 있던, 아스팔트가 깔리고 그물 없이 링만 매단 농구 골대가 양쪽 끝에 설치된 직사각형의 농구 코트였다. 이 농구 코트가 아이들 없이 비어 있는 경우는 거의 없었다. 눈바람이 부는 겨울밤이나 땀이 줄줄 흐르는 한여름 뙤약볕 아래에서도 프로그아일랜드의 전사들은 이곳에서 농구를 하며 놀았다. 백인 학생들이 인디애나주 학교 프로그램의 일환으로 배웠던 섬세하게 정형화된 경기와는 닮은 점이 별로 없는 거친 농구였다.

로버트슨 삼형제에게 록필드가든스의 농구 코트는 일종의 집착이 되었다. 가장 나이가 많았던 베일리가 제일 먼저 주말 시범 경기에 참가할 기회를 잡았다. 같은 팀에 속한 아이들로부터 가치를 인정받았다는 의미이므로 록필드에서 팀에 포함된다는 것은 매우 자랑스러운 일이었다. 경기 규칙은 지극히 단순했다. **한 골당 2점, 20점을 먼저 득점한 팀이 경기에서 이긴다. 연장전은 없다. 이긴 팀은 남고 지는 팀은 탈락한다.** 일단 한번 시합에서 지고 난 뒤 다시 경기에 참가하려면 하루 종일 기다려야 했다. 때로는 말다툼으로 언성이 높아지기도 하고 몸싸움으로 번지기도 했다.

자긍심이 강하고 예민했던 베일리는 상대를 깔보며 공격적으로 대하는 건방진 플레이어였고, 누가 나은지 알려 주기 위해 한 발짝도 물러서지 않았다. 하지만 이 모든 것에 앞서 베일리는 훌륭한 슈터였다. 그는 저돌적으로 드리블하다가 갑자기 멈추어 서서는 높이 솟구쳐 점프하며 한 손으로 슈팅했다. 슈팅 후에 다소 과장되게 공을 따라가는 팔 동작 때문에 인근 동네 아이들은 그에게 "플랩"Flap 이라는 별명을 붙여 주었다. 경기 내내 슛을 날렸기 때문에 때로는 팀 동료들을 짜증 나게 만들기도 했다. 그럼에도 플랩 로버트슨이야말로 승패의 갈림길에서 심리적 압박이 심한 결정적인 슛을 맡길 만한 배포가 있는 선수라는 점에는 대개가 동의했다.

한편, 삼형제 중 막내인 오스카는 아직 키가 작아서 큰 경기에 직접 참가할 수는 없었지만, 다른 선수들을 관찰하며 그들의 몸동작이나 전략을 따라 배우고 익혔다. 휴식 시간에 그들에게 질문을 쏟아내기도 하며 항상 록필드 코트 주변을 맴돌았다. 자기 농구공이 없었기에, 오스카는 경기 사이사이에 선수들이 잠시 내려놓은 공을 잡아 자신보다 훨씬 큰 선수들이 돌려 달라고 할 때까지 몇 번 슛해 보는 것이 고작이었다.

오스카는 너무 덥거나 너무 추워서 어쩌다 록필드 농구장이 비어 있을 때, 혹은 공을 가지고 와서 함께 놀자는 아이들이 있을 때 록필드에 갔다. 친구들과 함께 경기하기도 했지만 혼자서 연습할 때도 많았다. 농구공이 없을 때에는 혼자서 페이크 동작과 각종 몸동작을 연습했다. "적어도 그 애가 어디서 놀고 있는지는 항상 알 수 있었지요." 훗날 그의 어머니는 이렇게 회상했다.

멀대처럼 살집 없이 길쭉하고 말랐지만 오스카의 경기력은 처음부터 가능성이 있었다. '440'이란 별명으로 통했던 이웃 해럴드 앤드루스 씨는 어린 오스카가 포함되었던 3 대 3 경기를 기억하고 있었다. "그때 저는 열일곱 살이었고, 오스카는 고작 아홉 살쯤이나 되었을 거예요. …… 애들이 제게 말하기를 '네가 파머를 맡아.'라고 했지요. 당시에는 오스카를 모두 '파머'라고 불렀거든요. 그 애 중간 이름이요. 그 꼬맹이 때문에 저는 완전히 지치고 말았어요. 결국 저는 '더 이상 파머는 맡지 않을 거야!'라고 선언하기에 이르렀지요."

오스카는 '그 애는 너무 키가 작아', '너무 어려', '너무 말랐어'라는 말을 줄곧 들어야 했다. 그의 시대가 열리기까지 아직 기다림이 필요했다.

어느 날 기적 같은 일이 마치 토네이도처럼 휩쓸어 그의 시대로 가는 지름길로 인도하기 전까지만 해도, 오스카는 그렇게 생각하고 있었다. 어느 해 크리스마스 날 아침 오스카가 선물 포장을 열고 농구공을 꺼냈을 때 베일리와 헨리, 두 형은 눈만 휘둥그레 뜬 채 얼어

붙은 듯 꼼짝 못 했다. 삼형제 모두 믿을 수 없다는 표정으로 농구공을 뚫어져라 바라보았다. 오스카는 크리스마스 전에 엄마에게 농구공이 갖고 싶다고 졸랐다. 하지만 베일리와 헨리는 엄마에게 그런 부탁을 진지하게 하거나 졸라 본 적이 없었다. 그만큼 농구공은 로버트슨 가족의 벌이로는 어림없이 비싼 물건이었다. 도대체 세 소년의 어머니는 무슨 돈으로 공을 구한 걸까?

만면에 미소를 지으며 메이절이 설명했다. 그녀가 청소 일을 해 주던 집의 부인이 크리스마스 선물로 아이들이 바라는 것이 있느냐고 물었다고 한다. 메이절은 마지못해 오스카가 농구공을 원한다고 말했고, 그 부인이 자기 아들에게 새 공을 사 줄 생각이었다면서 낡은 공을 건네주었고, 메이절도 깜짝 놀랐다고 했다.

베일리나 헨리에게 엄마가 공을 **어떻게** 구했는지는 하나도 중요하지 않았다. 중요한 것은 그것이 **오스카의** 공이라는 점이었다. 오스카는 이제 로버트슨 가족 중에서 농구공을 가진 유일한 사람이 되었고, 동네 전체에서도 혼자만의 공을 소유한 유일한 아이였다.

오스카는 베일리와 헨리에게 이 공이 로버트슨 가족의 공이 아니라 자기 자신의 공임을 분명하게 주장했다. 오스카는 아침마다 문을 열고 나갈 때 공을 들고 있었고 어디를 가든 농구공에서 손을 놓지 않았다. 밤에는 베일리가 부러워하며 바라보는 가운데 비누로 공을 깨끗이 씻었다. 눈을 감고 잠들기 직전에야 조심스럽게 벙커 침대 곁에 공을 두었다. 그로부터 수년이 지나 농구 역사상 가장 훌륭한 선수로 명성을 얻게 된 후에도 오스카 로버트슨은 그 공을 세세히 기억하고 있었다. "여기저기 상처투성이였어요." 그가 말했다. "낡은 공이었지요. 테두리 마감이 훌륭하지도 않았어요. 하지만 옆선이 한 쪽으로 치우지지도 않았고 정규 사이즈의 공이었어요."

결론은?

"바로 제 공이었어요."

3장

레이 크로: "네 가족 전부 만나 뵙고 싶구나."

코치란 직업은 이래서 멋진 것이다. 이래서 너무 끔찍하기도 하다.
코치란, 선수들에게 자기가 가진 모든 것을 주어야 한다.
자신의 경험, 자신이 알고 있는 지식, 자신의 삶, 자기 자신까지도.
그리고 아이들을 세상 속으로 내보내고
한 발짝 물러나 앉아 지켜보아야 한다.
아이들이 겪는 고통을 함께 겪고, 아이들을 위해 고통을 감내한다.

一존 R. 투니스의 소설 『예이! 와일드캣츠!』 중에서

레이 크로는 8남 3녀 중
장남으로 태어났다. 전성기에
그는 인디애나주 전체에서 가장
우수한 운동선수 중 하나였다.
타고난 성품은 온화했지만
농구 플레이는 거칠었다.
(인디애나폴리스대학교
기록보관소 및 스페셜 컬렉션)

1931년, 당시 열다섯 살로 화이트랜드 고등학교 1학년 학생이었던 레이 크로는 대체로 팀에서 가장 어린 선수이자 유일한 유색인 선수였고, 포지션은 가드였다. 상대 선수들은 그의 자존감과 기질을 테스트하면서 레이 크로를 거세게 밀치고 인종차별적인 언동으로 자극했다. 그때마다 크로는 뒤로 한 발짝 물러서면서 입을 꾹 다물었다. 코치인 글렌 레이가 그런 태도를 원한다고 생각했기 때문이었다. 그렇지만 한사코 져 주기만 하는 이 다부진 소년에게 맞서는 것이 상대 선수들에게도 마음이 편치만은 않았다. 레이 크로는 앙다문 치아를 감싼 턱 근육이 울룩불룩 하는 가운데 눈 하나 깜짝하지 않은 채 똑바로 쳐다보았다.

어느 금요일 저녁이었다. 화이트랜드 고등학교 농구팀의 숙적 프랭클린 고등학교와 전반전 경기를 마친 후, 글렌 레이 코치는 어린 가드를 불러다 옆에 앉혔다. 프랭클린 고등학교의 스타 가드 자이언 맥글로클린이 전반전 내내 코트 이쪽저쪽에서 크로를 거세게 밀치는 와중에 화이트랜드 고등학교가 계속 뒤지고 있는 상황이었다. 코치가 말했다. "잘 들어라. 나는 네 피부색은 상관하지 않아. 하지만 네가 계속 밀리기만 한다면 벤치에 앉아서 구경이나 하게 될 거야. 알겠니?"

빅 데이브 데저닛

흑인 고등학생으로는 인디애나주 최초로 두각을 나타냈던 로버트 데이비드 "빅 데이브" 데저닛이 리바운드를 잡기 위해 높이 점프하고 있다.(인디애나 농구 명예의 전당)

인디애나폴리스는 그렇지 않았지만, 인디애나주 다른 지역에서는 대부분 흑인과 백인이 같은 학교 안에서 수업 받는 것을 허용했다. 해가 갈수록 백인 선수들과 함께 학교 대표로 경기에 참가하는 흑인 선수들이 점점 많아졌다. 최초의 흑인 스타 선수가 로버트 데이비드 "빅 데이브" 데저닛이었다. 건장한 체격으로 센터를 맡은 데저닛은 흑인 선수로는 최초로 1930년 인디애나주 토너먼트 우승팀에 참여했다. "빅 데이브"는 레이 크로의 영웅이었다. 데저닛은 인디애나주 동남쪽에 위치한 철도도시 워싱턴(수도 워싱턴 D.C.와는 다른 곳―옮긴이)에서 성장했다. 1930년 데이브 데저닛이 속한 워싱턴 고등학교의 해칫스 팀은 주 토너먼트 구역 예선 개막전 대진 추첨에서 빈센스 고등학교를 뽑았다. 경기를 며칠 앞두고 학교 행정실에는 데이브 데저닛 앞으로 편지 한 통이 배달되었다. 데이브가 경기 중 빈센스 고등학교의 한 백인 선수를 "지나치게 건드리면" 살해하겠다고 협박하는 내용이었다. "KKK 제14위원회"라고 서명되어 있었다.

데이브 데저닛의 출전은 허용되었지만, 경기 당일 그의 아버지는 장전한 권총을 숨기고 빈센스 고등학교 체육관 관중석 맨 위 열로 올라갔다. 경기 내내 한 손에 권총을 쥔 채 관중석을 살폈다고 한다. 다행히 데이브 데저닛의 생명을 위태롭게 하는 시도는 없었고 워싱턴 고등학교는 손쉽게 빈센스 고등학교를 따돌렸다. 해칫스는 토너먼트 끝까지 계속 살아남았고 마침내 결승전에서 먼시 센트럴 고등학교를 상대로 32 대 21로 완승을 거두었다. 빅 데이브 데저닛은 인종적으로 통합된 고등학교 팀을 이끌어 주요 토너먼트 대회에서 우승을 거둔 역사상 최초의 아프리카계 미국인으로 평가되고 있다. 그가 이룬 업적은 언론 매체를 통해 멀리 중국에까지 전해지기도 했다.

레이 크로의 귀에 코치의 충고는 마치 아름다운 음악처럼 듣기 좋게 들렸다. 그는 이미 참을 만큼 참아 온 터였다. 경기가 다시 시작되고 자이언 맥글로클린이 저돌적으로 밀어붙이며 오른쪽을 파고들었다. 레이 크로는 한 발짝 앞으로 나아갔다가 두 손으로 자이언 맥글로클린의 가슴을 밀었다. 앞으로 한 발짝 나아가서는 좀 더 세게 밀었다. 그런 다음 벤치까지 맥글로클린을 밀어붙였다. 관중은 깜짝 놀랐고, 코치는 만족스러워 보였다. "이쯤에서 맥글로클린도 무슨 뜻인지 깨달았던 것 같았습니다." 레이 크로는 훗날 당시를 회상했다. "그 후에는 그가 신사적으로 경기에 임했거든요."

모든 사람을 존중하되 어느 누구 앞에서도 뒤로 물러서지 마라. 레이 크로는 이 말을 평생의 교훈으로 삼았다. 그리고 훗날 자신이 맡게 된 크리스퍼스 애틱스 고등학교 선수들에게도 그렇게 가르쳤다. 맥글로클린을 대하는 레이 크로의 태도는 거칠고 공격적이면서 동시에 페어플레이를 고수하는 크리스퍼스 애틱스 고등학교 선수들의 스타일에도 반영되었다. 애틱스 선수들의 이런 태도는 널리 알려지고 좋은 평가를 받았다.

8남 3녀 대가족의 장남이었던 레이 크로는 인디애나폴리스로부터 남쪽으로 30km 정도 떨어진 인디애나주 화이트랜드의 농장에서 자랐다. 크로 가족은 존슨 카운티 전체에서 단 두 가구에 불과한 흑인 가족이었다. 어린 레이 크로는 사려 깊고 말투가 부드러워서 친구를 쉽게 사귀는 편이었다. 하지만 가끔씩, 거의 백인들만 사는 존슨 카운티에서 흑인 소년이 얼마나 자신감 있게 행동해도 되는지를 규율하는 서로 모순되는 신호들을 가려내는 일이 쉽지 않았다. 레이 크로는 백인 친구들과 농담을 주고받으면서 웃기도 하고 공을 가지고 어울려 놀기도 했다. 하지만 아무리 친구 사이라도 함께하지 못하는 일이 있다는 것을 알고 있었다. 이를테면 프랭클린의 영화관에 가더라도 레이 크로는 다른 친구들처럼 가운데 자리에는 앉을 수 없었다. 레이만 혼자 계단을 올라 발코니로 가서 영화를 관람해야 했다. 레이 크로는 동네 수영장에서 친구들과 함께 수영할 수 없었으며, 크로 가족은 프랭클린 시내 레스토랑에서 외식을 할 수 없었다. 흑인 손님은 환영하지 않는다는 것이 너무나 명백했다. 레이 크로와 친구들은 이런 차별에 대해서 한 번도 터놓고 얘기해 본 적이 없었다. 다만 그들이 살고 있는 공간을 채운 공기 중에 차별이 엄연히 존재했다.

토요일 저녁이면 크로 가족은 프랭클린으로 쇼핑을 다녀오고는 했다. 프랭클린 시내의 마을 광장에는 언제나 예외 없이 흰색 가운을 입고 원뿔 모자를 쓴 남자들이 모여 있었다. 그중 일부는 마치 자신들이 경찰이라도 되는 듯 팔을 흔들어 교통정리를 하고 있었다. 법원 계단 주변을 얼쩡거리며 웃고 담배를 피우면서도 그저 할 일 없어 노닥거리는 것이 아니라 그곳에 꼭 필요한 존재임을 애써 강조하려는 것 같았다. 레이의 부모는 자녀에게 쿠 클럭스 클랜에 대해서 설명하고자 애썼다. "그들을 무서워할 필요는 없단다." 레이 크로는 그들이 두렵지 않았다. 얼굴을 가린 얇은 천 조각을 들추면, 해마다 수확 철이면 들판에서 레이와 함께 일하고는 했던 이웃들의 얼굴이 드러났다. 가을이 되면 이 사람들은 레이의 가족과 함께 추수 만찬을 즐기며 정을 나누었다. 도대체 그들을 두려워할 이유가 무엇이 있겠는가?

레이 크로는 어릴 때부터 아버지와 들녘에서 오랜 시간 함께 일했다. 겨울이 지나 봄이 다가올 무렵이면 이른 새벽에 일어나 검은 흙이 드러나도록 줄을 맞추어 땅을 갈고 씨앗을 뿌렸다. 그리고 가을에 추수할 때까지 작물을 돌보았다. 레이 크로는 잘못을 나무라는 아버지의 설교를 묵묵히 들으며 같은 실수를 되풀이하지 않으려고 애썼다. 그러는 사이 농장 일을 끔찍이 싫어하게 되었고, 학교 갈 나이가 되었을 때는 농장 일을 관두고 두 번 다시 돌아보지 않았다.

그즈음 들어, 당시 대부분의 후지어 소년들이 그랬던 것처럼 레이 크로 역시 농구와 사랑에 빠졌다. 처음에는 이웃의 건초 더미에 목표를 정하고 공을 던지기 시작했다. 이 정도로 만족할 수 없었던 레이 크로는 자기 집 헛간 앞 공터에 골대를 설치했다. 바로 옆에는 닭장이 있었다. 레이 크로는 빗물이 고여 웅덩이가 되거나 젖은 닭털이 카펫처럼 깔리면 밀어서 옮길 수 있도록 골대 밑에 바퀴를 달았다. 레이 크로 가족의 이동 가능한 골대는 이내 화이트랜드 아이들에게 놀이터가 되었다.

운동신경이 뛰어나고 경쟁심과 집중력이 강하며 빛처럼 빨랐던 레이 크로는 화이트랜드의 초등학교와 중학교 팀에서 스타 선수로 활약했고, 고등학교에 입학할 나이가 되어서는 학교 대표 농구팀의 선발 가드가 되었다. 그의 코치였던 글렌 레이는 크로의 리더십을 칭찬하면서 농구 경기를 어떻게 풀어 나가야 할지에 관한 전략적인 질문을 스스로 던져 보라고 충고했다.

1931년 3월, 글렌 레이 코치는 레이 크로를 포함하여 화이트랜드 고등학교 농구팀 선수 여럿을 데리고 인디애나폴리스의 버틀러 필드하우스에서 열리는 인디애나주 고등학교 농구 토너먼트 대회에 데리고 갔다. 그것은 스위트 식스틴(Sweet Sixteen, 16강을 일컫는 말. 8강은 엘리트 에이트(Elite Eight), 4강은 파이널 포(Final Four), 결승은 챔피언십(Championship)이라고 부른다. ―옮긴이)이 참여하는 경기였다. 아침부터 밤까지 연달아서 진행되는 경기를 통해서 중부 인디애나를 대표하여 토너먼트 4강에 최종 진출할 팀을 결정하는 시합이었다. 화이트랜드 팀 선수들은 하루 종일 먹을 음식을 싸서 아침 일찍 인디애나폴리스로 출발했다.

넓은 주차장에 나란히 줄지어 서 있는 모델-T 포드 자동차 대열을 뚫고 버틀러 필드하우스로 다가가는 동안 붉은 벽돌을 쌓아 헛간처럼 단조롭게 지은 이 체육관이 레이 크로 일행에게는 마치 궁전처럼 보였다. 건물 밖에는 인디애나 중부 지역 전역에서 파견된 방송국 호출부호가 새겨진 라디오 트럭 수십 대가 주차되어 있었다. 그 순간 모교 화이트랜드 고등학교에서는 학생들이 교사들에게 점심시간이나 자습 시간에 중계방송을 틀어 달라고 조르고 있었다. 그러면 교사들은 뭘 하든 아이들이 농구 생각만 할 거라며 못이기는 체 방송을 틀어 주고는 했다.

출입구 앞에는 높은 가격을 붙여 티켓을 되파는 암표상들이 모여 있었다. 그들을 무시하며 화이트랜드 고등학교 농구팀 선수들과 코치는 입장하는 관중 무리에 섞여 거대한 건물 안으로 빨려 들어갔다. 일행은 팬들로 가득 찬 어두침침한 복도를 비집고 들어가며 자신들이 입장해야 할 출입구를 찾았다. 한 손에 뜨거운 커피를 든 사람들도 많았다. 훗날 많은 사람들로부터 인디애나주 역사상 가장 위대한 고등학교 농구팀 코치로 평가받을 레이 크로는 그렇게 생애 처음 버틀러 필드하우스에 발을 들여놓았다.

그것은 빛과 소음과 움직임으로 가득한 거대하고 막힘 없는 단일 공간이었다. 지붕에 난 여러 개의 거대한 창문으로 햇빛이 기다란 선을 그리며 쏟아지듯 들어와 농구장 바닥에 부딪혔고 사방이 환한 빛으로 가득했다. 가파른 경사를 이루며 코트를 포위하듯 설치된 은색 관중석이 조금씩 작아지면서 맨 꼭대기는 희미하게 소실되어 보였다. 사이드라인을 따라 타자기 수십 대가 놓인 테이블이 길게 줄지어 서 있고, 페도라를 눌러쓴 신문기자들이 그 앞에 허리를 구부리고 앉아 탁탁 소리를 내면서 그날의 첫 기사를 작성하고 있었다. 치어리더들은 껑충거리며 플로어를 활보했다. 학교 밴드는 저마다 사기를 드높이는 응원가를 연주했다. 학교 이름의 초성을 새긴 스웨터를 입은 학생들은 학교 휘장을 흔들고 있었다. 이 거대한 건물의 실내는 온갖 기대와 열기로 매우 부산스러웠다. 화이트랜드 고등학교 선수들은 자신들의 좌석으로 저벅저벅 걸어가 앉았다. 아침 첫 경기의 팁오프 순간, 총 1만 5,000석의 관중석은 빈틈없이 들어찼다. 실내에 가득한 조명, 그리고 시야를 방해하는 기둥이 없는 구조 덕분에 버틀러 필드하우스에서 경기를 관람하기에 나쁜 자리란 없었다.

레이 크로 일행은 그날 늦은 밤이 되어서야 집으로 돌아올 수 있었다. 버틀러 필드하우스를 방문한 첫인상은 레이 크로의 마음속에서 오래도록 떠나지 않았다. 고등학교 농구팀의 코치가 되고 싶었던 것도 그때부터였다. 레이 크로는 경기를 전략적으로 이해했고 나이는 어리지만 팀 동료들의 기운을 북돋우는 재능이 있었다. 그는 학생들 주변을 맴도는 것이 좋았다. 화이트랜드 고등학교를 졸업한 후 레이 크로는 인디애나폴리스에 소재한 작은 대학교인 인디애나 센트럴 칼리지ICC에서 선수 장학금을 제안받았다.

레이 크로는 대학교에서도 몇 안 되는 흑인 학생 중 하나였고, 1학년을 마친 다음에는 농구팀에서 유일한 흑인 선수였다. 그곳에서도 익숙한 문제가 항상 발생했다. 해너버 칼리지의 상대 선수가 레이 크로의 면전에서 주먹을 휘두르며 인종차별적인 욕설을 내뱉었다. 벤치에 있던 ICC 팀 동료들이 모두 경기장으로 뛰어나가 레이의 편을 들어 주었다. 인디애나주 남부에 위치한 한 식당을 찾았을 때는 레이 크로가 함께 있다는 이유로 ICC 팀 전원에게 서빙을 거부했다. 해리 굿 코치는 선수들에게 차에 다시 오르라고 지시한 후 흑인 손님도 환영하는, 자신이 알고 있는 인디애나주 중부의 레스토랑까지 찾아갔다. 팀워크가 무엇보다 중시되었다.

인디애나 센트럴 칼리지 재학 시절 레이 크로의 재능이 빛을 발했다. 그는 훌륭한 학생이면서(특히 수학 분야에서 탁월했다.) 모교의 스타 선수였다. 2학년 때 치른 체육대회에서 레이 크로는 100야드 단거리경주, 220야드 경주, 멀리뛰기, 로허들 경주, 포환던지기에서 1등을 기록했다. 그는 혼자서 상대 팀 점수보다 두 점을 앞섰다.

1938년, 레이 크로는 우등으로 학교를 졸업했지만 교사 일자리를 구할 수 없었다. 인디애나주의 백인 교장들이 흑인 교사를 고용하지 않는 현실이 문제였다. 덕분에 충분한 자격을 갖춘 흑인 수백 명이 인디애나주 흑인 학교의 몇 안 되는 교사 자리를 두고 경쟁하는 형국이었다. 결국 레이 크로가 교사로 일하게 된 크리스퍼스 애틱스 고등학교만 해도 지나치게 과밀하고 시설은 수준 이하였지만 교사진만은 유수의 대학교에서 석사, 박사 이상의 학위를 취득한 훌륭한 학자들로 채워졌다. 사실 그들은 대학교에서 일자리를 구하지 못했을 뿐 교수급이었다고 봐도 무방했다. 교직에 여러 번 지원했다 낙방하는 사이 레이 크로는 트럭 제조 회사에서 바닥을 비질하는 청소부로 일하기도 했다. 날로 커져 가는 비관적인 심정이 그를 짓눌렀다. 레이 크로는 애태워 봐야 아무 소용이 없고, 어쨌든 청소부 일이라도 구했으니 운이 좋았다고 되뇌며 스스로를 달랬다.

1945년 레이 크로는 애틱스 고등학교 옆에 나란히 자리 잡은 중학교(junior high, 보통 7학년, 8학년 학생을 교육하는 2년제 학교. 우리나라에서는 전국이 공히 6-3-3학제를 적용하고 있지만, 미국은 주나 교육구에 따라 5-3-4, 6-3-3, 8-4, 6-6 등 다양한 학제를 운영하고 있다.—옮긴이)인 부커 T. 워싱턴 제17 공립학교에서 7학년과 8학년 수학 교사자리를 제안받았다. 수업 첫날, 레이 크로는 일찌감치 학교 앞에 도착했다. 수업 시작을 알리는 종이 울리기 전에 잔디밭에서 웃고 떠드는 학생들을 바라보며 학교 맞은편 길가에 혼자 서 있었다. 그는 마음 깊은 곳에서 어떤 불편함을 느꼈다. 레이 크로 자신은 그 이유를 알고 있었다. "전 사실 평생 동안 그렇게 많은 흑인 아이들을 본 적이 없었습니다."라고 크로는 당시를 회상하며 말했다. "이를테면 일종의 충격이었던 것 같아요. 그렇게 많은 흑인 사이에 속한다는 것, 그들과 함께 살면서 흑인을 이해한다는 것. 그 모든 것이 너무나 생경한 경험이었습니다. 전 마치 백인 아이인 것처럼 자랐던 거예요."

마침내 수업 종이 울리자 레이 크로는 학교 안으로 들어갔다. 수학 수업을 할 교실을 찾아가서 칠판에 자신의 이름을 썼다. 단추가 두 줄로 달린 품이 넓은 코트와 정갈하게 주름 잡힌 바지를 갖춰 입은 멋진 차림새였다. 콧수염도 깔끔하게 다듬었다. 여학생들은 조용한 성품에 사려 깊어 보이는 갈색 눈을 가진 새 선생님이 매력적이라고 생각했다. 반면에 남학생들은 신출내기 교사를 호락호락하게 보았다. 레이 크로는 그날의 계획을 알려 주고 수업을 시작했다.

8학년 남학생 중 몇몇은 이미 십대 후반으로 세상물정에 빠삭했다. 키도 새내기 교사 레이 크로보다 머리 하나가 더 컸다. 크로가 등을 돌리고 판서를 시작하면 남학생들은 키득키득 소리 내어 웃거나 쪽지를 전달하고 종이비행기를 접어 핑 소리가 나도록 교실 이곳저곳으로 날렸다. 크로가 일체 대응하지 않자 공공연하게 조롱하거나 점점 대담해지는 아이들도 있었다. 하루하루 상황은 더 나빠졌다. 레이 크로는 교직을 그만둘 생각까지 했다. 그는 동료 선생들에게 조언을 구했다. 목공 담당 교사가 회초리를 하나 깎아 주며 써 보라고 했지만 레이 크로는 학생들을 때리고 싶은 마음이 없었다. 도대체 왜 학생들이 교육이란 명목으로 체벌당해야 한단 말인가? 그렇게 1주

일이 지나자 학생들은 보다 노골적으로 나왔다. 레이 크로는 사직서를 써 두었지만 차마 교장에게 건네지는 못하고 있었다. 어떻게 처신해야 할지 몰라 심각한 고민에 빠져 있었다.

훗날 레이 크로가 이끄는 크리스퍼스 애틱스 농구팀 선수로 크게 명성을 날린 할리 브라이언트는 결전의 날을 기억하고 있었다. "어느 날 수학 시간에 레이 크로 선생님이 볼일이 있어서 교실 밖에 나갔다가 돌아오셨어요. 한 녀석이 여학생들 앞에서 폼을 잡고 싶었나 봐요. 머리에 해군 모자를 쓰고 있었지요. 교실에서 모자를 쓰는 것은 교칙 위반이지만 레이 크로 선생님이 돌아오실 때까지 계속 쓰고 있었어요. 선생님은 아무 말씀도 하지 않고 자신의 책상에 허리를 꼿꼿이 세우고 앉으셨지요. 턱 근육이 울퉁불퉁 튀어나온 것이 눈에 보일 정도였어요. 그 녀석은 그래도 모자를 벗지 않았어요. 조금 뒤에 선생님이 자리에서 일어나서는 지극히 침착하게 그 녀석에게 걸어가셨지요. 그 애 머리에서 모자를 벗기더니 멱살을 잡아 일으켜 세우셨어요. 그런 다음 그 애 얼굴을 옆으로 한 번, 위로 다시 한 번, 그리고 원을 그리듯이 다시 한번 갈기셨어요. 그러고선 녀석을 자리에 앉혔어요. 누구도 아무 소리 내지 못했어요. 녀석이 훌쩍거리면서 말했지요. '아빠보고 오시라고 할 거예요. 우리 삼촌에게도 이를 거예요.' 그러자 선생님이 대답하셨죠. '그래, 두 분 다 모셔 오려무나. 이왕이면 네 가족 전부 만나 뵙고 싶구나.'라고요."

인디애나폴리스의 중학교에는 농구 프로그램이 없었기에 레이 크로는 자신이 가르치는 학생들을 위해서 방과 후 농구 프로그램(학교 대표팀과는 구분되는 교내 레크리에이션 스포츠—옮긴이)을 기획했다. 아이들이 농구 경기에 대해 하나도 모른다는 사실을 곧바로 알 수 있었다. 레이 크로 자신은 고향 화이트랜드에서 6학년 때 이미 학교 대표팀에 소속되어 농구를 시작했다. 이에 반해서 제17 공립학교 학생들은 당시까지 유니폼을 입어 본 적도, 심판의 휘슬 소리를 들어 본 적도 없는 초짜들이었다. 인디애나주에서 가장 큰 대도시인 인디애나폴리스 관내 농구팀이 36년 동안 주 토너먼트 대회에 참가해 왔지만 단 한 번도 우승한 적이 없었던 이유 한 가지가 이로써 설명되었다. 인디애나폴리스의 선수들은 너무 늦은 나이에 농구를 시작했고 약체 팀끼리 경쟁했으며 농구를 잘 모르는 사람들이 지금까지 코치를 맡아 왔던 것이다. 이와 더불어 인디애나폴리스의 남학생들에게는 이렇다 할 농구 영웅이 없었다. 그들이 우러러볼 선수는 누구란 말인가? 크리스퍼스 애틱스 고등학교 농구팀은 오랜 기다림 끝에 1942년부터 토너먼트 대회에 참가한 이래로 대부분 1차전에서 탈락했다. 프로 팀인 인디애나폴리스 올림피언스에는 흑인 선수가 없었다. 할렘 글로브트로터스의 경우 쇼가 매우 흥미로운 것은 사실이지만 그들은 글자 그대로 진정한 글로브트로터스(globetrotters, '지구를 걷는 사람들', 다시 말해 여행을 많이 다니는 사람들이라는 뜻—옮긴이)였다. 다시 말해 전 세계를 여행하는 팀이었고, 1년이면 고작 두어 번 인디애나주에 들를 수 있었다.

레이 크로가 이끄는 방과 후 교내 프로그램에는 제17 공립학교 남학생들이 벌떼처럼 모여들었다. 크로는 매 시간 맨손체조로 수업을 시작했다. 그러고는 남학생들을 여러 팀으로 나누어 시합을 시켰다. 처음에는 서로 몸을 부딪치는 상대방 반칙이라고 불만을 터뜨렸다. 하지만 레이 크로가 팀 경기로서 농구의 기초를 가르치자 아이들은 하루가 다르게 발전했다. 쉬는 시간 동안 레이 크로는 '제자리 손 짚고 앞돌기', '뒤 공중 돌기' 같은 현란한 체조 동작을 여럿 보여 주었다. 레이 크로가 선보인 특별한 기술들은 교실 안에서도 화젯거리였다. "선생님은 벽을 타고 올라 한 바퀴 도는 법, 슬램덩크 같은 것을 보여 주셨어요."라고 할리 브라이언트는 회생했다. "어린 저희들은 깊은 인상을 받았지요."

레이 크로는 여러 차례 학생의 집을 방문했다가 프로그아일랜드의 주거 환경에 큰 충격을 받았다. 집이라고는 하지만 대부분 눈비나 겨우 피할 만한 초라한 임시 거처에 불과했다. "[어떤 집들은] 운하의 모퉁이를 따라서 줄지어 세워 둔 오막 같았다."라고 크로는 훗날 기록했다. "바닥은 신더(cinder, 석탄 찌꺼기나 재 ─ 옮긴이)를 깔아 다진 경우가 많았다. 난방은 물론 전기도 들어오지 않았다. 어떤 집들은 가로 60cm, 세로 120cm 크기의 골이 진 강판 몇 장을 못으로 박아 놓은 듯 허접했다. 그렇게 누추한 환경에서 사는 사람들을 보는 나는 면구스러웠지만 외려 그 사람들은 스스로 품위를 지키고 있었다. …… 그들은 동정을 원하지 않았다."

레이 크로는 자신이 이끄는 방과 후 프로그램에 참여하는 소년들에게서 운동선수로서 필요한 훌륭한 재능을 확인했다. 아이들은 단지 그런 재능을 표현할 기회를 갖지 못했던 것이다. 그중에서도 특히 세 학생이 두드러졌다. 윌리 가드너는 "딜"이라는 이상한 별명으로 불리는 내향적인 소년이었다. 서 있으면 자기 반의 다른 아이들보다 머리 하나가 컸다. 하지만 그에게는 장신 선수들에게서 흔히 나타나는 동작의 어색함이 없었다. 외려 체조 선수라고 해도 손색 없을 정도로 신체 조정력이 뛰어났다. 한번은 학생들과 어울리며 시간을 보내던 크로 코치가 시범 삼아 '손 짚고 뒤 공중 돌기'를 보여 주고는 아이들에게 해 볼 수 있으면 한번 해 보라고 권했다. 유일하게 이 동작을 해낸 학생이 바로 윌리 가드너였다. 그는 계속해서 이 어려운 동작을 반복했다.

훌륭한 재능을 타고난 또 한 명의 선수는 할리 브라이언트였다. 할리는 농구 기술을 금세 습득했다. 훌륭한 한 손 슈터였던 할리 브라이언트는 공을 자유자재로 거리낌 없이 통제했다. 그는 마치 점프한 뒤 두 다리를 접고 앉은 자세로 공중에 머무는 신묘한 능력이라도 가진 듯했다. 상대 선수의 손이 닿지 못하게 하여 공을 링 안으로 밀어 넣거나 방어하던 선수가 플로어에 다시 떨어질 때까지 기다렸다 슛하는 능력도 있는 것 같았다. 하지만 감정 기복이 심한 사춘기 소년이었던 브라이언트는 갑자기 자신감이 폭삭 내려앉기도 했다. 한번은 어떤 교사로부터 슛을 남발한다는 지적을 들었다며 레이 크로 코치를 찾아와 울먹였던 적이 있었다. "크로 코치는 저보고 앉아 보라고 한 다음에 이렇게 말씀하셨습니다. '네 코치는 나고, 나는 네가 슛하기를 원해." 그분은 우리 집에 찾아오신 적도 있었어요. 부모님과도 알고 지내셨지요. 할리 브라이언트가 당시를 회상하며 말했다. "코치님은 우리 가족 같은 분이에요."

마지막 세 번째 학생이 베일리 "플랩" 로버트슨이었다. 레이 크로에게 자신만만하고 지지 않는 싸움꾼이었던 플랩은 다가가기 어려운 선수였다. 베일리는 두 동생, 부모님과 함께 콜튼 스트리트로 이사 나왔지만 삼형제의 진정한 집은 여전히 록필드가든스의 더스트볼 코트였다. 삼형제는 항상 이곳에 머물렀다. 셀 수 없이 많은 길거리 경기를 통해서 베일리 로버트슨은 훌륭한 슈터로 발전했다. 경기 운영에 필요한 다른 부분은 아직 다듬어지지 않았지만 프로그아일랜드에서 플랩 로버트슨보다 훌륭한 슈터는 없었다.

윌리 가드너, 할리 브라이언트, 플랩 로버트슨, 이 셋은 당시 인디애나폴리스의 흑인 소년들로서 최고의 재능을 가지고 있었다. 놀라운 재능은 너무 오랜 시간 억눌려 있었다. 그리고 마침내 그 재능이 폭발할 때가 온 것이다. 기어이 교실에서 안정을 찾고 프로그아일랜드 공동체에서 널리 존경받게 된 레이 크로는 힘겨웠던 초임 시절에 교직을 포기하지 않았던 것을 다행이라 여기게 되었다. 레이 크로가 언젠가 이 어린 소년들을 이끌 코치가 될 것 같은 분위기 속에서 소년들은 진심을 다해 레이 크로에게 깊은 인상을 남기려 애썼다. "코치님이 우리 동네에 오실 때면 맵시 있게 차려입으셨지요. 넥타이까지 매시고요." 할리 브라이언트의 회상이다. "그분은 이렇게 말씀하시고는 했어요. '내년에는 누가 나를 위해서 경기에 뛰어 줄지 궁금하구나. 코너 슈터를 찾게 되려나?' 말도 마세요. 레이 코치가 그런 말을 남기고 떠나시면 우리는 말 그대로 코너에서 **살았답니다**."

재능을 수확할 준비는 끝났고, 레이 크로는 재능 있는 새 선수를 발견할 때마다 신명이 났다. "저는 평생 동안 이런저런 다양한 종목의 스포츠를 가까이했지요. 한 번만 보면 훌륭한 선수가 될 감인지 아닌지 바로 알 수 있습니다." 훗날 레이 크로는 이렇게 말했다. "그런데 당시는 날이면 날마다 훌륭한 재목들이 눈에 띄었습니다."

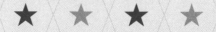

4장

신사가 될 것인가, 아니면 전사가 될 것인가?

1951년 레이 크로 코치가 이끄는 타이거스 팀이
처음으로 부상했을 때, 아마도 남북전쟁 이후 처음으로
흑인과 백인 사이에서 진정한 호감이 생겨나고,
겉으로 드러나기 시작했다. 뿌리 깊은 편견 속에 빠져 있던 백인들은
난생처음으로 흑인 청소년들을 바라보며 느낀 열정을 표현했다.
그리고 많은 흑인들 역시 난생처음으로
백인들에게도 심장이 있음을 새삼 깨달았다.
―《인디애나폴리스 리코더》

레이 크로 코치가 훈련 중 체육관 바닥에 분필로 그림을 그리며
전략을 설명하고 있다. 사진 속 선수들은 왼쪽부터 윌리 포슬리,
해럴드 크렌쇼, 할리 브라이언트, 클리블랜드 하프, 베일리 로버트슨이다.
《인디애나폴리스 리코더》 컬렉션, 인디애나 역사학회)

1948년, 크리스퍼스 애틱스 고등학교의 러셀 레인 교장이 마침내 레이 크로에게 교직을 제안했다. 레이 크로는 수학과 체육을 가르치는 동시에 교내 농구팀 타이거스의 보조 코치로 일하기로 했다.

애틱스 고등학교는 그때까지 5년 동안 인디애나주 토너먼트 대회에 참가했지만 구역 예선 2차전을 통과한 적이 없었다. 애틱스 팀의 헤드코치였던 피츠휴 라이언스에게 저조한 성적의 원인을 돌리는 사람들이 많았다. 라이언스 코치는 다른 무엇보다 스포츠맨십을 대표할 만한 모범 인물로서, 레인 교장이 손수 영입했다.

러셀 레인 교장의 관리 감독 아래 피츠휴 라이언스 코치는 애틱스 팀 선수들에게 비유하자면 마치 '사교춤'과 같은, 예의 바른 경쟁(인종차별 문제에 대해 당시 인디애나폴리스의 흑인 지도자 대부분은 협상과 타협을 통해 정치적, 제도적인 방법으로 문제를 해결하려는 온건한 태도를 취했고 이는 '예의 바른 저항'이라 불리기도 한다. ─옮긴이)을 가르쳤다. 이를테면, 선수들이 슈팅을 할 때는 절대로 두 발이 지면을 떠나 점프를 해서는 안 되었다. 한 손은 안 되고 반드시 양손으로 공을 잡고 슛해야 했다. 코트 위에서 공을 몰아가다가 신중하게 패스하고, 수비수의 방해를 피해 깨끗하게 슛할 기회를 노려야 했다. 대인방어보다는 지역방어 같은 점잖은 스타일의 수비법을 연습했다. 애틱스 고등학교 선수들은 결코 심판에게 항의하는 법이 없었다. 심지어 심판들이(당시 심판은 모두 백인이었다.) 누가 봐도 부당한 판정을 내려도 그대로 감수했다. 심판이 휘슬만 불어도 선수들이 잽싸게 손을 들어 반칙을 범한 게 자신이라고 예의 바르게 표시했다.《인디애나폴리스 스타》의 기자 밥 콜린스는 다음과 같이 기억하고 있었다. "한 번은 바스켓 바로 아래에서 충돌이 일어났는데, 애틱스 선수 다섯이 다 번쩍 손을 드는 거예요. 그 아이들은 언제든지 부당한 대우를 당한다는 현실에 익숙했던 겁니다. 하지만 결국 [심판들은] 상대 팀의 반칙을 선언했습니다."

이처럼 경기장에서 지나치게 예의를 차리는 태도 탓에 결과가 좋을 수 없었다. 애틱스 타이거스는 아직 토너먼트 경기에서 승리할 준비가 되어 있지 않았다. 대다수 인디애나폴리스의 고등학교 팀들은 여전히 토너먼트 대회가 열리기 전 정규 시즌 동안 애틱스 고등학교와 시합하기를 꺼렸다. 애틱스 고등학교는 인디애나폴리스 시내에서 인근 고등학교와 경쟁하지 못하고, 다른 흑인 학교나 가톨릭계 학교하고만 시합해야 했다. 때로는 시합을 위해서 수백 킬로미터를 이동해야 하는 경우도 있었다. 타이거스 팀은 여전히 따돌림당하는 신세라고 느꼈다.

"한번은 어떤 작은 학교를 상대로 완승을 거둔 적이 있는데, 어쩐지 상대 팀에 미안했어요."라고 베일리 로버트슨이 말했다. "파인 빌리지 고등학교였어요. 우리는 99 대 9로 이겼지요. 그 학교는 일종의 구경거리 삼아 우리와 시합했던 거예요. 그 동네 사람들은 평생 동안 그렇게 많은 흑인들을 본 적이 없었어요. 경기가 끝나고 우리는 여전히 땀을 흘리고 있는데 그 학교 사람들은 우리에게 샤워 시설을 허락하지 않았어요. 우리는 작은 다리를 건너서 버스에 올라타고는 학교로 오는 동안 샌드위치를 먹고 학교에서 옷을 갈아입고 집으로 돌아왔습니다. 그런 대접을 받고 욕을 들으면서 우리는 한 팀, 한 팀 물리쳤어요."

원 핸드 슈팅

행크 루이세티의 혁신적인 원 핸드 슈팅을 기념하고자 스탠퍼드 대학교에서 전시 중인 조각상.(척 페인터/스탠퍼드 뉴스 서비스)

1940년대를 지나는 사이 슈팅 기술이 비약적인 발전을 이루었다. 처음 농구가 창안된 후 몇십 년 동안 선수들은 공을 던지기 전에 멈춰서 슈팅 자세를 취하는 이른바 '세트 슛'을 던졌다. '세트 슛'을 던지려는 슈터는 양손으로 공을 잡고 마룻바닥에 안정적으로 발을 디디고

서서 가슴 높이에서 링을 향해 공을 던진다. 그런데 1940년대 들어서 스탠포드 대학교의 득점왕이었던 행크 루이세티를 비롯하여, 뛰면서 슛을 던지는 선구적인 선수들이 하나둘 등장하기 시작했다. 공중으로 점프하면서 한 손만 써서 슈팅했던 것이다.

할리 브라이언트는 한 고등학생 선수가 공중에 높이 뛰어올라 한 손으로 격정적인 슛을 날리는 장면을 처음 보고 원 핸드 슈팅 스타일에 완전히 매혹되었다. 피츠휴 라이언스가 자신이 지도하는 선수들에게 원 핸드 슈팅을 금지했던 반면에 레이 크로 코치는 중학생 시절, 고등학교 1학년생 시절의 할리 브라이언트에게 원 핸드 슈팅을 좀 더 연습하라고 응원했다. 레이 크로가 보기에 볼을 드리블하며 달려가다가 한 손으로 슈팅하는 기술이야말로 할리 브라이언트의 강점인 빠른 주력과 대담함, 신체 조정력을 십분 발휘할 기회였다. 레이 크로 코치가 애틱스 타이거스 팀을 맡게 되자 할리 브라이언트의 원 핸드 슈팅이 마치 고삐 풀린 망아지처럼 쉴 새 없이 터져 나왔다. 이내 인디애나폴리스의 모든 선수들이 할리 브라이언트처럼 슛하기 위해서 노력했다.

1950년 시즌 막바지에 피츠휴 라이언스는 갑작스레 헤드코치 직을 사임했다. 그는 건강 때문이라고 둘러댔지만 주위에서는 주 토너먼트 대회에서 애틱스 팀을 우승시키라는 지역사회의 강한 압박을 이기지 못해 사임한 것으로 알려졌다. "벌써 몇 년 동안 지기만 하는데 토너먼트에 참여하려고 왜 그렇게 애를 썼던 걸까요?" 농구 팬들은 이렇게 불평했다.

레이 크로 역시 이런 생각에 동의했다. 1950년 인디애나폴리스 구역 예선 1차전에서 벤 데이비스 고등학교가 가뿐히 애틱스 고등학교를 물리쳤을 때 라이언스가 무심결에 "뭐, 지금 지나 나중에 지나."라고 말하는 것을 들었던 레이 크로는 특히 신물이 났다.

라이언스의 사임을 받아들이며 레인 교장은 레이 크로를 애틱스 고등학교 대표팀 헤드코치로 임명했다. 레이 크로에게 농구를 통해 인종차별 문제에서 진전을 이룬다는 철학이 있었다면, 그것은 경기에서 승리한다면 모두가 무엇인가 얻는 것이 있다는 사실이었다. 승리를 거둔 선수들은 자존감을 얻게 될 것이고 흑인 공동체는 자랑스러운 우승팀으로부터 힘을 얻게 될 것이다. 한편 백인들 역시 자긍심이 드높아진 흑인 선수들을 존중하게 되리라는 예상이었다. **모든 사람을 존중하되 어느 누구 앞에서도 뒤로 물러서지 마라.** 이것이 화이트랜드 고등학생이던 시절 자이언 맥글로클린에게 밀리기만 하다가 코치에게 불려 갔을 때 배운 교훈이었다.

할리 브라이언트와 윌리 가드너, 플랩 로버트슨처럼 프로그아일랜드에서 나고 자란 거칠고 가난한 남부 태생의 소년들, 그리고 피츠휴 라이언스가 선발했던 팀에서 잔류한 소년들이 뒤섞여 1950년 시즌 동안 경기장에서 뛰었다. 이 두 그룹의 소년들은 당시 크리스퍼스 애틱스 고등학교 교사진, 인디애나폴리스의 흑인 공동체, 더 나아가서는 미국 전체의 흑인 사이에 존재했던 모순되는 철학을 대표하고 있었다. 1950/1951 시즌의 크리스퍼스 애틱스 고등학교 농구팀은 여러 모로 '발전을 위해 어떤 자세를 취할 것인가?'라는 근본적인 질문과 관련이 있었다. 신사적인 태도를 통해서? 그게 아니라면 전사 같은 태도를 통해서?

이를테면 피츠휴 라이언스와 러셀 레인 교장은 많지는 않지만 인디애나폴리스의 흑인 중산층 계급에서 자란 품행이 올바른 소년들, 부연하면 시합 중에도 스스로 화를 통제할 수 있는 믿을 만한 젊은이들로 팀을 꾸렸다. 프로그아일랜드의 소년들은 이런 부류의 아이들을 조롱 삼아 '노스사이더스'Northsiders라고 불렀다.

이처럼 대립하는 두 개의 철학은 애틱스 고등학교 팀에서 키가 가장 큰 두 선수를 통해서 극명하게 드러났다. 선발 센터였던 밥 주얼은 러셀 레인 교장과 피츠휴 라이언스가 선호하는 예의 바른 학생이었다.

고등학교 4학년으로 키가 196cm였던 밥 주얼은 슈터로서, 또 리바운더로서 훌륭한 선수였던 동시에 학구적이며 사려 깊은 학생이었다. 학생회장이기도 했던 주얼은 당시 애틱스 고등학교에서 가장 인정받는 모범생이었다고 평가할 수 있을 것이다. 양친이 모두 살아 있고 이혼도 하지 않았으며 둘 다 직업이 있고 백인들이 사는 노스사이드 구역에서 집세를 부담할 정도의 재산을 모은 사람들이었다. 주얼의 누나 역시 애틱스 고등학교에서 최우수 학생이었다. '학생-선수'의 모범에 가까웠던 밥 주얼은 레인 박사가 내놓을 수 있는 가장 자랑스러운 선수였지만, 레이 크로가 보기에 유약했다.

그에 비하여 키 203cm의 포워드 윌리 가드너는 배를 주린 채 등교하는 경우가 많았다. 어머니를 도우려면 아르바이트를 해야 했고 학교를 빠지는 경우도 종종 있었다. 고생 많은 어머니 걱정에 밥에 악몽을 꾸는 일도 많았다. 삭정이처럼 비쩍 말라 긴 팔을 흔들고 다녔던 윌리 가드너는 겉보기에는 세상 시름을 모르는 것처럼 보이기도 했다. 경기 중에 갑자기 혼자서 웃음을 터뜨리기도 했다. 피츠휴 라이언스는 이런 윌리 가드너를 못마땅하게 여겼다. 다른 선수들이 벤치에 앉아 구경하는 동안 윌리 가드너만 체육관 안에서 몇 바퀴씩 달리라고 시키는 등 연습 시간 중에 모욕하거나 조롱하기를 반복했다. "그분이 말씀하시길, 저는 절대로 농구 선수가 될 수 없다고, 그 말씀을 제게 얼마나 많이 하셨는지 몰라요." 윌리 가드너는 훗날 이렇게 말했다.

반면에 레이 크로 코치가 보기에 윌리 가드너는 매우 자존감이 높고 개인주의 성향이 강한 학생으로 뛰어난 재능을 가지고 있었다.

1950/1951 시즌이 시작하고 열세 번째 경기가 열릴 때까지 윌리 가드너는 애틱스 고등학교 농구팀에 합류하지 못하고 있었다. 레이 크로는 윌리를 즉각 선발 선수 명단에 포함시키고 본인의 뜻대로 공을 몰고 다루어도 좋다며 자유를 주었다. 윌리 가드너가 합류한 뒤 타이거스는 정규 시즌 마지막 여덟 경기 동안 평균 28점 차이로 득점하며 이겼다.

한번은 경기 중반에 할리 브라이언트가 날린 장거리 점프 슛이 링을 맞고 튀어 올랐다. 윌리 가드너는 바스켓 바로 아래에서 몸을 굽히고 기다렸다가 높이 뛰어올라서 바스켓 위로 한쪽 손을 뻗어 공이 달아나지 못하도록 막았다가 골대 안으로 도로 집어넣었다. 난생처음 보는 관경에 일순 얼은 듯이 조용해졌던 관중은 일제히 열화와 같이 환호했다. 1951년 당시 인디애나주에서 이런 덩크슛은 그야말로 혁명적인 기술이었다. 그 후로 한참 뒤에나 등장할, 높이 솟구쳐 날아올랐다가 먹이를 낚아채기 위해 급강하하는 맹금류처럼 공을 바스켓에 꽂아 넣는 줄리어스 어빙이나 마이클 조던의 덩크슛처럼 환상적인 기술이었다.

레이 크로는 경기 시작 전에 윌리 가드너가 규칙적으로 덩크슛을 연습하도록 놔두었다. 윌리는 처음에는 왼손 덩크슛, 그다음에 오른손 덩크슛, 양손을 이용한 오버 더 헤드 덩크슛을 차례로 연습했다. 당시까지도 애틱스 고등학교 팀의 연습 일정에서 대부분을 차지했던 자그마한 시골 마을의 상대 팀 선수들은 워밍업 훈련을 하다 말고 덩크슛을 하는 윌리 가드너 앞에서 입이 쩍 벌어지고는 했다. 코치가 영리하다면, 애틱스 고등학교 팀의 워밍업이 끝나기 전에는 자신의 선수들이 라커룸 밖으로 나가지 못하게 단속하기도 했다.

1951년 애틱스 팀이 인디애나폴리스 구역 예선전을 시작했을 무렵, 우승 가능성이 약간은 있는 팀으로 점쳐졌다. 지배적인 경기력, 18승 1패라는 눈부신 시즌 기록을 간단히 무시할 수 있는 사람은 없었기 때문이었다. 다만, 일부 스포츠 기자들은 애틱스 팀의 시즌 상대가 모두 약체라며 주 챔피언십 우승은 아직 어렵다고 판단하고 있었다. 애틱스 고등학교는 소위 전문가들이 내놓은 이런 예상이 얼마나 잘못된 것이었는지를 금세 증명해서 보여 주었다. 애틱스 타이거즈가 평균 25점 차를 기록하며 도시 고등학교를 상대로 네 번의 구역 예선을 잇달아 승리로 장식하며 지켜보는 모든 사람들을 놀라게 했던 것이다.

인디애나 애비뉴

1956년 당시 인디애나 애비뉴. 인디애나폴리스의 아프리카계 미국인 시민들에게 인디애나 애비뉴는 문화생활의 중심지였다.(O. 제임스 폭스 컬렉션, 인디애나 역사학회)

인디애나 애비뉴는 프로그아일랜드를 사선으로 관통하는, 8개 블록으로 된 대로서 인디애나폴리스 내에서 아프리카계 미국인들의 일터이자 여흥의 중심지였다. 인디애나 애비뉴 한쪽 끝에는 흑인들에게 헤어 제품을 판매해서 백만장자가 된 C. J. 워커 부인(Madame C. J. Walker, 아프리카계 미국인 기업가이자, 박애주의자, 사회운동가. 일곱 살 때 고아가 되었고 교육을 받지 못한 채 어린 나이에 남의 집 하녀가 되었지만 자수성가했다.—옮긴이)이 세운 워커 시어터가 자리 잡고 있었다. 4층 높이의 붉은 벽돌 건물 안에는 카지노, 잡화점, 미용실, 커피숍, 극장, 사무실이 있었다. 인디애나 애비뉴를 따라 나이트클럽, 식료품점, 양복점, 전당포, 금융회사 등이 줄지어 서 있었다. 애틱스 고등학교 졸업생으로 재즈 장르의 선구자가 된 웨스 몽고메리나 프레디 허버드 등으로 대표되는 재즈 예술가들이 바로 이 인디애나 애비뉴를 따라 세워진 여러 클럽에서 '인디 사운드'(Indy Sound)로 알려진 음악을 발전시켰다. 당대를 풍미했던 위대한 재즈 아티스트라면 거의 모두가 인디애나 애비뉴에서 연주했다. 흑인이 관리하는 소방서와 경찰서가 질서 유지를 담당했다. 인디애나 애비뉴는 인디애나폴리스의 다른 어느 곳에서도 환영받지 못했던 흑인들이 자신들만의 독창적이고 풍성한 문화를 창조하고 향유했던 요람이었다.

프로그아일랜드는 흥분으로 들끓고 있었다. 시립병원부터 워커 시어터에 이르는 인디애나 애비뉴를 따라 줄지어 서 있는 각종 상점의 창문에는, 돌아오는 토요일에 버틀러 필드하우스에서 열릴 토너먼트 두 번째 라운드인 지역 예선에 나서는 애틱스 팀에게 승리와 행운이 따르기를 기원하는 게시물이 여기저기 나붙었다. 토너먼트 대회가 처음으로 텔레비전을 통해서 중계되었다. 구역 예선 경기가 진행될 때에는 이웃과 친지 들이 바나 호텔에 있는 텔레비전 수상기 앞으로 모여들었다. 자그마한 화면을 통해 전달되는 흐릿한 흑백 영상을 이해하기 위해 눈을 가늘게 뜬 채 집중하려고 애썼다. 《인디애나폴리스 리코더》의 특별 광고 면에는 타이거스 팀의 승리를 기원하는 상업 광고가 70건 이상 실리기도 했다.

순풍에 돛 단 듯이 네 경기에서 완승을 거두며 인디애나폴리스 구역 예선을 마쳤던 애틱스 팀은 이어지는 토요일의 토너먼트 지역 예선 개막 경기에서도 가뿐하게 승리를 거두었다.

1951년 3월 3일에 열린 인디애나폴리스 지역 예선 결승전은 당시까지 크리스퍼스 애틱스 고등학교 팀이 치른 가장 중요한 경기였다. 상대는 인디애나주 전통의 강팀 중 하나인 앤더슨 고등학교의 인디언스였다. 9,000명을 수용할 수 있으며 '더 위그웜'(the Wigwam, 본래 위그웜은 북아메리카 원주민들이 사용했던 둥그런 돔형 오두막이나 텐트를 말한다. ─옮긴이)이라는 애칭으로 통했던 거대한 체육관에서 치르는 인디언스의 홈경기였다. 한편, 애틱스 고등학교로 말하자면 1920년대에 이 학교를 세웠던 설립자들은 고등학교 토너먼트 대회에 참가할 팀을 육성할 계획이 전혀 없었으므로 고작 연습용 코트만 겨우 구비하고 있는 형편이었다.

레이 크로 코치로서는 달갑지 않았지만 레인 교장은 연습 때마다 몸소 나타나서 시합을 중단시키고 훌륭한 스포츠맨십의 중요성에 대해서 일장 연설을 늘어놓았다. 크로 코치는 자신의 선수 중 몇몇은 레인 교장의 장광설이 곤혹스러워 몸의 중심을 이쪽에서 저쪽으로 옮겨 보거나 주위를 둘러보며 한눈을 판다는 점을 눈치챘다. 교장의 훈화 말씀을 끝까지 주의 깊게 열정적으로 경청하는 선수는 밥 주얼뿐이었다.

1951년 앤더슨 고등학교 대 애틱스 고등학교의 지역 예선 결승전은 세기의 대결이었다. "내 평생에 가장 훌륭했던 고등학교 농구 시합을 어젯밤에 보았다." 《인디애나폴리스 타임스》의 스포츠 전문 기자 지미 앤젤로폴루스는 이 경기를 관전한 다음 날 실린 관전평을 이렇게 시작했다. "위대한 앤더슨 팀이 신체적 열세를 잘 극복했던 것은 사실이다. 아울러 크리스퍼스 애틱스 팀은 완전히 기울었던 우승 확률 예측이나 불공정한 심판들의 판정을 용기와 승부욕으로 극

1951년 토너먼트 대회 구역 예선을 앞두고 《인디애나폴리스 리코더》에 실린
애틱스 타이거스의 행운을 기원하는 두 면짜리 광고 중 일부.
《인디애나폴리스 리코더》

복할 수 있음을 비평가들에게 몸소 보여 주었다.”

초반에는 애틱스 팀이 45 대 30으로 리드했지만 앤더슨 팀이 전반 종료 부저가 울릴 때까지 격차를 좁히며 8점 차로 따라왔다. 그 후 앤더슨 고등학교가 후반전 경기를 계속해서 지배하더니 고작 4분을 남겨 놓고 70 대 60으로 역전했다. 하지만 할리 브라이언트와 윌리 가드너가 반복해서 공을 가로채 골대를 향해 거세게 돌진했다. 앤더슨 고등학교는 무너지기 시작했다. 그리고 심한 압박을 느끼면 흑인 선수들은 좌절하기 마련이라는, 백인들 사이에서 널리 퍼져 있던 헛된 믿음도 함께 무너지기 시작했다.

이제 단 7초를 남긴 상태에서 애틱스 고등학교는 1점 차로 뒤지고 있었다. 레이 크로 코치는 작전을 짜기 위해 타임아웃을 요청했다. 그러고는 그때까지 경기 경험이 거의 없었던 175cm의 2학년 후보 선수 플랩 로버트슨을 투입했다. 애틱스 고등학교 최고의 슈터 할리 브라이언트를 중심으로 작전을 짰다. 하지만 경기가 재개되자 앤더슨 고등학교 팀이 이미 그런 계획을 예상했음이 명백해졌다. 예정된 작전이 실패로 돌아갔음을 간파한 플랩은 오른쪽 코너를 파고들어 몸을 돌리며 웅크리고 슈팅 자세를 취하고는 밥 주얼이 패스한 공을 잡았다. 한 시즌의 운명이 걸린 상태에서 플랩 로버트슨은 높이 솟아올라 링을 향해 공을 던져 득점에 성공했다.

패배와 함께 토너먼트에서 탈락할 운명에 처한 학교를 구할 기회가 어떻게 플랩 로버트슨에게 돌아갔는지를 이해하기란 쉽지 않다. 그때까지만 해도 플랩은 경기에서 뛰어 본 적이 별로 없었다. 사

주 토너먼트 대회가 열리는 동안 후지어 사이에서 연례행사로
폭발하는 히스테리아 증상을 묘사한 한 신문의 삽화.
(인디애나 농구 명예의 전당)

실 그는 구역 예선에 출전할 선수 명단에도 오르지 않았다. 애틱스 고등학교 팀에서 2학년 학생들은 시합에 나서는 경우가 별로 없었고, 플랩 로버트슨은 토너먼트가 시작되기 전 정규 시즌에서도 시합에 많이 참여했던 편이 아니었다. 하지만 레이 크로 코치는 제17 공립학교 방과 후 농구 수업 때부터 플랩 로버트슨을 알고 있었고, 록필드 시합에서 숫하는 모습을 오랫동안 지켜봐 왔다. 다소 자기 자랑을 과장하기는 했지만 플랩 로버트슨이 두려움을 모르는 위대한 슈터임은 분명했고, 그때는 일생일대의 숫 한 번이 필요한 순간이었다. 이렇게 해서 플랩 로버트슨은 모교의 스포츠 역사상, 그리고 자신이 속한 공동체의 일상에서 가장 중요했던 순간에 자신의 손으로 공을 잡는 행운을 얻었다. 플랩 로버트슨은 당시를 회상하며 훗날 다음과 같이 말했다. "레이 크로 코치님이 이렇게 말씀하셨습니다. '플랩, 경기에 합류해라.' 그리고 운명의 여신은 이렇게 말했습니다. '보여 줘, 플랩.' …… 그래서 저는 바스켓 사이로 공을 넣었고 우리 학교는 전국적으로 유명세를 얻게 되었지요."

앤더슨 고등학교와의 경기 후 《인디애나폴리스 타임스》의 지미 앤젤로폴루스 기자는 애틱스 고등학교 팀을 소개하는 장문의 기사를 작성했다. 그는 애틱스 고등학교의 선수들을 희망과 꿈을 가진, 전형적이고 평범한 젊은이들로 묘사했다. "이것은 예를 들자면 포덩크빌이나 퀘일크릭, 트윈포크스 같은 듣지도 보지도 못했던 인디애나주의 다른 작은 마을 고등학교 팀의 이야기가 될 수도 있다."라는 문장으로 그는 기사를 시작했다. "크리스퍼스 애틱스 고등학교의 이야기는 단순하다. 그것은 우수한 선수, 월등한 팀이 되고자 하는 개인의 계획과 열망에 관한 것이다. 또한 근면함과 인내력, 끈기에 관한 이야기이기도 하다. 스스로를 희생하고 타인을 존중하고, 궁극적으로 자기 자신을 존중하는 법을 배운 소년들의 이야기다."

1951년의 인디애나폴리스에서 막판 역전극을 펼치며 앤더슨 고등학교를 물리친 애틱스 고등학교의 이야기는 일대 사건이자 이변이었다. 주 1회 발행되며, 인디애나폴리스의 흑인 시민이 주요 독자층이었던 《인디애나폴리스 리코더》는 연일 인종 관계에 관한 기사를 연재하면서 스포츠면의 하이라이트나 1면 기사, 혹은 사설에서 애틱스 고등학교 농구팀에 대해 다루었다.

반면에 인디애나폴리스에서 발행되는 3대 일간지, 즉 《인디애나폴리스 스타》, 《인디애나폴리스 타임스》, 《인디애나폴리스 뉴스》는 애틱스 고등학교를 다룬 기사에서 인종 문제에 대한 언급을 신중하게 자제했다. 이를테면 애틱스 고등학교를 두고 '흑인 학교'라고 칭하는 경우도 없었다. 이런 상황에서 지미 앤젤로폴루스가 작성한 기사는 암묵적으로 지켜져 왔던 그들만의 약속을 깬 셈이었다. 기사가 나가자마자 증오와 협박 메시지를 전달하려는 익명의 독자들 때문에 그의 전화기는 불이 날 지경이었다. 비슷한 기사를 작성했던 《인디애나폴리스 스타》의 신참 기자 밥 콜린스에게는 이후 반복적으로 '공산주의자'라는 꼬리표가 붙었다. 이런 상황에서도 《인디애나폴리스 리코더》는 "애틱스 타이거즈와 후지어 민주주의"라는 사설에서 애틱스 고등학교 농구팀의 승리가 초래할 "인종 간 민주주의라는 해일"에 대해서 지적했다. 한편, 러셀 레인 교장은 애틱스 고등학교가 앤더슨 고등학교 같은 인디애나주 최강팀을 물리칠 정도로 출중한 농구팀을 꾸리기까지 걸린 25년을 생각하며, "하나님의 손길이 그 경기에 영향을 미쳤습니다."라고 간단히 결론 내렸다.

다음 토요일에 애틱스 타이거스는 커빙턴 고등학교와 베이츠빌 고등학교를 각각 40점과 20점 차이로 따돌리며 인디애나주 토너먼트 대회 세 번째 관문인 준결승 라운드를 승리로 이끌었다. 1951년 3월 10일 타이거스가 치른 두 번의 경기를 다루면서《인디애나폴리스 리코더》는 상대 팀을 낮추어 보는 헤드라인을 달기 시작했다. "애틱스 타이거스, '가뿐히' 결승 라운드 진출", "타이거스 부대 트로이전스(Trojans, 커빙턴 고등학교 농구팀의 팀명—옮긴이) 5인을 71 대 31로 격파", "베이츠빌을 털어 내고 결승 라운드를 향해".

3월 말, 애틱스 고등학교 선수들은 결승 라운드를 앞두고 연습을 시작했다. 이제 애틱스 팀은 1개월 전 총 759개 팀으로 시작한 토너먼트 대회에서 마지막까지 남은 4개 팀 중 하나였다. 단순히 흑인 후지어뿐만 아니라 인디애나폴리스 상당수 백인들의 희망과 꿈이 애틱스 타이거스의 어깨 위에 걸려 있었다. 크리스퍼스 애틱스 팀의 4강전을 보기 위해 애틀랜타에서 비행기를 전세 내고 찾아온 팬들도 있었다. 인디애나폴리스 관내 고등학교가 인디애나주 챔피언십에서 아직까지 한 번도 우승한 적이 없다는 사실은 인디애나폴리스 시민들에게 떠올리기만 해도 얼굴이 화끈거리는 부끄러움이었다. 수십 년 동안 조롱을 참아야 했던 인고의 세월을 뒤로하고, 인디애나폴리스 농구 팬으로서 겪었던 시련에 마침표를 찍고자 애틱스 팀에 편승하려는 백인 팬들도 있었다.

지난한 여정 끝에 마침내 정상이 코앞에 보이자 러셀 박사는 울음이 터지기 일보직전이었다. 4강전 중 첫 경기는 애틱스 고등학교 대 에번즈빌의 라이츠 고등학교였다. 버틀러 필드하우스 경기장에 들어서기 전에 선수들이 라커룸에서 녹색과 금색이 어우러진 유니폼으로 갈아입고 있을 때 레인 박사가 선수들을 찾아와 연설을 시작했다. 으레 그렇듯이 선수들은 묵묵히 듣고 있었다. 특별할 것 없이 늘 들어 왔던 설교였다. "여러분이 대표하는 것이 단지 학교만은 아닙니다."라고 러셀 박사는 말했다. "여러분은 인디애나폴리스의 흑인 시민입니다. 인디애나주 전체가 이 경기를 지켜보고 있습니다. 이기는 것보다 중요한 것이 여러분이 몸소 훌륭한 스포츠맨 정신을 보여 주는 것입니다. 신사답게 행동하십시오."

윌리 가드너는 당시 레인 박사의 말을 귀담아듣지 않았다고 기억했다. 그는 다른 무엇보다 경기에서 이기는 데 집중하고 싶었다. 반면에 밥 주얼은 교장 선생님의 연설 덕분에 마음이 안정되었다고 했다. 전 감독 피츠휴 라이언스가 항상 강조했던 말이기도 했고 본인 스스로도 이기는 것보다는 좋은 매너가 중요하다고 믿고 있었다. 밥 주얼은 평생 동안 한 번도 5반칙 퇴장을 당해 본 적이 없다는 사실을 자랑으로 여겼다. 주 토너먼트 대회는 이기고 지는 승부만큼이나 스포츠맨십이 중요했다.

경기는 악몽 그 자체였다. 애틱스 고등학교 선수들은 서로 손발이 맞지 않았고 몸동작은 처졌으며 마치 꿈나라를 떠도는 것처럼 어기적어기적 걸어 다녔다. 선수들 중 누구도 제대로 골대를 맞히지 못했고, 에번즈빌의 라이츠 고등학교 팀은 상대가 이런 상태임을 놓치지 않았다. 특히 밥 주얼의 컨디션은 끔찍했다. 그가 마크했던 라이츠 팀의 제리 윗첼은 이전까지 보지 못했던, 몸동작이 정말로 잽싼 센터이자 훌륭한 외곽 슈터였다. "저는 그의 슛에 미치지 못했습니다." 주얼은 훗날 이렇게 회상했다. "제리 윗첼은 외곽으로, 코너로 갔어요. 이전에는 그런 선수를 방어해 본 적이 없었습니다. 어떻게 반응할지 결정하기도 전에 공은 이미 제 머리 위로 날아가고 있었습니다."

애틱스 고등학교는 66 대 59로 패했고, 그것으로 시즌은 끝났다. 스스로를 자책했던 밥 주얼은 홀로 집으로 돌아와 침대 속에 파고들어 흐느꼈다. 몇 시간 후 레인 박사에게 전화를 받을 때까지도 계속 울고 있었다. 교장 선생님은 버틀러 필드하우스로 돌아와 저녁에 열리는 챔피언 결정전을 참관하라고 말씀하셨다. 밥 주얼이 4강에 오른 팀의 선수 중에서 '학생-선수-시민'의 모범이 되는 가장 이상적인 선수에게 수여하는 아서 L. 트레스터 상을 수상할 가능성이 있다는 것이 이유였다. 무려 15년 동안이나 애틱스 고등학교가 토너먼트 대회에 참여하지 못하도록 방해했던 장본인의 이름을 딴 상이라는 점은 레인 박사에게 전혀 문제가 되지 않았다. 중요한 것은 밥

Flying Tigers Show Ability to Cope with Opponents

Coach Ray Crowe and Joseph King watch with anxiety during the Attucks-Cathedral game during the Sectionals. (Top left)

Robert Parrish and Cleveland Harp surround a Cathedral player in the fast moving action of the Cathedral game as Holsey Hickman watches for a chance to grab the roundball. (Top right)

Willie Gardner shows his ability to get up and shoot down at the basket. (Bottom left)

Willie Gardner and Holsey Hickman team up to foil Meadows's of Tech as he attempts to score. (Lower middle)

Hollie Bryant shows his deadly one-handed jump shot. (Bottom right)

상대 팀과 대적할 능력을 보여 준 나는 듯한 타이거스 팀

❶ 애틱스 대 커시드럴 구역 예선전에서 초조하게 경기를 지켜보고 있는 레이 크로 코치와 조지프 킹.

❷ 커시드럴과의 경기에서 상대 선수를 재빠르게 포위하는 로버트 패리시와 클리블랜드 하프. 홀시 힉맨이 공을 잡을 찬스를 노리고 있다.

❸ 윌리 가드너가 점프하여 슛하는 능력을 보여 주고 있다.

❹ 윌리 가드너와 홀리 힉맨이 득점을 시도하는 테크 팀의 메도우스를 함께 저지하고 있다.

❺ 할리 브라이언트가 그의 치명적인 원 핸드 슛을 보여 주고 있다.

1951년 팀을 기념하는 애틱스 고등학교 앨범 중 한 페이지.
(크리스퍼스 애틱스 박물관, IUPUI 대학교 도서관 디지털 컬렉션)

주얼이 흑인 학생으로서는 최초로 이 상을 수여하느냐, 마느냐 하는 것이었다.

밥 주얼은 몸을 일으켜 버틀러 필드하우스로 돌아갔다. 결국 그의 이름이 호명되자 플로어로 나가 상을 수상했지만 여전히 터져 나오려는 눈물을 꾹 눌러 참고 있었다. 자기로 인해서 모든 사람들이 실망한 것만 같았다. 시합은 잔인했다. 밥 주얼 자신은 고작 6점을 득점하는 데 그쳤지만 그가 방어했던 상대 선수는 19점을 득점했고, 팀은 7점 차로 석패했다. 이런 심정을 터놓을 사람도, 위로가 되어 줄 가족도, 슬픔을 함께 나눌 친구나 여자 친구, 팀 동료도 없었다. 레이 크로가 진정한 그의 코치가 되기에는 아직 충분한 시간을 함께하지 못했고, 피츠휴 라이언스 전임 코치와는 정서적으로 교감하는 사이가 아니었다. "제가 받은 상을 돌려주고 경기에서 이길 수만 있다면 기꺼이 그렇게 했을 겁니다." 40년이 지난 후에 그는 차분하게 말했다. "그 상은 마치 크게 벌어진 상처에 밴드 하나 붙이는 꼴이었습니다."

하지만 안타까운 패배에도 불구하고 1951년의 애틱스 고등학교 팀은 인디애나폴리스 전체를 흥분의 도가니로 만들었다. 앤더슨 고등학교를 상대로 거둔 기적적인 승리 덕분에 백인들조차 애틱스 고등학교 선수들에게 관심을 갖게 되었다. 곁에서 지켜본 사람이라면 그 승리가 단순히 출중한 운동 능력만의 산물이 아니라는 것을 알 수 있었다. 타이거스 선수들은 규율과 열정을 보여 주었다. 애틱스 고등학교의 몇몇 선수들은 백인 팬들에게도 고유한 인격체로 인지되기 시작했다. 이를테면 할리 브라이언트는 활기가 넘쳤고, 윌리 가드너는 유난히 말수가 적었으며, 베일리 로버트슨은 두려움이 없었고, 밥 주얼은 전체적으로 균형이 잘 잡힌 선수였다.

흑인들에게는 자랑으로 삼을 만한 중요한 롤 모델이 등장했다. 애틱스 팀이 이룬 성과는 당시까지 인디애나폴리스 소재 고등학교 팀이 주 토너먼트 대회에서 거둔 최고 성적이었고, 여전히 그들과 겨루기를 꺼렸던 여느 고등학교보다 월등한 성적이었다. 애틱스 고등학교 치어리더였던 에드위나 벨은 〈크레이지 송〉이라고 제목을 붙인 응원가를 작곡했는데 새롭게 재편된 농구계의 질서를 만천하에 알려 주는 듯했다. 애틱스 팀의 팬들은 벨의 노래를 부르며 몸을 앞뒤로 흔드는 것으로 응원을 시작했다. 경기에서 승리가 확실해질 즈음 첫 행에 상대 팀의 이름을 넣어서 노래를 불렀다.

오, 테크는 강해
그래, 테크는 강해
테크는 모두를 물리칠 수 있지
하지만 우리를 이길 수 없어

하이-디-하이-디, 하이-디-하이
하이-디-하이-디, 하이-디-호
별것 아냐, 밥, 그들을 물리쳐
이것이 크레이지 송

이 응원가가 빨리 등장할수록, 상대 팀은 신경이 날카롭게 곤두 섰다. 경기 후반으로 갈수록 벌어지는 득점 차에 낙심한 상대 선수들은 이 노래의 첫 소절이 시작되는 것을 두려워했다. 그들이 이미 알고 있는 사실, 지금 이 경기가 역사의 한 장면이 되리라는 것을 다시 한번 확인시켜 주었기 때문이었다.

그리고 프로그아일랜드의 어린아이들에게는 마침내 영웅이 생겼다. 아이들은 거울을 보며 플랩 로버트슨의 점프 슛을 따라 해 보았다. 플랩처럼 손목을 꺾으며 공을 따라가는 동작도 취해 보았다. 한편에서는 할리 브라이언트처럼 원 핸드 슈팅을 연습했다. 또래 가운데 키가 큰 아이들은 윌리 가드너처럼 덩크슛을 연습하거나, 그게 안 된다면 높이 점프하여 뛰어올라 록필드가든스에 있는 골대에 매달린 링 밑바닥이라도 만지고 내려왔다. 이제 인디애나 전역에서 나이를 불문하고 흑인 소년이라면 누구나 언젠가 크리스퍼스 애틱스 타이거스 팀의 녹색과 금색 유니폼을 입을 수 있으리라는 꿈을 꾸게 되었다.

이 수많은 어린 몽상가들 중에서도 한눈팔지 않고 자신의 꿈만을 위해 매진했던 소년이 있었다면 그것은 아마도 열두 살짜리 오스카 로버트슨이었을 것이다. 오스카는 앤더슨 고등학교와의 경기에서 형인 플랩 로버트슨이 세기의 슛을 던진 순간을 집에서 텔레비전으로 지켜보았다. 오스카는 그날 밤늦도록 형이 돌아오기를 기다렸지만 플랩 로버트슨이 동료와 축하를 나누고 돌아와 집 열쇠를 돌릴 무렵에는 어느새 잠이 들어 버렸다. 형을 맞이하지는 못했지만 이미 오스카는 예전의 오스카가 아니었다. 그의 열두 살 인생에서 처음으로 무엇인가 위대한 일, 희망적인 일이 세상으로부터 방치된 자기 동네에서 일어나려 하고 있었다.

형 덕분에 한 번쯤 꾸어 볼 만한 가치가 있는 꿈을 품을 수 있게 된 것이다.

농구는 이제 오스카의 인생이 되었다. 토요일 오전이면 오스카 로버트슨은 침대에서 뛰어나와 옷을 입고 한두 모금 음료를 마신 다음, 자신의 농구공을 챙겨 문 쪽으로 나아가 한 번은 왼손으로, 한 번은 오른손으로, 다시 크로스오버로 공을 튕기며 걸어가면서, 무슨 할 일이 있나, 아니면 누군가 함께 놀 친구가 있나 둘러보았다. 대개는 록필드가든스에 사는 빌 브라운의 창문 앞에서 멈추어 섰다. 오스카의 단짝이었던 빌 브라운은 말도 안 되는 상식 밖의 시간에 침실 유리창에 조약돌을 던져서 깨우고는 했던 친구를 기억했다. 브라운은 블라인드를 걷어 올리며 눈을 찌푸린 채 동틀 무렵 아직 어슴푸레한 햇살을 등지고 서 있는 친구를 바라보았다. "오스카였습니다." 빌 브라운은 훗날 말했다. "저와 함께 놀려고 찾아왔지요."

두 친구는 록필드가든스로 가서 다른 아이들이 나타날 때까지 일대일 시합을 했다. 일찌감치 록필드로 출근하는 또 한 사람은 애틱스 고등학교 농구팀의 스타 선수이자 플랩 로버트슨의 친구였던 할리 브라이언트였다. 그는 오스카의 멘토가 되었다. "우리는 다른 아이들이 나오기 전에 그곳에 제일 먼저 갔습니다." 브라이언트가 훗날 회상하며 말했다. "단둘일 때도 많았습니다. 우리는 일대일 시합을 많이 했습니다. 오스카는 질문이 많았습니다. '그거 어떻게 해?' 그러면 제가 시범을 보여 주고 오스카는 바로 따라 했지요. 오스카는 저를 많이 닮았습니다. 제가 할 수 있는 기술은 그 아이도 다 배웠지요. 저는 사람들에게 크게 될 아이라고 말하고는 했습니다."

오스카는 하루 중 대부분을 밖에서 보냈다. 태양이 이글거리는 한여름이나 손가락에 마비가 올 듯이 추운 겨울에는 쉬면서 말굽던지기 놀이를 하거나 동네에서 포켓볼이나 탁구를 쳤다. 아니면 춥거나 더운 날씨를 피해 록필드 사무실에 들어가기도 했다. 때로는 시립병원 뒤쪽에 있는 야구장까지 걸어가서 경기가 열리는지 보고 오기도 했다.

날씨가 많이 안 좋을 때에는 집에서 혼자 농구공을 가지고 연습했다. 머릿속으로 가상의 경기 상황을 그려 보면서 상상 속 방어벽을 뚫기도 했다. 보통 상대 선수 역할은 의자가 대신했다. 의자를 중심으로 돌면서 페이크 모션을 연습하고 왼손으로 드리블했다가 손을 바꾸어 오른손으로 드리블했다. 크로스오버 드리블, 체인지 오브 페이스 스텝(change-of-pace step, 공격 속도를 바꾸어 수비수를 혼란스럽게 하는 것. 리듬을 바꾼다고도 한다.─옮긴이), 잽 스텝(jab step, 상대를 현혹시키고 견제하는 스텝─옮긴이), 헤드 페이크, 숄더 페이크 모두 당시에 연마한 기술이었다. 고정된 물체를 상대로 준비 자세를 취했다가, 따돌리고, 이런저런 페이크 동작을 연습했다. 이 모두가, 오스카 로버트슨이 지상 최고의 선수라고 평가되던 1960년대부터 1970

년대까지, "빅 오"의 팬들에게는 매우 친숙한 기술들이다.

오스카 로버트슨의 소년 시절 동선은 집, 교회(가족 동반), 학교, 록필드로 이어지는 직사각 형태였다. 여름철 예술 활동이나 다양한 취미 활동 같은 것은 하지 않았다. 색소폰을 대여하거나 피아노 레슨을 받아 본 적도 없었다. 더글러스 파크에 있는 수영장에는 '백인 전용'이라는 표지판이 붙어 있었다. '플래시'와 '스릴러'라는 롤러코스터가 두 개나 있다는 리버사이드 놀이공원도 마찬가지였다.

오스카 로버트슨은 자서전에서 소년 시절의 인디애나폴리스를 다음과 같이 묘사했다. "우리는 도시 남쪽으로는 갈 수 없었다. 백인 전용 구역이었기 때문이다. 반면에 동쪽은 매우 거친 동네였다. 우리는 그쪽으로도 가지 않았다. 다운타운에는 별로 가고 싶지 않았다. 우리 수중에는 쓸 수 있는 돈이 없었기 때문에 시내도 선택 사항이 아니었다. 인디애나폴리스 북쪽에 흑인들이 살고 있다는 얘기는 들었지만 돈도 없고 교통편도 마땅치 않아서 북쪽으로도 갈 일이 없었다. …… 인종차별은 …… 마치 오염된 공기와도 같았다. 난 어쩔 도리 없이 그것을 매일 마실 수밖에 없었다. 그것이 내 몸을 얼마나 해치는지 미처 깨닫지 못한 채 말이다."

플랩 로버트슨의 행동반경은 동생 오스카보다 더 단조로웠다. "제 모든 인생은 록필드에서 시작해서 그곳에서 끝났습니다."라고 플랩은 말했다. "저는 심지어 리버사이드 놀이공원이 어디에 있는지도 몰랐어요. 저에게 놀이공원은 외국이나 마찬가지였어요."

1946년 8월에 제임스 "브루저" 게인스라는 한 경찰관이 록필드 가든스에서 농구 대회를 열었는데, '더스트볼 토너먼트'라고 불렀다. 토너먼트 우승팀은 브루저가 사비로 충당한 3달러의 우승 상금을 받게 되고, 입상자는 브루저의 아내 이모진 게인스가 구운 케이크를 부상으로 받았다.

제1회 토너먼트에서는 겨우 여섯 팀이 참가했지만 이후 소문이 나면서 인디애나주 전역에서 다섯 명만 모을 수 있으면 누구라도 록필드를 찾아왔다. 백인과 흑인을 실은 자동차가 줄을 지어 당도했다. 오스카 로버트슨이 더스트볼 토너먼트에 처음 참가한 것은 고작 아홉 살 때였다. 유니폼을 달라고 애걸복걸하는 어린 오스카의 청에 못 이겨 경찰관이면서 팀 코치로도 활약했던 앤서니 왓킨스가 팀에 넣어 주었던 것이다. 하지만 오스카는 시합에는 나가지 못하고 벤치를 지켜야 했다. 앤서니 왓킨스는 벤치에 앉아 있는 이 꼬맹이와 눈을 마주치지 않으려 애썼다고 한다. "그 애는 너무 절실하게 경기장에 나가서 뛰고 싶어 했습니다." 왓킨스는 훗날 이렇게 회상했다. "브루저 게인스도 '오스카를 뛰게 하지 그래?'라고 묻고는 했습니다. 그럼 저는 이렇게 대답할 수밖에 없었지요. '이보게, 그 애는 아직 너무 작아.' 지금 생각해 보면 후회가 되기도 합니다. 오스카가 저를 용서해 주길 바라요. 제가 그 애를 너무 과소평가했습니다."

그물도 달리지 않은 록필드가든스의 두 골대는 소년들에게 알아야 할 필요가 있는 모든 것을 배울 수 있는 교실과도 같았다. 록필드에서는 리치 어라운드 패스(reach-arounds, 공을 가진 선수가 패스

더스트볼 토너먼트 경기가 진행되는 동안 록필드가든스의 전경.
경기를 보기 위해 운동장 주변의 나무와 놀이 시설물에까지 올라간 관중이
인상적이다.
(인디애나 농구 명예의 전당)

하려는 방향으로 크로스오버 스텝을 한 뒤 팔을 뻗어 수비수를 빙 돌아서 공을 던지는 패스—옮긴이), 잽 스텝, 스톱 앤 고 드리블 같은 기술을 익힐 수 있었고, 고함을 질러 동료 선수들과 소통하고 스크린(screen, 동료 선수가 슛이나 패스를 할 수 있게 수비수의 옆이나 뒤에 서서 막아 주는 공격수의 작전. set a pick이라고도 한다.—옮긴이)이 시도될 때 동료에게 알리는 것을 배웠다. 오스카 로버트슨은 이곳에서 스스로 사이드스텝 페이드어웨이 점프 슛이라고 부른 기술을 연습했다. 키가 큰 선수들에게 막히지 않도록 머리 위에서 공을 던지는 기술이었다. 오스카는 코트 이곳저곳에서 이 기술을 밤낮없이 연습했다.

다른 무엇보다, 록필드에서는 서로 경쟁하는 법을 배울 수 있었고, 덕분에 오스카 로버트슨은 승부욕 강한 투사로 성장하고 있었다. 브루저 게인스는 록필드에서 살다시피 했던 오스카를 생생하게 기억하고 있었다. 어느 해 크리스마스 선물로 농구공을 받게 된 오스카는 습관처럼 자정이 훌쩍 넘은 시간까지 어둠이 내린 코트에서 혼자서 사이드 스텝(side step, 옆으로 이동하기 위해 연속적으로 하는 발동작—옮긴이)을 연습하고 있었다. 이른 새벽부터 하루를 시작해야 하는 록필드기든스의 주민들은 피곤에 절어 게슴츠레한 눈으로 게인스 경관에게 전화를 해서 퉁퉁 울리는 농구공 소리 때문에 도무지 잠을 이룰 수 없다고 불평하고는 했다. "새벽 2시나 3시에 록필드가든스의 농구장에 가서 오스카를 쫓아내야 했습니다." 게인스는 당시를 회상하며 말했다. "BB 총을 가지고 가서 백보드를 쏘면 오스카가 그 소리를 듣고 집으로 돌아가고는 했습니다."

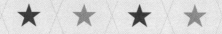

5장

재즈 형식처럼

'꼭두각시처럼 경중거리며 뛰어다니는' 선수들이
전통적인 농구의 패턴을 다시 쓴다는 것은
결코 네이스미스가 의도한 바가 아니었다.
—《인디애나폴리스 스타》

1950년 무렵 애틱스 고등학교 학생들.
(크리스퍼스 애틱스 박물관 제공)

레이 크로 코치는 에번즈빌의 라이츠 고등학교에 패했던 지난 준결
승전을 되새기고 또 되새기며 1951년 여름을 보냈다. 모두를 실망시
켰다는 부정적인 생각이 한없이 머릿속에서 맴돌았다. 선수들의 컨
디션이 그다지 좋지 않았었다. 지역방어가 아니라 맨투맨 대인방어
전략이 필요했었다. 러셀 레인 교장이 라커룸에서 스포츠맨십에 대
해 일장 연설하도록 놔두어 팀원들의 사기를 위축시켰다. 그 때문인
지 선수들은 충분히 거친 플레이를 하지 못했다.

　　하지만 다른 사람들이 보기에 레이 크로가 코치로서 애틱스 고
등학교에서 처음 1년 동안 이룬 성과는 기적에 가까웠다. 애틱스 고
등학교 타이거즈 팀은 모든 경기를 원정 경기로 치렀다. 상대를 응원
하는 적대적인 팬들로 가득한 대형 체육관에서 경기했지만 결국 준
결승전까지 진출했다. 인디애나폴리스 관내 고등학교 중에서 인디
애나주 챔피언십을 다투는 토너먼트에서 준결승전까지 진출한 팀

은 40년 역사 동안 애틱스를 포함하여 모두 다섯 번뿐이었다. 애틱스 팀은 이제 더 이상 공연장 무대에서 연습하지 않게 되었다. 체육관이 새로 들어섰지만 1940년대에 건설된 것치고 '신축' 체육관은 여전히 너무 작았다. 양쪽 엔드라인(베이스라인이라고도 한다.―옮긴이)부터 벽 사이의 거리가 150cm밖에 되질 않았다. 전속력으로 달리다가 벽면에 부딪히지 않으면서 전체 공간을 이용하려면 매우 조심해야 했다. 코트 한쪽 면을 차지하는 몇 줄 안 되는 관중석은 고작 200여 석에 불과했기에 애틱스 팀이 홈경기를 치르더라도 떠들썩한 환호와 응원이 불가능했다. 하지만 애틱스 팀 선수들은 이미 인디애나주 흑인 사회의 자긍심이 되었다. 더불어 오랜 세월 이렇다 할 성과를 이루지 못하고 지고 또 지는 데 염증을 느낀 인디애나폴리스의 일부 백인들도 애틱스 팀의 팬이 되었다.

프로그아일랜드는 갑작스레 농구 열기로 들썩였다. 주말마다 자신들의 영웅을 가까이에서 한번 보려고, 아니면 동틀 무렵에 시작해 해 질 무렵에 끝나는 경기에 참가할 수 있기를 희망하며 수백 명의 아프리카계 미국인 소년들이 록필드가든스의 실외 코트 주변에 길게 줄을 섰다. 심지어는 냅타운에서 가장 격렬하기로 소문난 시합에 참여해 스스로를 테스트해 보고자, 도시 한가운데로 찾아온 용감무쌍한 백인 소년들도 있었다.

그렇다고 레이 크로 코치가 안고 있는 모든 문제가 해결된 것은 아니었다. 크리스퍼스 애틱스 고등학교의 코치가 된다는 것은 선수들의 배 속에 음식을 넣어 주고, 선수들이 학교를 포기하지 않도록 지켜 주고, 그들의 성적을 관리한다는 것을 의미했다. 심지어는 선수들에게 맞는 옷을 찾아 주어야 할 때도 있었다. 코치는 선수들의 일상생활을 관리했다. 9학년부터 12학년까지였던 애틱스 고등학교 농구팀 선수들은 항상 크로 선생님의 교실이나 체육관, 수학 교실, 도서관 네 곳 중에서 찾을 수 있었다. 코치는 성적이 최소한 평균 C를 유지해야 한다고 고집했고, 모든 학생들이 볼 수 있게 성적표를 교실 게시판에 게시했다.(성적이 나쁘면 다음 경기에서 배제되었다. 레인 교장도 레이 코치도 소년들이 선수이기 이전에 학생임을 강조했고 특혜는 없었다. —옮긴이) 그의 선수들이 최소한 하루에 한 끼 이상 무료로 식사할 수 있도록 교내 매점 직원에게 당부해 두었다. "코치는 우리 모두를 불러 놓고 '나는 그 누구든지 하루 종일 한 끼도 먹지 못한 채 학교에 머물기를 원치 않는다.'라고 말씀하셨어요." 애틱스 고등학교의 선수였던 어떤 이는 이렇게 기억했다. "'어머니가 집에 음식을 구해 놓지 못하실 때에는 꼭 내게 알려 주어야 한다.'라고도 말씀하셨지요. 덕분에 배를 곯지 않을 수 있었습니다."

레이 크로가 코치라기보다는 아버지에 가깝다고 느낀 선수들도 있었다. 이러저러한 이유로 아빠와 함께 살지 못하는 선수들이 있었다. 크로 코치는 이런 선수들이 운전면허를 따면 자기 자동차 열쇠를 넘겨주었고, 졸업 무도회에서 입을 슈트를 빌려주었다. (슈트가 너무 작든, 너무 크든 신경 쓰는 사람은 아무도 없었다.) 가족을 돌보기 위해 일자리를 구하려고 학교를 빠지면 끝까지 찾아내어, 교육만이 돈을 벌 수 있는 현실적인 유일한 방법이라고 설득하면서 학교로 돌아와야 할 이유를 조용히 늘어놓았다. 친동생 조지 크로(George Crowe, 고등학교 시절에는 프랭클린 고등학교 팀의 농구 선수로 활약하여 '미스터 바스켓볼'에 선정되었고 대학 시절에는 농구, 야구, 육상에서 두각을 나타냈다. 뉴욕 르네상스라는 프로 농구팀에 잠깐 몸담기도 했고 이후 약 10년간 메이저리그에서 야구 선수로 활약했다. ─옮긴이)가 메이저리그 야구 선수가 되었을 때는 애틱스 팀 학생들을 신시내티까지 데리고 가서 경기를 보여 주었다. "우리는 선수들의 부인들과 나란히 앉아서 경기를 관람했습니다." 애틱스 팀의 가드였던 스탠리 워런은 이렇게 회상했다. "스크린 바로 뒤쪽이었기 때문에 커브볼이 휘는 것까지 눈앞에서 볼 수 있었습니다. 숙녀분들이 우리에게 핫도그를 사 주기도 했어요. 우리를 보면 난리법석이었지요."

"한번은 이런 일이 있었습니다. 볼링장에서 핀을 세우는 일을 그만두고 학교로 돌아갔을 때였어요. 코치님이 제게 자기 양말을 주었어요." 윌리 가드너가 말했다. "그분은 별일 아니라는 듯이 그냥 제 라커에 가져다 놓으셨지요. 제게 양말이 필요하다는 것을 그분은 알고 계셨던 거예요." 코치보다 이미 30cm가량 키가 더 컸던 윌리에게 코치의 양말은 너무 작았다. 하지만 코치가 빌려준 훌륭한 슈트와 잘 어울리는 것으로 신중하게 고른 아가일 무늬 양말은 이 훌륭한 선생님이 윌리 가드너를 사랑한다는 증거였고 윌리 가드너가 사랑받아 마땅한 소년임을 의미했다. 윌리는 이 양말을 특별히 아꼈다고 한다. 자퇴하지 않고 애틱스 고등학교에 남기로 한 그의 결정과도 견줄 수 없는 큰 사랑이었다. 어느 일자리라도 레이 크로 코치의 마음속에 들어가는 것보다 더 가치가 클 수는 없었다.

1951/1952 시즌에서 뛸 선수들을 선발하기 위한 트라이아웃을 앞두고 레이 크로는 선수들을 지도하는 지침으로 삼을 몇 가지 원칙을 기록으로 남겼다. 그는 차후에 대회 열기가 뜨거워졌을 때 참고할 수 있는 무언가를 원했다.

"소년들을 모아서 농구팀을 발전시키는 것이 아니라, 농구팀을 통해서 소년들을 성장시키는 것이 내 일이다."라는 말로 그는 시작했다. 이어서 다음과 같이 적었다.

- 올바름은 항상 이긴다.
- 두려움 없이 항상 올바른 일을 하라. 부당한 승리는 결코 달콤할 수 없다.
- 스스로 올바르다면 다른 어떤 팀에게도 패하지 않는다.(스스로 올바를 때 최선을 다한다.)
- 올바르지 않은 팀은 결코 우리를 이길 수 없다.
- 우리가 최선을 다한다면 다른 어떤 팀도 우리를 이길 수 없다. 올바름은 패배를 모른다.

1951/1952 시즌 팀원들을 선발하는 날 체육관에는 100명에 육박하는 학생들이 모여들었다. 가능성이 보이는 참가 학생들이 너무 많기도 했지만, 여기에 더해 선발전에서 학생들의 수준 높은 재능을

확인했음에도 일부를 탈락시킬 수밖에 없어 크로 코치는 가슴이 아팠다. "제가 자른 선수들을 모으더라도 인디애나폴리스의 다른 여느 학교 팀에 뒤지지 않았을 겁니다."라고 크로 코치는 말했다. 유망한 후보 선수들은 크로 코치에게 '면도날'이라는 별명을 붙여 주었다. 아이들을 꿈에서 떼어 내고 장래 희망으로부터 단절시킬 권한이 레이 크로에게 있었기 때문이었다. "선수 선발 때문에 몇 날 며칠 날밤을 새웠습니다." 크로는 훗날 이렇게 말했다.

버틀러 필드하우스

1947년의 버틀러 필드하우스.(《인디애나폴리스 스타》/《USA 투데이》 네트워크)

인디애나폴리스에 자리하고 있고 약학 과정으로 유명한 버틀러 대학교는 학교는 크지 않지만 무려 1만 5,000명을 수용할 수 있는 미국 최대 규모의 농구 경기장을 1928년에 완성했다. 헛간처럼 단조로운 이 붉은 벽돌 건축물은 본래 IHSAA 사무총장 아서 트레스터에게 인디애나주 고등학교 농구 토너먼트 대회 결승전을 치를 무대를 선사하려는 목적으로 지어졌다. 트레스터는 체육관을 10년 동안 빌려 쓰는 대가로 10만 달러를 버틀러 대학교에 지불했다. "대관 일정을 짜는 데 큰 어려움은 없으리라 확신했습니다."라고 당시 버틀러 대학교 팀의 코치였던 폴 D. "토니" 힌클이 웃음을 터뜨리며 말했다. "누구나 이곳에서 경기를 구경하고 싶어 했으니까요."

아마도, 인디애나주 전체를 통틀어 버틀러 필드하우스보다 더 중요한 의미를 지닌 건물은 없을 것이며, 또한 농구 경기를 관람하기에 이곳보다 더 좋은 공간도 없을 것이다. 고등학교 토너먼트 결승전은 그 후로도 계속해서, 1971년까지 버틀러 필드하우스(1966년에 '힌클 필드하우스'로 개칭)에서 개최되었다. 토너먼트 관람권의 대부분은 인디애나주 관할 고등학교에 판매되었다. 그러면 각 고등학교는 저마다 선배 선수들에게 선물해서 인디애나폴리스로 여행할 기회를 제공했다. 일반 농구 팬들은 어떻게든 버틀러 필드하우스 안에 들어가기 위해 애면글면 애썼다.

"심지어 하루 전날부터 체육관 안에 들어가서 숨어 있는 사람들도 있었습니다." 세상을 떠나기 몇 해 전, 힌클이 이 커다란 체육관에서 관중석 위쪽을 손으로 가리키며 알려 주었다. "경찰을 불러서 체육관 안을 샅샅이 수색해야만 했지요. 한번은 유리창 쪽으로 이어지는 배관을 타고 기어 올라온 남자를 붙잡은 적이 있습니다. 저는 이렇게 물었지요. '그 위에서 뭐 하십니까?' 그 남자는 '그냥 한번 가능한지 보려고 올라와 본 거예요.'라고 대답했어요."

한번은 힌클이 트레스터에게 고등학교 토너먼트 대회를 위해 5,000명을 수용할 체육관을 하나 더 짓자고 제안한 적이 있었다고 한다. "트레스터는 너털웃음을 웃었습니다."라고 힌클은 회상했다. "트레스터는 '이봐요 토니, 그렇지 않아요. 5,000석 규모는 문제를 더 악화시킬 뿐이에요. 수십만 명을 따로 수용할 묘책을 생각해 낸다면 모를까.'라고 말했습니다."

레이 크로 코치가 선발한 1951/1952 시즌 팀은 프로그아일랜드 출신 소년들로 채워졌다. 윌리 가드너와 할리 브라이언트, 플랩 로버트슨이 다시 선발되었다. 피츠휴 라이언스 전임 코치가 선발했던 예의 바른 '노스사이더' 학생들은 졸업했거나 선발되지 않았다. 1951/1952 팀은 가히 레이 크로의 방과 후 프로그램을 통해서 탄생하고 록필드 더스트볼 경기를 통해 단련되었다고 해도 과언이 아니었다. 그들은 훈련에 열중했고, 경쟁에 목말라 있었으며, 승리를 거둘 준비를 마쳤다.

레이 크로 자신은 여름 동안 코치들을 위한 강좌를 수강하며, 지역이 아닌 특정 선수를 방어하는 맨투맨 방어 기술을 습득했다. 이제 애틱스 선수들의 연습은 훨씬 더 격렬해졌고, 선수들은 쉼 없이 이어지는 훈련에 전념했다.

건강하고 재능이 많으며 끈기도 강한 선수들로 구성된 애틱스 타이거스는 처음 19번의 경기 중 18번을 승리로 이끌었는데 20점 이상 득점 차를 기록하며 압승을 거둔 경우가 많았다. 경기를 치를수록 매번 관람객이 증가했다. 시즌 초반에는 애틱스 고등학교와 커시드럴 고등학교의 경기 표가 매진되어 경기장에 입장할 수 없었던 엄청난 군중 중 네 명이 커시드럴 고등학교 체육관 창문을 향해 돌을 던지는 해프닝도 있었다. 그중 셋이 백인이고 하나가 흑인이었다는 이유로 각종 신문들은 인종차별적인 관점에서 이 사건을 바라보는 기사를 작성하기도 했다. 하지만 진짜 문제는 인디애나폴리스 관내 고등학교의 체육관 중 애틱스 고등학교 팀의 경기를 직접 관람하고

자 하는 농구 팬 모두를 수용할 수 있는 곳이 없다는 것이었다.

애틱스 고등학교의 운동 감독(athletic director, 대학이나 고등학교 등에서 코치 업무나 운동 프로그램과 관련된 직원들의 업무를 감독하는 관리자. 각 기관의 사정과 업무 분담에 따라 운동 감독은 시합과 행사 일정을 조정하고, 선수 추천 및 계약과 관련된 일을 담당한다. ─옮긴이) 알론 조 왓포드는 인디애나폴리스에서 더 큰 경기장을 대관하려고 필사적으로 찾아다녔다. 결국 1951/1952 시즌의 끝에서 두 번째 경기를 거대한 버틀러 필드하우스에서 개최하기로 결정하고 대관료로 300달러를 예치했다. 2월 23일 수요일, 인디애나폴리스에서 130km 떨어진 던커크라는 작은 시골 마을 고등학교 팀과 애틱스 팀이 겨루는 별로 중요치 않은 경기를 관람하고자 버틀러 필드하우스를 찾아온 5,000명이 넘는 관중을 보고 왓포드는 충격을 받았다.

애틱스 팬 수천 명이 거대한 필드하우스 체육관 안으로 물밀 듯이 들어왔다. 인디애나폴리스에서 토너먼트 대회가 아닌 일반 경기를 관람하기 위해 모인 관중 수로는 최대라고 여러 매체가 발표했고, 이들은 지불한 입장료보다 훨씬 값진 경기를 관람했다. 윌리 가드너는 속공을 이끌며 자신의 두 다리 사이로 공을 바운스 해서 패스했고, 리바운드 공을 잡은 다음 덩크슛을 선보였다. 할리 브라이언트는 기존에 윌리 가드너가 세웠던 인디애나폴리스 단일 경기 최고 득점 기록을 깨고 42점을 기록했다. 윌리 가드너가 단짝인 브라이언트의 득점이 자신의 기록에 가까워지자 슈팅 기회를 양보한 덕분이기도 했다. 결국 애틱스 팀은 104 대 54로 승리했다. 던커크 팀 선수들은 애틱스의 경기력에 완전히 압도당했고, 거대한 버틀러 필드하우스에 운집한 관중과 마찬가지로 애틱스의 경기 방식과 현란한 기술에 입을 다물지 못했다.

애틱스 대 던커크의 경기는 대조적인 경기 스타일을 파악하기에 좋은 사례였다. 던커크 고등학교 선수들은 매우 조심스럽게 탐색하는 것처럼 코트 안을 이동했다. 들리지는 않지만 그들의 머릿속에서 스퀘어댄스 곡이나 발라드 곡이 흐르고 있는 듯했다. 반면, 애틱스 고등학교 선수들은 재즈 선율을 타면서 경기하는 것 같았다. 선수들은 레이 크로 코치에게서 배운 패스트 브레이크(fast-break, 상대팀이 수비 태세를 갖추기 전에 빠르게 공격하는 속공―옮긴이) 농구 기술에 대한 지식을 토대로 저마다 빠른 속도로 즉흥적인 공격을 감행했다. 레이 크로 코치가 생각한 작전 계획대로라면 애틱스 고등학교 선수들은 결코 미리 정해진 고정된 포지션에서 플레이하지 않았다. 일반적인 팀에서라면 키가 가장 큰 윌리 가드너가 센터가 되었을 것이다. 센터는 경기장을 느릿느릿 걸어 다니면서 골대를 뒤로하고 자유투 라인에 자리 잡고 서서 동료 선수가 공을 튕겨 바운스 패스해 주기를 기다리는 것이 보통이다. 그러면서 상대 팀의 공을 가로채서 팀 동료에게 건네주거나 아니면 최후의 보루로서 자신이 슈팅한다.

이에 반해 애틱스 팀에서 패스를 가장 잘했던 윌리 가드너는 달리기가 바람처럼 빨랐다. 그런 그의 두 발을 묶어 놓을 이유가 무엇이 있겠는가? 마찬가지로 할리 브라이언트처럼 창의력이 대단한 선수를 포워드로 취급하는 것 역시 가당치 않았다. 때문에 레이 크로 코치는 사전에 특별한 작전을 세우지 않은 채 임의로 골대를 공격하라며 할리 브라이언트를 응원했다. 다만 상대 선수가 일정한 페이크 동작에 속아 반응해서 수비 공백이 생길 때까지 기다리라고 조언했다. 그러면 할리 브라이언트는 득점에 성공했다. 대부분의 사람들 눈에는 그저 타고난 재능으로만 보였겠지만 사실 할리 브라이언트가 매 순간 내리는 빠른 판단과 결정은 록필드가든스부터 제17 공립학교를 거쳐 애틱스 고등학교에서 발전시켜 온 폭넓은 경험과 지식에 근거한 것이었다.

하지만 모든 사람들이 이런 경기를 즐긴 것은 아니었다. 애틱스 팀의 경기 방식에 많은 백인들이 불쾌감을 느꼈다. 이들이 보기에 애틱스 타이거즈의 속공법은 3세대에 걸쳐서 인디애나주 선수들에게 전해 내려온 역대 백인 코치들이 전수한 지혜를 조롱하는 것처럼 여겨졌다. 《인디애나폴리스 스타》의 스포츠 면 편집자인 젭 카두 주니어는 기사를 통해 다음과 같이 불평했다. "'꼭두각시처럼 경중거리며 뛰어다니는' 선수들이 전통적인 농구의 패턴을 다시 쓴다는 것은 결코 [농구를 창안한 제임스] 네이스미스가 의도한 바가 아니었다."

사실 애틱스 팀 선수들은 슈팅을 할 때 점프를 했고, 게다가 한 손만 써서 슛하는 경우가 많았다. 상대 선수가 슈팅에 실패하면 애틱스 팀의 리바운더가 높이 솟아올라 놓친 공을 공중에서 한 손으로 낚아채서 이미 걸어 나가고 있는 가드에게 패스했고, 가드는 서너 명의 동료와 함께 빠르게 상대 팀의 바스켓을 향해 내달려 공격했다. 이제 덩크슛이 가능한 선수가 무려 여섯 명이나 되는 애틱스 팀이 워밍업

크리스퍼스 애틱스 고등학교 팀은 인디애나주에서 농구 경기의 양상을 영원히
바꾸어 놓았다. 상대 팀은 머릿속에서 스퀘어댄스 음악이 흐르는 듯 움직였지만
애틱스 팀은 탄탄하며 구조화된 패스트 브레이크 농구에 대한 지식을 기반으로,
재즈 선율을 따르는 것처럼 빠르고, 높이 뛰어오르며, 즉흥적인 농구를 선보였다.
(《인디애나폴리스 리코더》 컬렉션, 인디애나 역사학회)

훈련을 하면 상대 팀 선수들은 준비운동을 잊은 채 기겁하는 경우가
비일비재했다.

던커크 고등학교와 경기를 치른 다음 날, 알론조 왓포드는 은행
에 가서 '애틱스 체육 기금'이라는 이름으로 새로운 계좌를 개설하
고 300달러짜리 수표를 예치했다. 버틀러 필드하우스의 입장료 수
입 중 애틱스 고등학교가 받은 몫은 애틱스 팀이 사반세기에 걸친 투
쟁 끝에 얻은 첫 수확이었다. "좀 생소한 경험이기는 했지요. 하지만
분명한 것은 기분이 무척 좋았다는 겁니다." 왓포드는 훗날 말했다.

1952년 인디애나주 토너먼트 대회의 막이 오를 무렵 애틱스 팀
은 딱 한 번의 패배만 기록했고 AP 통신에 의하면 인디애나주 3위에
랭크되었다. 타이거스 팀은 평균 득점 차가 거의 25점에 이를 정도
로 상대를 압도했다. 인디애나폴리스의 흑인 시민들은 다시 한번 이
혁신적인 팀이 마침내 인디애나주 챔피언십에서 우승할 가능성이
있고, 충분히 자격이 있는 존중을 받게 되리라는 기대에 부풀었다.

그리고 매우 조심스럽지만 몇 가지 징후들이 확인되고 있었다.
나뭇가지마다 보드라운 봉우리가 마침내 꽃망울을 터뜨리려 하는
것처럼 이 도시에 팽배했던 인종차별도 봄눈처럼 녹기 시작한 것 같
았다. 최소한, 녹색과 금색 유니폼을 입은 농구 선수들을 대하는 태
도는 분명히 달라졌다.

"우리는 시내 이곳저곳을 시험 삼아 둘러보았습니다."라고 애
틱스 팀의 가드였던 스탠리 워런이 말했다. "먼저 인디애나 애비뉴

에서 시작했지요. 이 거리에서라면 노란색 'A'가 커다랗게 새겨진 점퍼를 보면 사람들이 친절하게 대해 줬거든요. 사람들은 이렇게 말하고는 했습니다. '이봐 스탠리…… 이리 들어와.' 좀 더 멀리 일리노이 스트리트의 버스 터미널에 펜드릭스라는 레스토랑이 하나 있었습니다. 원래는 인종 분리 식당이지만 농구팀 유니폼을 입고 있으면 식사를 할 수 있었습니다. 다른 식당은 차마 시도해 보지 않았습니다. 우리에게 식사를 줄지 안 줄지 알 수 없는 상태에서 혹여 거절이라도 당하면 그 모욕을 감수하기 싫었거든요."

토너먼트 대회를 1주일 앞두고 애틱스 팀 선수들이 프로그아일랜드에 등장하면 어디에서나 사람들이 에워쌌다. 공부에 열중하기란 불가능했다. 레이 크로는 선수들에게 집을 나오게 해서 세넛 애비뉴의 YMCA 회관에 입소토록 했다. 이곳에서 선수들이 먹는 것, 자는 것, 만나는 사람까지 관리할 수 있었다.

구역 예선 1차전에서 커시드럴 고등학교를 간신히 따돌린 애틱스 고등학교는 2차전에서 인디애나폴리스의 테크 고등학교(Tech High, 정식 명칭은 아스널 테크니컬 고등학교다. ─옮긴이)와 만났다. 테크 고등학교는 애틱스 고등학교의 숙적으로서 인디애나폴리스에서 유일하게 그때까지 정규 시즌에서 타이거즈와의 경기를 거부하던 학교였다. 두 학교가 만나면 관중석에서 주먹다짐이 벌어지기 일쑤라서 경비원들이 항상 증원되었다. 애틱스 대 테크의 경기는 내내 접전이었고, 이제 마지막 플레이에 경기 결과가 달려 있었다. 테크 고등학교가 61 대 60, 한 점 차로 리드하는 상황에서 남은 시간은 단 40

초. 바스켓을 벗어나려는 플랩 로버트슨의 슛을 할리 브라이언트가 슬쩍 밀어 넣었다. 애틱스 팀의 승리처럼 보였고 애틱스 고등학교를 응원했던 팬들은 일제히 환호했다. 그때 한 심판이 애틱스 팀의 공격자 반칙을 선언하면서 휘슬을 불었고 득점은 취소되었다. 테크 고등학교는 세 번의 자유투 중에서 두 번을 성공했고 결국 63 대 60으로 테크 팀에 승리가 돌아갔다.

다시 한 해를 허송세월하게 되었다.

또다시 고뇌에 빠진 레이 크로는 자신을 탓했다. "나 하나 때문에 동네분들이나 학교 관계자들 모두를 실망시킨 것 같다." 레이 크로는 이렇게 기록했다. "사람들은 어디에서 누구와 함께 우리 경기를 보고 들을 것인가를 고민하며 저녁 계획을 세웠다. 우리는 이분들의 자랑이자 기쁨이었다. 우리는 그런 사실을 잘 알고 있었다. 우리가 저지를 수 있는 최악의 일이 경기에서 지는 것이었다."

토너먼트를 또 한 번 망친 후 레이 크로 코치는 침울한 상태로 한 줄기 희망의 빛을 찾고 있는 자기 자신을 발견하고는 했다. 한 가지 고무적인 징후는 인디애나폴리스 교육위원회가 마침내 중학교 농구 프로그램을 개시했다는 것이다. 당시까지 인디애나폴리스 소재 고등학교가 한 번도 주 토너먼트 대회에서 우승하지 못했던 이유 중 하나는 인디애나폴리스 선수들이 다른 지역의 학생들에 비해서 너무 늦은 나이에 정규 대회를 시작하기 때문이었다. 인디애나폴리스의 소년들은 9학년이 되어서야 비로소 '진짜' 경기를 치르는 데 반해 인디애나주의 다른 도시나 타운 소년들은 이미 3년 먼저 코치가 있고 심판이 있는 대회에서 경험을 쌓고 있었다. 레이 크로 코치 자신만 해도 화이트랜드 시절에 6학년부터 팀의 일원으로 활약했지만 그 역시 인디애나폴리스에서 성장했다면 유니폼을 입기까지 3년은 더 기다려야 했던 셈이다.

1952년 초부터 플랩 로버트슨의 막냇동생인 제17 공립학교 8학년생 오스카 로버트슨에 관한 소문이 레이 크로의 귀에 들려왔다. 오스카의 코치인 톰 슬리트는 오스카 로버트슨이 이론의 여지 없는 팀의 리더이며 나이는 어리지만 인디애나폴리스에서 가장 우수한 선수라고 칭찬했다. 슬리트는 오스카 로버트슨이 자신이 가르쳤던 다른 선수들과는 차원이 다른 플레이를 하고 있다고 말했다.

오스카 로버트슨은 가족애가 끈끈하며 신앙심이 매우 독실한 가정에서 자란 모범적인 학생이었다. 어머니 메이절은 교회 성가대에서 성가를 작곡하고 공연했다. 영리하면서 내성적이었던 오스카는 수업 중에는 아는 문제가 나와도 손을 들어 대답하기를 주저하는 수줍음 많은 학생이었다. 하지만 오스카 로버트슨은 친구들 사이에서 유명했고 인기도 좋았다. 볼우물이 들어가는 이 아이의 환한 웃음은 온 교실을 밝히는 듯했다.

톰 슬리트는 처음에는 오스카 로버트슨에게 피벗(pivot, 한 발을 축으로 몸을 회전해 방향을 바꾸는 기술—옮긴이), 패스 등과 같은 농구 경기의 기초를 가르쳤다. 하지만 이내 오스카 로버트슨에게 성인 선수들을 코치할 때처럼 좀 더 많은 것을 가르칠 수 있음을 깨달았다.

게다가 오스카에게는 단 한 번 일러 주는 것으로 충분했다. "오스카는 통제력이 남달랐습니다." 톰 슬리트는 회상했다. "특별한 능력, 특별한 자긍심도 가지고 있었습니다. 조용한 성품이었지만 오스카의 존재감은 대단했습니다. 오스카는 다른 선수들 앞에서 나무라지 않았습니다. 가능하면 다른 사람들 눈에 안 띄게 조용한 곳으로 가서 원하는 바를 일러 주었습니다. 그러면 오스카가 알아서 따랐습니다. 그리고 그 아이는 쉼 없이 연습했어요. 연습이 끝난 다음에도 남아서 혼자 원 핸드 슛 동작을 연습하거나 친구 빌 브라운과 픽-앤-롤(pick-and-roll, 한 선수가 공을 가지고 있는 같은 팀 동료를 위하여 스크린 플레이를 한 후 골대 쪽으로 방향을 틀어 움직이면서 패스를 받는 것 — 옮긴이)을 연습했습니다. 그리고 집으로 돌아가서도 혼자서 또 연습했습니다."

1952년, 제17 공립학교는 인디애나폴리스 최초의 중학교 토너먼트 대회에서 결승전에 진출했다. 레이 크로 코치는 테크 고등학교까지 찾아가서 시합을 관람하며 톰 슬리트가 그토록 열광했던 이 소년의 활약을 직접 확인했다. 체육관 안에서 여러 친구를 만나 인사를 주고받은 후 크로는 자리에 앉아 어린 선수에게 주의를 집중했다. 오스카 로버트슨은 키가 껑충하고 호리호리한 소년이었다. 커다란 눈은 살짝 튀어나오고 매우 조용한 성품이어서 소심해 보일 지경이었다. 경기가 진행되는 동안 오스카는 마치 보이지 않는 줄이 손가락과 이어진 듯이 공을 자유자재로 컨트롤했다. 게다가 그는 농구장 전체를 읽을 줄 알았다. 동료들에게 어디로 가야 하는지 지시해 주었고,

인디애나폴리스 중학교 토너먼트 최초 우승팀인 제17 공립학교.
오스카 로버트슨은 당시 8학년이었다.
사진에서 오스카는 왼쪽에서 여덟 번째, 커다란 트로피 바로 뒤에 서 있다.
《인디애나폴리스 리코더》

그의 말을 따르는 친구에게는 깃털처럼 부드러운 패스로 보상했으며, 덕분에 팀 동료들은 손쉽게 득점할 수 있었다. 마치 팀 동료들은 체커 말 같고, 오스카 로버트슨이 체스를 두고 있는 듯했다. 그의 움직임 하나하나가 모두 농구 논리에 근거하고 있었다.

매 쿼터마다 종반부에 이를 즈음이면 오스카 로버트슨은 신중하게 공을 튕겼다. 감싸 안듯 공을 보호하면서 단 몇 초가 남을 때까지 득점판을 올려보며 시간을 확인했다. 그런 다음 어깨를 펴고 두세 번의 빠른 페이크 동작으로 수비수를 무력화한 뒤 버저가 울리기 직전에 링 사이로 공을 손쉽게 밀어 넣었다. 경기 종료 전 마지막 순간을 완전히 장악하는 오스카의 경기 운영 능력은 시기심이 들 정도로 탁월했다.

그때 레이 크로는 희망을 보았다고 한다. "오스카는 경기를 운영하고 있었습니다." 레이 크로는 훗날 당시를 회상하며 이렇게 말했다. 오랜 시간이 흘렀음에도 그때를 떠올리면 웃음이 새어 나왔다. "저는 그런 아이를 본 적이 없습니다."

6장

10점은 심판들의 몫

셸비빌 고등학교와 경기를 마친 뒤
그리 어렵지 않게 우승하리라는 내 예상은 환상으로 끝났다.
…… 하지만 나는 믿음을 잃지 않았다.

우리에게 필요한 것은 심판들이 경기 결과에
개입할 여지를 주지 못할 정도로 훌륭한 선수들의 기량이었다.
—레이 크로

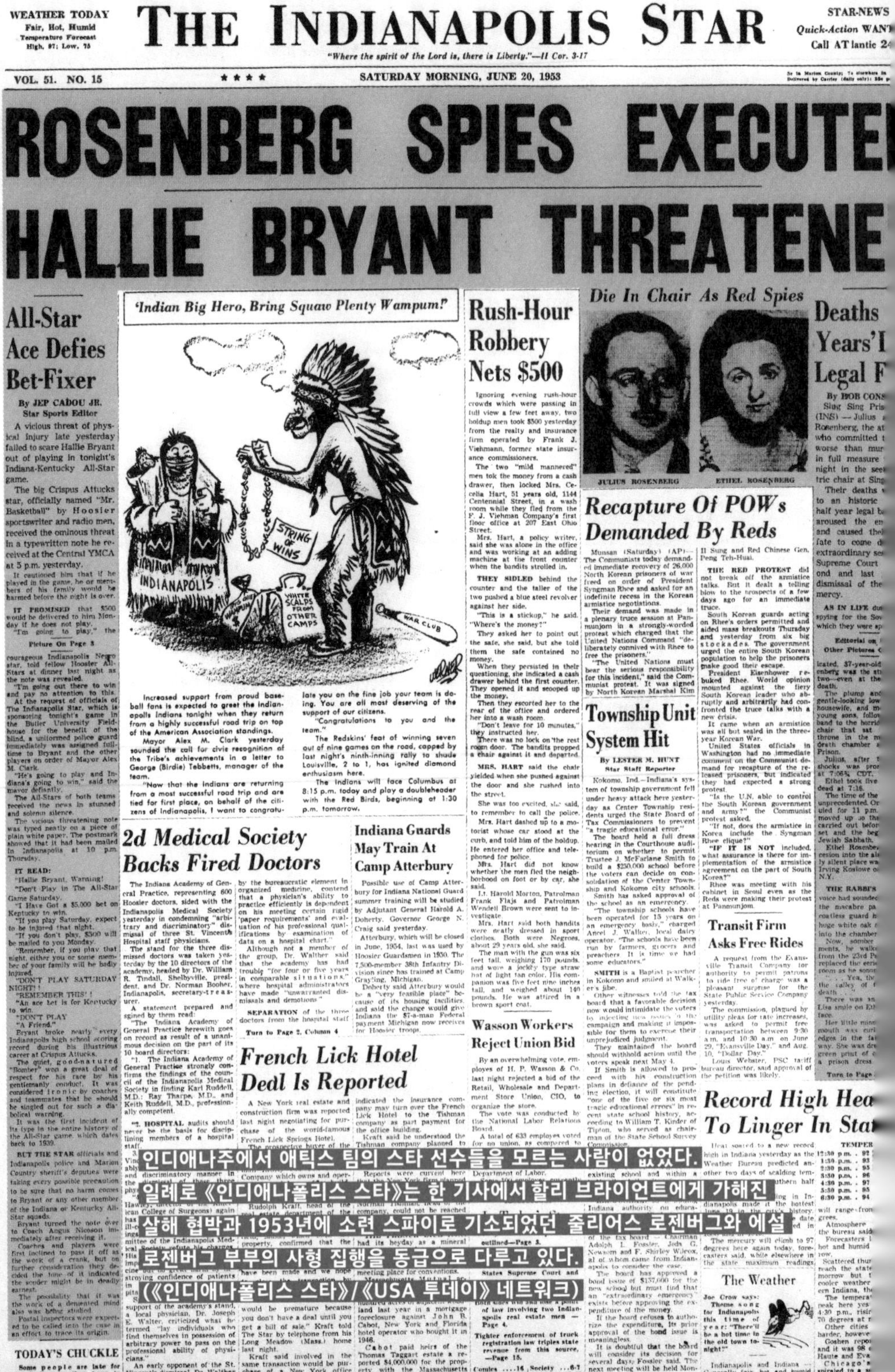

WEATHER TODAY
Fair, Hot, Humid
Temperature Forecast
High, 97; Low, 75

THE INDIANAPOLIS STAR

"Where the spirit of the Lord is, there is Liberty."—II Cor. 3-17

STAR-NEWS
Quick-Action WANT
Call ATlantic 2

VOL. 51. NO. 15 ★★★★ SATURDAY MORNING, JUNE 20, 1953

ROSENBERG SPIES EXECUTE

HALLIE BRYANT THREATENE

All-Star Ace Defies Bet-Fixer

By JEP CADOU JR.
Star Sports Editor

A vicious threat of physical injury late yesterday failed to scare Hallie Bryant out of playing in tonight's Indiana-Kentucky All-Star game.

The big Crispus Attucks star, officially named "Mr. Basketball" by Hoosier sportswriter and radio men, received the ominous threat in a typewritten note he received at the Central YMCA at 5 p.m. yesterday.

It cautioned him that if he played in the game, he or members of his family would be harmed before the night is over.

IT PROMISED that $500 would be delivered to him Monday if he does not play.

"I'm going to play," the

Picture On Page 3

courageous Indianapolis Negro star, told fellow Hoosier All-Stars at dinner last night as the note was revealed.

"I'm going out there to win and pay no attention to this."

At the request of officials of The Indianapolis Star, which is sponsoring tonight's game in the Butler University Fieldhouse for the benefit of the blind, a uniformed police guard immediately was assigned full-time to Bryant and the other players on order of Mayor Alex M. Clark.

"He's going to play and Indiana's going to win," said the mayor defiantly.

The All-Stars of both teams received the news in stunned and solemn silence.

The vicious threatening note was typed neatly on a piece of plain white paper. The postmark showed that it had been mailed in Indianapolis at 10 p.m. Thursday.

IT READ:

"Hallie Bryant, Warning!

"Don't Play in The All-Star Game Saturday.

"I Have Got a $5,000 bet on Kentucky to win.

"If you play Saturday, expect to be injured that night.

"If you don't play, $500 will be mailed to you Monday.

"Remember, if you play that night, either you or some member of your family will be badly injured.

"DON'T PLAY SATURDAY NIGHT!!

"REMEMBER THIS!!

"An ace bet is for Kentucky to win.

"DON'T PLAY

"A Friend."

Bryant broke nearly every Indianapolis high school scoring record during his illustrious career at Crispus Attucks.

The quiet, good-natured "Bomber" won a great deal of respect for his race by his gentlemanly conduct. It was considered ironic by coaches and teammates that he should be singled out for such a diabolical warning.

It was the first incident of its type in the entire history of the All-Star game, which dates back to 1939.

BUT THE STAR officials and Indianapolis police and Marion Country sheriff's deputies were taking every possible precaution to be sure that no harm comes to Bryant or any other member of the Indiana or Kentucky All-Star squads.

Bryant turned the note over to Coach Angus Nicoson immediately after receiving it.

Coaches and players were first inclined to pass it off as the work of a crank, but on further consideration they decided the tone of it indicated the sender might be in deadly earnest.

The possibility that it was the work of a demented mind also was being studied.

Postal inspectors were expected to be called into the case in an effort to trace its origin.

TODAY'S CHUCKLE

Some people are late for church because they have to change a tire; others because they have to change a dollar.

'Indian Big Hero, Bring Squaw Plenty Wampum!'

INDIANAPOLIS
STRING OF WINS
WHITE SCALPS FROM OTHER CAMPS
WAR CLUB

Increased support from proud baseball fans is expected to greet the Indianapolis Indians tonight when they return from a highly successful road trip on top of the American Association standings.

Mayor Alex M. Clark yesterday sounded the call for civic recognition of the Tribe's achievements in a letter to George (Birdie) Tebbetts, manager of the team.

"Now that the Indians are returning from a most successful road trip and are tied for first place, on behalf of the citizens of Indianapolis, I want to congratulate you on the fine job your team is doing. You are all most deserving of the support of our citizens.

"Congratulations to you and the team."

The Redskins' feat of winning seven out of nine games on the road, capped by last night's ninth-inning rally to shade Louisville, 2 to 1, has ignited diamond enthusiasm here.

The Indians will face Columbus at 8:15 p.m. today and play a doubleheader with the Red Birds, beginning at 1:30 p.m. tomorrow.

2d Medical Society Backs Fired Doctors

The Indiana Academy of General Practice, representing 600 Hoosier doctors, sided with the Indianapolis Medical Society yesterday in condemning "arbitrary and discriminatory" dismissal of three St. Vincent's Hospital staff physicians.

The stand for the three dismissed doctors was taken yesterday by the 10 directors of the academy, headed by Dr. William R. Tindall, Shelbyville, president, and Dr. Norman Booher, Indianapolis, secretary-treasurer.

A statement prepared and sgined by them read:

"The Indiana Academy of General Practice herewith goes on record as result of a unanimous decision on the part of its 10 board directors:

"1. The Indiana Academy of General Practice strongly confirms the findings of the council of the Indianapolis Medical Society in finding Karl Ruddell, M.D.; Ray Tharpe, M.D., and Keith Ruddell, M.D., professionally competent.

"2. HOSPITAL audits should never be the basis for disciplining members of a hospital staff.

"3. ... ably ... and discriminatory manner in the ... phys...

Hawley, ... ican College of Surgeons) again has ... ill-c... ings ... mittee of the Indianapolis Medical ... His ... imp... cine ... stroying confidence of patients in ... pita...

S... support of the academy's stand, a local physician, Dr. Joseph E. Walter, criticized what he termed "lay individuals who find themselves in possession of arbitrary power to pass on the professional ability of physicians."

An early opponent of the St. Vincent's dismissal, Dr. Walther said, "Hospital governing boards, unfortunately supported by the bureaucratic element in organized medicine, contend that a physician's ability to practice efficiently is dependent on his meeting certain rigid 'paper requirements' and evaluation of his professional qualifications by examination of data on a hospital chart."

Although not a member of the group, Dr. Walther said that the academy has had trouble "for four or five years in comparable situations," where hospital administrators have made "unwarranted dismissals and demotions."

SEPARATION of the three doctors from the hospital staff

Turn to Page 2, Column 4

Indiana Guards May Train At Camp Atterbury

Possible use of Camp Atterbury for Indiana National Guard summer training will be studied by Adjutant General Harold A. Doherty, Governor George N. Craig said yesterday.

Atterbury, which will be closed in June, 1954, last was used by Hoosier Guardsmen in 1950. The 7,500-member 38th Infantry Division since has trained at Camp Grayling, Michigan.

Doherty said Atterbury would be a "very feasible place" because of its housing facilities, and said the change would give Indiana the $7-a-man Federal payment Michigan now receives for Hoosier troops.

French Lick Hotel Deal Is Reported

A New York real estate and construction firm was reported last night negotiating for purchase of the world-famous French Lick Springs Hotel.

The prospective buyer of the ... Company which owns and oper... Rudolph Kraft, head of the real estate department of the ... property, confirmed that the ... have been made and we hope ... would be premature because you don't have a deal until you get a bill of sale." Kraft told The Star by telephone from his Long Meadow (Mass.) home last night.

Kraft said involved in the same transaction would be purchase of a New York office building from the Tishman firm by Massachusetts Mutual. He indicated the insurance company may turn over the French Lick Hotel to the Tishman company as part payment for the office building.

Kraft said be understood the Tishman company planned to ...

Reports were current here ... Norman Tishman, head of the company, could not be reached ... had its heyday as a mineral ... meeting place for conventions. ... land last year in a mortgage foreclosure against John B. Cabot, New York and Florida hotel operator who bought it in 1946.

Cabot paid heirs of the Thomas Taggart estate a reported $4,000,000 for the property with the Massachusetts Mutual holding a $1,600,000 mortgage.

Rush-Hour Robbery Nets $500

Ignoring evening rush-hour crowds which were passing in full view a few feet away, two holdup men took $500 yesterday from the realty and insurance firm operated by Frank J. Viehmann, former state insurance commissioners.

The two "mild mannered" men tok the money from a cash drawer, then locked Mrs. Cecelia Hart, 51 years old, 1144 Centennial Street, in a wash room while they fled from the F. J. Viehman Company's first floor office at 207 East Ohio Street.

Mrs. Hart, a policy writer, said she was alone in the office and was working at an adding machine at the front counter when the bandits strolled in.

THEY SIDLED behind the counter and the taller of the two pushed a blue steel revolver against her side.

"This is a stickup," he said. "Where's the money?"

They asked her to point out the safe, she said, but she told them the safe contained no money.

When they persisted in their questioning, she indicated a cash drawer behind the first counter. They opened it and scooped up the money.

Then they escorted her to the rear of the office and ordered her into a wash room.

"Don't leave for 10 minutes," they instructed her.

There was no lock on the rest room door. The bandits propped a chair against it and departed.

MRS. HART said the chair yielded when she pushed against the door and she rushed into the street.

She was too excited, she said, to remember to call the police.

Mrs. Hart dashed up to a motorist whose car stood at the curb, and told him of the holdup. He entered her office and telephoned for police.

Mrs. Hart did not know whether the men fled the neighborhood on foot or by car, she said.

Lt. Harold Morton, Patrolman Frank Flajs and Patrolman Wendell Brown were sent to investigate.

Mrs. Hart said both bandits were neatly dressed in sport clothes. Both were Negroes, about 29 years old, she said.

The man with the gun was six feet tall, weighing 170 pounds, and wore a jockey type straw hat of light tan color. His companion was five feet nine inches tall, and weighed about 140 pounds. He was attired in a brown sport coat.

Wasson Workers Reject Union Bid

By an overwhelming vote, employes of H. P. Wasson & Co. last night rejected a bid of the Retail, Wholesale and Department Store Union, CIO, to organize the store.

The vote was conducted by the National Labor Relations Board.

A total of 633 employes voted for no union, as compared to ... Department of Labor.

... outlined—Page 3.

States Supreme Court and ... of law involving two Indianapolis real estate men — Page 4.

Tighter enforcement of truck registration law triples state revenue from this source. —Page 15.

Die In Chair As Red Spies

JULIUS ROSENBERG ETHEL ROSENBERG

Recapture Of POW's Demanded By Reds

Munsan (Saturday) (AP)—The Communists today demanded immediate recovery of 26,000 North Korean prisoners of war freed on order of President Syngman Rhee and asked for an indefinite recess in the Korean armistice negotiations.

Their demand was made in a plenary truce session at Panmunjom in a strongly-worded protest which charged that the United Nations Command "deliberately connived with Rhee to free the prisoners."

"The United Nations must bear the serious responsibility for this incident," said the Communist protest. It was signed by North Korean Marshal Kim Il Sung and Red Chinese Gen. Peng Teh-Huai.

THE RED PROTEST did not break off the armistice talks. But it dealt a telling blow to the prospects of a few days ago for an immediate truce.

South Korean guards acting on Rhee's orders permitted and aided mass breakouts Thursday and yesterday from six big stockades. The government urged the entire South Korean population to help the prisoners make good their escape.

President Eisenhower rebuked Rhee. World opinion mounted against the fiery South Korean leader who abruptly and arbitrarily had confronted the truce talks with a new crisis.

It came when an armistice was all but sealed in the three-year Korean War.

United States officials in Washington had no immediate comment on the Communist demand for recapture of the released prisoners, but indicated they had expected a strong protest.

"Is the U.N. able to control the South Korean government and army?" the Communist protest asked.

"If not, does the armistice in Korea include the Syngman Rhee clique?"

"IF IT IS NOT included, what assurance is there for implementation of the armistice agreement on the part of South Korea?"

Rhee was meeting with his cabinet in Seoul even as the Reds were making their protest at Panmunjom.

Township Unit System Hit

By LESTER M. HUNT
Star Staff Reporter

Kokomo, Ind.—Indiana's system of township government fell under heavy attack here yesterday as Center Township residents urged the State Board of Tax Commissioners to prevent "a tragic educational error."

The board held a full dress hearing in the Courthouse auditorium on whether to permit Trustee J. McFarlane Smith to build a $250,000 school before the voters can decide on consolidation of the Center Township and Kokomo city schools.

Smith has asked approval of the school as an emergency.

"The township schools have been operated for 15 years on an emergency basis," charged Ancel J. Walker, local dairy operator. "The schools have been run by farmers, grocers and preachers. It is time we had some educators."

SMITH is a Baptist pearcher in Kokomo and smiled at Walker's jibe.

Other witnesses told the tax board that a favorable decision now would intimidate the voters by injecting new issues in the campaign and making it impossible for them to exercise their unprejudiced judgment.

They maintained the board should withhold action until the voters speak next May 4.

If Smith is allowed to proceed with his construction plans in defiance of the pending election, it will constitute "one of the five or six most tragic educational errors" in recent state school history, according to William T. Kinder of Tipton, who served as chairman of the State School Survey Commission.

... existing school and within a ... educa... of the tax board — Chairman Adolph L. Foster, Jeds G. Newsom and F. Shirley Wilcox, all of whom came from Indianapolis to consider the case.

The board has approved a bond issue of $137,000 for the new school but must find that an "extraordinary emergency" exists before approving the expenditure of the money.

If the board refuses to authorize the expenditure, its prior approval of the bond issue is meaningless.

It is doubtful that the board will consider its decision for several days, Foster said. The next meeting will be held Mon...

Turn to Page 2, Column 4

Transit Firm Asks Free Rides

A request from the Evansville Transit Company for authority to permit patrons to ride free of charge was a pleasant surprise for the State Public Service Company yesterday.

The commission, plagued by utility pleas for rate increases, was asked to permit free transportation between 9:30 a.m. and 10:30 a.m. on June 29, "Evansville Day," and Aug. 10, "Dollar Day."

Louis Webster, PSC tariff bureau director, said approval of the petition was likely.

Deaths ... Years' ... Legal F...

By BOB CONS...

Sing Sing Pris... (INS) — Julius ... Rosenberg, the at... who committed ... worse than mur... in full measure ... night in the see... tric chair at Sing...

Their deaths ... to an historic ... half year legal b... aroused the e... and caused the... fate to come d... extraordinary se... Supreme Court ... ond and last ... dismissal of the... mercy.

AS IN LIFE du... spying for the Sov... which they were sp...

Editorial on ...
Other Pictures ...

... icated, 37-year-old ... enberg was the st... two—even at the death.

The plump and gentle-looking ... housewife, and m... young sons, follo... band to the horri... chair that sat ... throne in the ... death chamber ... Prison.

Julius, after ... shocks was pro... at 7:06½ CDT.

Ethel took five ... dead at 7:16.

The time of the ... unprecedented. Or... uled for 11 p.m. ... moved up so th... carried out befor... set and the beg... Jewish Sabbath.

Ethel Rosenbe... cession into the ... ly silent place wa... Irving Koslowe o... N.Y.

THE RABBI'S voice had sounde... the macabre pa... coatless guard h... huge white oak ... into the chamber ...

Now, somber ... ments, he walk... from the 23rd P... replaced the eeri... room as he sono...

"... Yea, th... the valley of ... death ..."

There was an ... Lisa smile on Et... face.

Her little min... mouth was curl... edges in the fa... way. She was dr... green print of ... a prison dress.

Turn to Page ...

Record High Hea... To Linger In Stat...

Heat soared to a new record high in Indiana yesterday as the Weather Bureau predicted another two days of scalding tem... ...uthern half ... ...ing in Indianapolis made it the hottest June 19 in the city's history. ... date ... ed in ...

The mercury will climb to 97 degrees here again today, forecasters said, while elsewhere in the state maximum readings will range from ... grees.

TEMPER...	
12:30 p.m.	92
1:30 p.m.	93
2:30 p.m.	95
3:30 p.m.	96
4:30 p.m.	97
5:30 p.m.	95
6:30 p.m.	94

Atmosphere ... the bureau said...

Forecasters ... hot and humid ... row.

Scattered thu... reach the state ... morrow but ... cooler weather ... ern Indiana, th...

The tempera... peak here yes... 4:30 p.m., risi... 70 degrees at ...

Other cities ... harder, howeve... Goshen repo... and it was 98 ... Haute and Eva...

Chicago's ... spiraled to a ... grees.

The Weather

Joe Crow says: Theme song for Indianapolis this time of year: "There'll be a hot time in the old town tonight!"

Indianapolis and Indiana — Generally fair, hot and humid today and tomorrow.

인디애나주에서 애틱스 팀의 스타 선수들을 모르는 사람이 없었다.
일례로 《인디애나폴리스 스타》는 한 기사에서 할리 브라이언트에게 가해진
살해 협박과 1953년에 소련 스파이로 기소되었던 줄리어스 로젠버그와 에설
로젠버그 부부의 사형 집행을 동급으로 다루고 있다.
(《인디애나폴리스 스타》/《USA 투데이》 네트워크)

4학년이었던 윌리 가드너는 역사 수업을 듣고 있었다. 수업 종료 벨이 울리자 일어서서 교실 문 쪽으로 다가갔다. 그때 서던 선생님이 곁으로 다가와 잠깐 기다려 보라고 말했다. "아니, 문제가 생긴 것은 아니야." 서던 선생님이 말했다. "그저 네가 신문을 읽기 전에 먼저 알려 주고 싶은 일이 있단다." 인디애나주 고등학교 체육협회가 인디애나주 최우수 선수인 윌리 가드너의 1952/1953 시즌 참가를 불허한다는 결정을 내렸던 것이다.

IHSAA는 그 이유를 이렇게 설명했다. 고등학생은 최대 3년 동안 경쟁 스포츠에 참여할 수 있는데 윌리 가드너는 이미 그 3년을 모두 소진했다는 것이다. 기록에 따르면 윌리 가드너가 1학년일 때 딱 한 경기에서 애틱스 유니폼을 입고 벤치에 앉아 있었던 적이 있었다. 윌리 가드너가 실제로 경기에 참가하지 않았다는 사실은 전혀 고려되지 않았다. 단지 유니폼을 입고 경기장에 입장했다는 사실만으로 그가 경기에 참여할 수 있는 3년 중 1년을 모두 소진한 것으로 간주되었다. 다시 한번 강조하지만 규칙은 명확하고 징벌은 잔인할 정도로 가혹했다. 덕분에 윌리 가드너는 4학년 한 해 동안 농구 경기에 참여할 수 없게 되었다.

레이 크로는 1953년이야말로 비로소 애틱스 팀이 토너먼트 대회에서 우승할 해라는 점을 강조해 왔다. 이제 윌리 가드너와 할리 브라이언트, 플랩 로버트슨은 모두 4학년이 되었다. 우수한 선수들이 노련함까지 더하게 되었으므로 애틱스는 말 그대로 무적 불패의 팀이 될 터였다. 그런데 지금까지 적용된 적이 거의 없던 사소한 규칙 하나 때문에 203cm가 넘는 키에도 가드만큼 민첩하고 잽싼 인디애나주 최고의 센터 윌리 가드너를 눈앞에서 빼앗긴 것이었다. 지난 2년여 동안 윌리 가드너는 경기당 20점에 가까운 득점을 기록했었다. 그를 대체 불가능한 선수라고 평가하는 것조차 과소평가였다. 1953년 시즌에 참가할 수 없다는 소식을 들은 윌리 가드너는 레이 크로 코치에게 학생 관리자가 될 수 있는지 물었다.

윌리 가드너가 출전하지 못한 상태에서 애틱스 팀은 첫 네 번의 경기 중 두 경기를 패했다. 그 후부터는 순조로웠고, 토너먼트를 앞둔 열아홉 번의 경기에서 단 한 번 패했다. 시즌이 끝날 무렵 할리 브라이언트는 또다시 인디애나폴리스 최고 득점 기록을 세웠다. 할리 브라이언트와 플랩 로버트슨은 인디애나주 전체에서 최우수 선수 10명을 선발하여 구성하는 인디애나주 올스타 팀에 선발되었다. 그리고 할리 브라이언트는 투표를 통해 베스트 중 베스트 '미스터 바스켓볼'에 선정되었다. 시즌 초반부터 어마어마한 관중이 다시 모여들기 시작했다.

알론조 왓포드의 사무실 전화기는 연일 통화 중이었다. 전화를 건 사람들은 인디애나주 유수의 고등학교 소속 운동 감독들이었다. 이 백인 남자들은 크리스퍼스 애틱스 팀과 버틀러 필드하우스에서 경기할 기회를 달라며 사실상 애걸복걸했다. 동기는 간단했다. 바로 돈 때문이었다. 버틀러 대학교와 애틱스 고등학교가 작성한 계약에 따르면 인디애나폴리스 소재 고등학교 두 곳이 버틀러 필드하우스에서 경기를 치를 경우 입장권 수입을 두 고등학교가 똑같이 나누기로 되어 있었다. 애틱스 고등학교가 경기할 때는 팬들이 구름떼같이 모여들므로 버틀러 필드하우스에서 애틱스 타이거즈와 단 한 번 경기를 치러도 상대 팀은 새로운 유니폼을 맞추거나 체육관 관중석을 새로 칠해 단장하거나 심지어 코치의 월급을 인상하기 위해 필요한 비용을 마련할 수 있었다. "우리와 경기 한번 치르고 나면 상대 팀은 1년 동안 살림을 살 수 있었으니까요." 훗날 왓포드는 크게 웃으며 말했다.

알론조 왓포드가 개설한 애틱스 체육 기금의 잔고는 어느새 2만 5,000달러로 불어났다. 애틱스 고등학교의 목공예 수업과 양재 수업을 진행하는 데 필요한 모든 장비를 구매하기에 충분한 금액이었다. 애틱스 고등학교는 인쇄기도 새로 구입했다. 왓포드는 흰색 유니폼이며 녹색-황금색 유니폼을 포함해서 농구팀이 입을 유니폼을 여러 세트 구매했다. 새로 디자인한 웜업 저지는 포효하는 호랑이 그림을 새겨 넣은 케이프가 달려 있었다. 여전히 홈 경기장 없이 이곳 저곳의 체육관을 옮겨 다니는 떠돌이 신세였지만 애틱스 타이거스 는 이제 세련된 이층버스를 타고 인디애나주 전역을 여행했다. 예금 이 증가한 덕분에 애틱스 고등학교에서 구성된 모든 종목 운동팀의 장비 수준이 한층 개선되었다. 왓포드는 육상팀이 사용할 허들 전체 세트를 새로 구비해 주었고(이전까지는 허들이 두 개밖에 없었다.), 덕분에 애틱스 고등학교는 육상경기를 주최할 수 있게 되었다. 더불 어 이제 테니스팀과 레슬링팀이 새로 생겼다. 야구팀은 새 유니폼을 맞출 수 있었다.

어디를 가나 구름 같은 관중을 끌었던 덕분에 애틱스 팀은 이제 주 토너먼트 우승자가 되기 위해 경쟁력 있는 팀을 상대로 경기를 치 를 수 있게 되었다. 모든 팀들이 입장료 수입을, 그중에서도 특히 1만 5,000석 규모의 버틀러 필드하우스 입장료 수입 중 절반을 나누어 갖기를 바라 마지않았다. 그토록 오랜 시간 애타게 시합 상대를 구해 야 했고 수십 년간 홈 경기장 없이 가난했던 애틱스 타이거스는 마침 내 무일푼에서 벼락부자가 된 것이었다. 주목받는 시합, 그리고 약간 의 재산이 알론조 왓포드의 무릎 위로 갑자기 쏟아지고 있었다. "이 름 없는 시골 학교와 시합을 해도 돈을 벌 수 있었습니다." 훗날 이때 를 떠올리며 왓포드의 두 눈에는 눈물이 촉촉이 고였다. "그때의 기 분이란!"

이 무렵, 버나드 맥피크라는 아프리카계 미국인이 인디애나주 심판협회Indiana Officials Association에 회원 가입을 신청했다. 고등학교 농구 심판들로 구성된 인디애나주의 전문가 단체였다. 맥피크는 인디애나주 최초의 흑인 심판이 되기를 희망했고, 스스로 그 자격이 충분하다고 자부하고 있었다. 버나드 맥피크는 이미 고향 펜실베이니아주에서 15년 동안 심판으로 활동했고, 주 챔피언십 경기에 네 차례 공식적으로 참여했던 경력이 있었다. 요컨대 그는 이미 펜실베이니아주 최고 심판 중 한 명으로 존경받고 있던 터였다. 그럼에도 그는 찬반을 묻는 투표 결과 반대 40, 찬성 7로 인디애나주 심판협회 가입을 거절당했다. 심판협회 회장인 클레이턴 니컬스는 이유를 묻는 기자에게 별일도 아니라는 듯 "그야 그의 피부색 때문이지요."라고 답했다.

애틱스 팀을 곤란하게 만드는 심판들의 괴롭힘은 해가 갈수록 심해졌다. 타이거스 팀은 흑인 심판을 단 한 명도 본 적이 없었다. "애틱스 팀이 경기 초반에 선전하면 이 사람들[심판들] 중 몇몇은 완전한 인종차별주의자가 되었습니다." 《인디애나폴리스 스타》의 스포츠 칼럼니스트 밥 콜린스가 말했다. "박빙의 경기에서 1분이 남았을 때 흑인 선수의 손이 공을 쥔 백인 선수의 손 가까이 가기만 해도, 그러다 백인 선수가 공을 놓치기라도 하면 곧바로 휘슬이 울렸습니다."

심판의 휘슬 때문에 웃지 못할 코미디가 연출된 적도 있었다. 한번은 애틱스와 라피엣 제퍼슨 고등학교가 붙었는데 경기 시작 불과 8분 만에 심판이 윌리 가드너에게 5반칙 퇴장을 선언했다. 낙담한 윌리 가드너는 하릴없이 경기장을 걸어 나가 벤치에 앉았다. 몇 분이 지난 뒤 바스켓 아래에서 공을 다투는 몸싸움이 벌어졌다. 심판이 다시 '13번' 선수의 반칙을 선언했는데 그때 손을 번쩍 든 것은 벤치에 앉아 있던 윌리 가드너였다. "아마 확실하게 저를 내보내고 싶었나 봐요." 윌리 가드너는 훗날 말했다.

지극히 현실적인 사람이었던 레이 크로는 심판을 향해 소리를 지르지 않고 스스로 자제했다. 그는 이를 악물어 턱이 양옆으로 튀어나올 정도가 되어도 경기 중에 자리에서 일어나는 법이 없었다. 벤치의 선수들에게도 자리를 지키라고 지시하고 심판에게 할 말이 있으면 자신이 이야기했다. 하지만 코치 부임 후 첫해가 지나자 애틱스타이거스 팀의 코치는 '인종차별'이라는 요인을 경기 계획에 포함시켜야 함을 깨달았다. 모호한 상황에서 애틱스 팀에게 불리한 판정이 너무 많았고, 경기는 의문의 여지를 남겼다. 레이 크로 코치는 경기 초반부터 격차를 벌려 상대 팀을 따돌리라고 주문했다. 아슬아슬한 승부가 종반까지 지속된다면 심판의 판정으로 승리를 빼앗길 수 있기 때문이었다. 경기가 시작되기 전에 애틱스 팀의 코치와 선수들은 서로를 비라보며 함께 손을 모으고 외쳤다. "10점은 심판들의 몫. 나머지가 우리 것."

그중에서도 가장 치명적이었던 심판의 휘슬과 함께 1952/1953 시즌이 막을 내렸고, 토너먼트 우승을 향한 애틱스 팀의 열망은 다시 한번 무너졌다. 윌리 가드너의 출전이 불허된 후 레이 크로는 선수들의 마음을 다독이고 하나로 모아 26경기 하나하나에 임했고, 단 세 번의 패배만을 기록했다. 그런 다음 토너먼트 첫 번째, 두 번째 라운드 경기를 모두 승리로 이끌었다. 이제 세 번째, 즉 준결승 라운드의 확실한 승리 후보로서 한 번 더 주 토너먼트 결승 라운드에 진출할 것이 확실해 보였다. 인디애나폴리스의 흑인 시민들은 물론이고, 점점 더 많은 수의 백인들까지 애틱스 타이거스가 인디애나폴리스 최초의 주 챔피언십 우승팀이 될 가능성이 높다고 예상하고 있었다.

애틱스 고등학교가 준결승 라운드에서 만난 셸비빌 고등학교의 작전은 예상대로였다. 셸비빌 고등학교의 골든 베어스 팀은 타이거스 팀을 이길 수 없음을 잘 알고 있었고 공을 앞뒤로 주고받으면서 시간을 끄는 지연작전을 펼쳤다. 그들은 휴식 시간을 고대하며 마지막 순간까지 득점 차가 벌어지지 않게 하려고 애썼다. 작전은 완벽했다. 고작 58초를 남겨 놓은 상태에서 44 대 44 동점. 공은 애틱스 팀의 할리 브라이언트에게 패스되었고 마지막 슛을 던지기 위한 공격이 시작되었다. 재깍재깍 초침이 돌아가는 사이, 할리 브라이언트는 수비의 허점을 찾아냈고, 격렬하게 공을 드리블하며 바스켓을 향해 돌진했다. 두 발이 경기장 바닥을 떠나고 할리 브라이언트가 슛을 던지기 위해 무방비 상태가 된 순간, 셸비빌 고등학교 선수 두 명이 양편에서 달려들어 그를 바닥에 넘어뜨렸다. 선수 세 명이 뒤엉켜 경기장 바닥에 나동그라졌다.

할리 브라이언트가 고개를 들었을 때 스탠 두비스 심판의 손가락이 그를 가리키고 있었다. 두비스는 할리 브라이언트가 셸비빌의 선수에게 반칙을 범했다며 공을 셸비빌 고등학교의 짐 플라이메이트에게 주었다. 플라이메이트는 자유투 세 개 중 두 개를 성공시켰고, 애틱스 팀은 이렇게 또 한 번 허망하게 시즌을 마감했다.

이 경기 결과에 대한 반응은 한마디로 '불신'이었다. 《인디애나폴리스 스타》의 밥 콜린스는 훗날 이렇게 회상했다. "경기 후에 《인디애나폴리스 리코더》의 찰스 프레스턴과 저는 두비스를 찾으려고 심판들이 이용하는 탈의실로 쳐들어갔습니다. 우리는 한목소리로 말했지요. '그것이 반칙이라고 확신합니까?' '네, 분명하게요.'라고 그가 말하더군요. 하지만 우리가 재차 질문하니 슬그머니 눈길을 피하더군요. 정말로 반칙이라고 생각했을 리가 없습니다."

그 주 토요일에 발행된 《인디애나폴리스 리코더》의 사설을 통해서 찰스 프레스턴은 자제력을 잃고 통렬하게 비판했다. "스탠 두비스 심판의 판정에 대해 '의문의 여지가 있다'고 평가하는 사람도 일부 있다. 하지만 필자가 보기에, 그리고 셀 수 없이 많은 팬들이 보기에 그것은 의문의 여지가 전혀 없이 잘못된 판정이었다. 노골적이고 변명의 여지가 없는 오심이었다."

이러니저러니 해도 가장 견디기 힘들었던 사람은 할리 브라이언트였다. "저는 다른 생각을 할 수 없었습니다." 그는 훗날 한 기자와의 인터뷰에서 이렇게 말했다. "저한테 일어날 수 있는 가장 끔찍한 상황이었으니까요. 저는 반칙을 범하지 않았습니다. 아마도 이 일은 평생 제 마음속에 남을 것 같습니다."

"셸비빌 고등학교와의 경기 이후로," 레이 크로는 훗날 말했다.

"저는 챔피언십 우승자가 된다는 것이 얼마나 어려운 일인지 비로소 깨달았던 것 같습니다. 저는 실망했습니다. 하지만 포기하지는 않았지요. 저는 스스로에게 다짐했습니다. 좀 더 열심히 연습하고 최선을 다한다면 마침내 우리가 이 모든 어려움을 극복하고 우승할 날이 올 것이라고요. 달리 어떻게 생각하겠습니까?"

찰스 프레스턴은 《인디애나폴리스 리코더》의 사설에서, 아무리 구질구질한 변명을 싫어하는 레이 크로라 해도 머릿속에 한 번쯤 떠올렸을 질문으로 애틱스 팀의 1952/1953 시즌을 요약했다. 프레스턴은 이렇게 썼다. "많은 흑인 젊은이들, 그리고 미국의 민주주의를 믿어 보려 애쓰는 사람들은 지난주 다음과 같은 질문을 던질 수밖에 없었다. '애틱스 팀의 경기가 박빙일 때마다, 흑인 권투 선수가 박빙의 승부를 펼칠 때마다 심판들이 나서서 승리를 앗아 가는 일은 언제까지 되풀이될 것인가? 검은 피부를 가진 사람에게 공정한 경기를 치를 기회가 있었던가?'"

1953년 3월 《인디애나폴리스 리코더》는
불미스런 심판 스캔들에 관해 1면에서 다루었다.

《인디애나폴리스 리코더》)

흑인 심판이 '피부색 때문에' 거절당하다.

찰스 S. 프레스턴

고등학교 농구 토너먼트 대회를 비롯한 여러 경기에서 흐름을 조율하기에 편파성이 없고 누구보다 공정해야 할 인디애나주 심판협회가 지난주, 단지 흑인이라는 이유를 들어 충분히 자격을 갖춘 한 심판의 회원 가입 신청을 거부했다.

독자 여러분은 어떻게 생각하시는지!

수천 명의 팬들 입장에서는 결코 받아들이기 힘든 경기의 마지막 순간에 내려진 지독히 편파적인 이 단체의 판단 때문에 애틱스 고등학교 타이거스 팀이 토너먼트 대회에서 내쫓기다시피 한 것이 불과 며칠 전 일이다.

심판협회의 편파적인 조치는 《인디애나폴리스 리코더》의 질문에 대한 다른 사람도 아닌 바로 협회장 클레이튼 니컬스의 대답으로 드러났다.

니컬스는 동료 심판들이 반-흑인 입장이라고 맹렬히 비난하면서 자신은 민주주의에 대해 확고한 믿음을 가지고 있지만 심판협회를 좌지우지할 힘은 없다고 주장했다.

할리 브라이언트를 향해서 불었던 '논란의 휘슬'에 관해서는 11, 16쪽 참조

인디애나주 심판협회 회원 가입을 신청했다가 거부당한 당사자인 버나드 맥피크 씨는 15년 경력을 자랑하는 베테랑 심판이다. 예전에 거주했던 펜실베이니아주에서는 무려 네 차례나 주 결승전에서 심판으로 활동한 바 있다.

맥피크 씨는 인디애나주 고등학교 체육협회의 정식 인증을 받았으며, 이미 인디애나주에서도 수없이 많은 고등학교 경기에서 심판으로 일해 왔다. 그가 심판을 본 마지막 경기는 2월 21일 테크 고등학교 체육관에서 열렸던 애틱스 대 라도가 고등학교의 경기였다.

회원들은 규칙을 토론

생업으로 집배원으로 일하는 맥피크 씨는 지난주 본지 기자에게 자신의 이야기를 들려주었다.

특정 분야에서 활동하는 사람들이 으레 그렇듯 자신도 심판들로 이루어진 단체에 관심을 갖게 되었다고 한다. 동료 심판들과 사귀기도 하고, '심판 업무'에 관한 기록도 비교해 보고, 서로 도울 일이 있으면 협조하려는 생각이었다고 한다.

니컬스 협회장의 설명에 따르면 인디애나주 심판협회는 언론 노동자들에게는 프레스 클럽과 같은 직능 단체라고 한다. 그 회원은 1

Negro Referee Barred `Because of His Color'

By CHARLES S. PRESTON

The Indiana Officials Association—organization of the supposedly impartial, fair-minded referees who call the tune in high school basketball tournaments and other games—last week refused membership to a qualified official because he is a Negro.

How do you like that!

The group's fanatically prejudiced stand was taken only a few days before Attucks' Tigers were ousted from the tournament on a last-minute decision that many thousands of fans couldn't stomach.

The Association's biased action was revealed to The Recorder by none other than its president, Clayton Nichols.

Bitterly assailing his fellow-arbiters for their anti-Negro stand, Nichols said he believes firmly in democracy but was powerless to sway the organization.

STORY OF THE 'DISPUTED CALL' ON HALLIE BRYANT ON PAGES 11, 16

The rejected applicant is Bernard McPeak, veteran official of some 15 years' experience, who has refereed four state final playoffs in Pennsylvania, where he formerly lived.

McPeak is certified by the Indiana High School Athletic Association (IHSAA) and has worked a number of high school games here. His latest assignment was the Attucks-Ladoga contest at Tech's gym on Feb. 21

Members Discuss Rules

A POSTAL WORKER IN PRIVATE LIFE, Mr. McPeak told The Recorder his story last week.

He said that like anyone active in a particular field, he became interested in the officials' group with the idea that he might rub elbows with his fellows, compare note on "trade matters," and otherwise profit by the advantages of cooperation.

The Indiana Officials Association, as described by Mr. Nichols, resembles a professional group like a Press Club for newspaper workers. The members meet once a week, discuss rules and interpretations and the fine points of handling games.

It is also "a kind of clearing-house," and has published a directory for use of high schools and other game promoters in selecting officials.

The association has no connection with the IHSAA. However, since it is "the" organization of referees, it is bound to wield considerable influence.

Despite its title, the Association's membership is confined to Central Indiana—Indianapolis, Shelbyville, Anderson, Franklin and other nearby towns, it has 218 members. There are similar organizations in other districts of the state.

Demands Vote Recorded

McPEAK SAID HE ASKED FOR AN APPLICATION CARD, but never received one. Instead, in a few days he was informed by Nichols that his application had been rejected. Apparently all the members needed to know about him was one fact—his race.

"Is it true that your organization has turned down the application of Bernard McPeak?" The Recorder asked Nichols.

"Yes, that's true, as I explained to Mac," he replied.

"For what reason was he turned down?"

Without hesitation the president said:

"Because of his color."

Nichols then explained that he personally had supported the candidacy of the Negro official, along with a handful of others who believe in fair play regardless of race.

"But when it came to a vote there were only 7 of us for him and 40-some against.

"I demanded that my vote be recorded as favoring McPeak's admission. So did Ott Hurrle. That was done." (Hurrle is a former Butler athlete and popular young official.)

Nichols said his term as president is about over. Election of new officers will be held next Monday.

2nd-Class Sportsmanship?

THE RECORDER TALKED WITH ANOTHER OFFICIAL, whom we have regarded as one of the fairest in town. He said that although a member of the Association, he had not been present at the meeting and knew nothing of the issue.

However, he added that he is doubtful whether Negroes should serve as officials, because "the crowd would be against them."

We do not believe this man realizes that he is laboring under the idea of second-class citizenship for Negroes on the basketball floor. Still, we would not like to trust his judgment on a split-second decision in a roaring Fieldhouse.

Still less do we like to trust hairline calls in the great game of basketball to officials who have shown, by a 40-to-7 vote, that they don't have the elementary democracy and decency of school children.

If that is what they do to a man, what do they do to the boys?

주일에 한 번 만나 규칙과 해석, 경기 운영의 세부 내용에 관해 토론한다.

아울러 심판협회는 '일종의 교환소'와 같아서 심판 명부가 이미 공표되어 있고 고등학교 농구 경기나 다른 경기의 관리자들이 명부를 참고하여 심판을 선택할 수 있다.

심판협회는 IHSAA와 직접적인 연관은 없다.

그럼에도, 심판협회 역시 심판들의 '조직'이므로 IHSAA의 영향력이 막강하게 행사될 수밖에 없다.

본 협회의 명칭에 '인디애나주'라고 되어 있지만 인디애나주의 중부, 다시 말해 인디애나폴리스, 셸비빌, 앤더슨, 프랭클린, 그리고 인근의 다른 타운들에서 활동하는 심판들로 가입이 제한되어 있다. 현재 회원 수는 218명이다. 인디애나주의 다른 디스트릭트에도 유사한 조직이 구성되어 있다.

찬성 투표 기록을 요구

맥피크 씨는 가입 신청서를 구하려고 했지만 한 장도 받지 못했다고 한다. 그러다 며칠 만에 니컬스 회장으로부터 가입 신청이 거절되었다는 통보를 받았다. 기존 회원들이 알아야 했던 그에 관한 정보는 단 한 가지, 피부색에 관한 것뿐이었던 것 같았다고 말했다.

"귀 협회가 버나드 맥피크 씨의 가입 신청을 거절했다는 것이 사실입니까?" 본지 기자가 니컬스 회장에게 물었다.

"네 그렇습니다. 맥피크 씨에게는 이미 설명했습니다."라고 니컬스 회장이 답했다.

"거절 이유가 무엇입니까?"

니컬스 회장은 일말의 주저도 없이 답했다.

"그의 피부색 때문이지요."

니컬스 회장은 이어서 개인적으로 그 자신은 흑인 심판의 회원 가입을 지지하며, 소수이지만 일부 다른 심판들도 피부색에 상관없는 공정한 경기 진행을 믿고 있다고 설명했다.

"하지만 표결로 결정했는데, 그를 지지하는 우리 같은 사람들은 7명뿐인데 반해 반대하는 사람들은 40명이 넘었지요.

저는 맥피크 씨의 가입을 찬성한다는 나의 투표를 기록해 달라고 요구했습니다. 오트헐러 씨도 그랬고요. 저희 요구대로 처리되었습니다."(헐러는 버틀러 대학교 대표 선수로 활동했던 인기 많은 젊은 심판이다.)

니컬스 회장은 자신의 임기가 얼마 남지 않았고, 다음 주 월요일에 새로운 임원이 선출될 예정이라고 밝혔다.

2등 스포츠맨십?

본지 기자는 타운에서 가장 공정하기로 정평이 나 있는 다른 심판 한 명과도 인터뷰했다. 그는 심판협회 회원이기는 하지만 회의에 참석하지 않았고 이번 건에 대해서는 잘 모른다고 답했다.

하지만 "사람들이 싫어할 것이 뻔한데" 흑인 심판이 꼭 있어야 되는지 의문스럽다고 덧붙였다.

이 심판은 농구 코트 안의 흑인들이 2등 시민이라 여기며 심판 업무에 임하고 있지만 자기 자신만 모르고 있는 것 같다. 그렇다면 우리는 관중의 함성이 요란한 가운데 눈 깜짝할 사이에 일어난 일을 판단하는 그들의 판정을 신뢰할 수 없다.

40 대 7이라는 투표 결과를 보여 준 심판들, 기본적인 민주주의와 어린아이 수준의 예의도 모르는 심판들이 중요한 농구 시합에서 중요한 순간에 내리는 판정을 우리는 신뢰할 수 없다.

성인 남자에 대한 대우가 이렇다고 하면, 과연 이 심판들이 소년들을 어떻게 대우할까?

7장

"나의 사람들 곁에"

나는 애틱스 고등학교에 다니던 학창 시절을 사랑했습니다.

…… 농구장밖에 달리 갈 만한 데가 없었습니다.

대수롭지 않게 들릴 수도 있지만 자리에 앉아 있는 동안

선수라서가 아니라 한 사람으로서

선생님께서 아껴 주신다는 것이 느껴지면 기분이 좋았습니다.

특별한 존재가 된 기분이었지요.

—오스카 로버트슨, 『빅 오: 나의 인생, 나의 시대, 나의 경기』

버틀러 필드하우스의 애틱스 응원단.
(크리스퍼스 애틱스 박물관 제공)

해마다 여름방학이 시작된 다음 날이면, 베일리, 헨리, 오스카는 일리노이 스트리트에 있는 그레이하운드 터미널에서 버스를 타고 남쪽으로 향했다. 할아버지, 할머니가 계신 테네시주의 농장에서 여름방학을 보내기 위해서였다. 삼형제는 이 순간을 몹시 기다렸다. "여덟 시간 동안 500km 가까이 여행하고 나면 할머니께서 우리를 으스러질 듯이 한껏 안아 주시고는 했다."라고 오스카는 기록했다.

낮 시간은 대부분 씨앗을 뿌리고 밭을 갈면서 들판에서 보냈다. 태양이 머리 위에 오면 할아버지께서는 하늘을 올려다보시고는 점심때가 되었다고 말씀하셨다. 일행은 나무 그늘 아래에 터를 잡고 앉아서 할머니가 싸 준 갈색 가방을 열었다. 닭고기와 채소, 파운드케이크가 점심으로 준비되어 있었다. 저녁 식사를 마치면 시간이 길고 느리게 이어졌다. 할아버지는 성경 속 아름다운 구절을 암송해서 들려주고는 했다. 때로는 당신이 제일 좋아하는 〈내게 옛 믿음 주소서〉Old Time Religion 같은 찬송가를 불쑥 부르기 시작했고 그러면 다른 사람들도 모두 함께 따라 불렀다. 마법 같은 여름날이었다.

3개월 동안 시골 음식을 먹고 들판에서 일하며 시간을 보낸 로버트슨 삼형제는 어김없이 떠났을 때보다 키가 크고 건강해져서 인디애나로 돌아왔다. 그러나 열네 살 되던 해 여름에 오스카 로버트슨에게 일어난 변화는 마치 마법 같았다. 애틱스 고등학교 1학년을 마치고 농장으로 향하는 버스에 올랐을 무렵 그의 키는 대략 173cm였다. 3개월 후, 인디애나폴리스에 도착한 버스 문이 열리고 등장한 오스카 로버트슨의 키는 193cm가 넘었고, 건장한 일꾼처럼 팔과 어깨가 떡 벌어진 모습이었다. 여름 한철 들녘에서의 수고와 사춘기의 기적이 맞물려 20cm나 훌쩍 자랐던 것이다. 팔에는 울퉁불퉁 근육이 발달했고 어깨는 벌어지고 가슴은 두텁고 넓었다.

오스카의 새로운 모습에 친구들은 놀랐다.

1953년 여름이 끝나 갈 무렵 오스카는 오랜 시간 록필드가든스에서 밀리기만 했던 한을 풀고 있었다. 그해 초여름만 해도 오스카를 가르치고 밀어내고는 했던 아이들은 이제 오스카에게 밀리고 체력도 달리게 되었다. 이들 중에는 플랩 루버트슨도 포함되었다. "오랫동안 저는 오스카를 항상 이겨 왔었지요."라고 플랩이 회상했다. "실력 차이가 나니까 보통 오스카에게 몇 점을 주고 시작했었어요. 그러다 사정이 갑자기 역전되었습니다. 너무 갑작스러웠어요. 이제 오스카가 저보다 5cm나 컸습니다. 게다가 건장했지요. 그리고 록필드에서 경기할 때 사람들이 나보다 오스카를 먼저 선택하기 시작했습니다. 오스카는 원한다면 무엇이든 할 수 있었어요."

오스카는 이제 할리 브라이언트와 일대일로 겨뤄도 밀리지 않았다. "그 애한테 질 수도 있겠다 싶어졌을 때 더는 그 애와 시합하지 않았어요. 그 애에게 지는 일이 일어나지 않게 하려고요." 브라이언트가 말했다. "무던히도 애썼습니다. 하지만 결국 이를 악물고 현실을 받아들이는 수밖에 없었습니다. 질투심을 떨쳐 내야 했지요."

여름방학을 보내기 위해 테네시주로 떠나기 전인 6월만 해도 오스카는 또래 소년들과 함께 코트 주변에 줄을 서서 기다리며 어떻게든 눈에 띄어 경기에 뛸 기회를 얻으려 노력했었다. 때로는 경기에 넣어 주지 않으면 자기 공을 가지고 집으로 돌아가겠다고 을러대기도 했다. 하지만 더 이상 그럴 필요가 없었다. 1953년 9월 이후 남은 평생 동안, 오스카 로버트슨은 어느 팀에 들어가든 소중한 자산으로 여겨졌다.

레이 크로 코치는 1953/1954 시즌을 앞두고 새롭게 팀을 꾸려야 했다. 방과 후 프로그램을 통해서 처음 농구를 접했던 1세대 프로그아일랜드 친구들은 이제 모두 졸업했다. 할리 브라이언트는 전액 장학금을 받고 인디애나 대학교에 진학하여 대학 리그에서 뛰게 되었다. 플랩 로버트슨은 인디애나 센트럴 칼리지에 장학금을 받고 진학했다. 윌리 가드너에게는 이보다 더 좋은 일이 생겼다. 이제 갓 열아홉 살이 된 가드너는 애틱스 팀 동료인 클리블랜드 하프와 함께 시카고로 가서 남들이 보기에는 매우 무모하게도, 감히 할렘 글로브트

록필드가든스 더스트볼에 참가한 클리블랜드 하프(왼쪽)와 윌리 가드너.
(크리스퍼스 애틱스 박물관 제공)

로터스를 모집하는 대규모 공개 트라이아웃에 참가했다. 세계를 누비며 농구 경기를 하고 수많은 팬들을 즐겁게 하는 글로브트로터스의 일원으로 선발되는 특별한 행운을 꿈꾸며 미국 전역에서 500명이 넘는 아프리카계 미국인 선수들이 모여들었다.

　당대 최고의 아프리카계 미국인 선수들은 할렘 글로브트로터스에서 활약하고 있었다. 당시 NBA에서 활동하는 흑인 프로 농구 선수는 고작 3명이었고, 앞으로도 더 늘어날지 불투명했다. 할렘 글로브트로터스 선발전에는 대학 농구팀에서 명성을 얻은 선수들도 다수 참가했다. 그에 반해 고등학교 3학년 한 해 정도 본격적으로 뛰었던 윌리 가드너는 이름이 거의 알려지지 않은 무명이었다.

　제일 먼저, 공을 핸들링하는 능력을 겨루었다. 이제 206cm에 살이 붙기 시작한 윌리 가드너는 상대를 보지 않고도 완벽하고 날카롭게 패스했다. 사실 이날 선발전에 참가했던 어떤 연장자도 윌리 가드너만큼 공을 잘 컨트롤하지는 못했다. "덩크슛 할 수 있는 사람 있습니까?"라고 진행자가 물었다. 윌리 가드너가 손을 들었다. 그리고 애틱스 팀 선수 시절 경기 전에 으레 선보이곤 했던 왼손 덩크슛, 오른손 덩크슛, 양손을 이용한 오버 더 헤드 덩크슛은 물론 글로브트로터스 선발전을 앞두고 준비한 새로운 묘기를 추가로 보여 주었다. 커다란 양손으로 공을 하나씩 드리블하며 골대를 향해 달려가서는 링 위로 높이 뛰어올라 하나씩 연달아 꽂아 넣었던 것이다.

　글로브트로터스 팀원으로 이미 널리 알려진 스타 선수였던 마르케스 헤인즈가 사이드라인 밖에서 선수들을 지켜보고 있던 구단

주 에이브 세이퍼스타인 곁으로 다가와서 "어디에서 저런 녀석을 찾으셨어요?"라고 물었다.

세이퍼스타인 자신도 이 청년이 어디에서 튀어나왔는지 의문스러웠지만 칭찬을 아끼지 않으며 "진짜 천재네."라고 대답했다.

그날 오후, 윌리 가드너는 글로브트로터스와 계약서에 사인하고, 고향에 계신 어머니에게 계약금을 송금했다. 그리고 다음 날 아침 글로브트로터스 루키 캠프에 등록했다. 선발전에 참여했던 애틱스 팀의 또 다른 스타였던 클리블랜드 하프는 당시 상황을 잘 기억하고 있었다. "캠프에 모인 신입 선수가 모두 33명이었는데, 31명이 대학 선수들이었고 나머지 둘이 우리였습니다. 신참내기들은 한쪽 코트에서, 베테랑 선수들은 다른 쪽 코트에서 연습했습니다. 윌리가 신참내기들과 연습한 것은 단 하루뿐이었습니다. 다음 날부터 바로 메인 팀에 들어갔거든요. 윌리 가드너는 아마도 1953년 미국 전체를 통틀어 최고 선수였을 겁니다." 클리블랜드 하프 역시 글로브트로터스 순회팀의 일원이 되었다. 윌리 가드너는 이후 3년 반 동안 전 세계를 여행하면서 자기가 가장 하고 싶었던 일을 하며 수백만 명의 팬들에게 기쁨을 주었다.

이제 열네 살을 맞아 고등학교 2학년이 된 오스카 로버트슨은 1953/1954 시즌 선발전을 앞두고 몇 주간 집중적으로 연습했다. 2학년생이 애틱스 농구 대표팀에 선발되는 사례는 거의 없었기에 오스카는 최선을 다해야만 했다. 테스트 당일 80명 가까운 학생들이 참가를 신청했다. 레이 크로와 보조 코치 알 스퍼락, 톰 슬리트는 학생들을 두 그룹으로 나누고 자리에 앉혔다. 첫 번째 그룹은 대략 30~40명으로 상대적으로 나이가 많은 3학년이나 4학년 선수들로 구성되었다. 이 그룹 학생들은 애틱스 고등학교 대표팀에 지원했다. 두 번째 그룹에는 2군 팀이 되고자 희망하는 2학년 학생들이 주로 모여 있었다. 오스카는 어린 그룹 사이에 수줍게 앉아 있었다.

그때 4학년 학생으로서 애틱스 팀의 선수로 이미 활약한 바 있고 실외 경기를 통해서 오스카 로버트슨을 잘 알고 있었던 빌 메이슨이 굽은 손가락으로 오스카를 가리키며 넘어오라고 계속 손짓했다. "이리로 건너와!" 빌이 말했다. 오스카는 주위를 둘러보며 기회를 엿보았다. 그러다 벌떡 일어나 대표팀 쪽으로 걸어가 형뻘인 선수들 틈에 앉았다. 크로 코치는 오스카를 일단 보결 선수군에 넣은 뒤 일련의 격렬한 시합을 통해서 선발팀 선수들과 겨루어 보도록 시켰다. 이런 방식의 테스트는 다른 어린 선수들을 겁먹게 했을 것이다. 하지만 오스카는 록필드가든스에서 이미 수년 동안 고등학교 대표팀 선수들을 상대로 경기를 펼쳐 왔다. 오스카는 보여 줄 수 있는 모든 기량을 발휘했다.

'면도날' 레이 크로 코치가 마지막 후보들을 잘라 냈을 때 오스카 로버트슨의 이름이 농구팀 명단에 남아 있었다. 큰형 플랩의 전통을 이어, 오스카도 마침내 크리스퍼스 애틱스 타이거스의 일원이 된 것이다.

"구름 위를 거닐 듯 기쁜 마음으로 집으로 돌아왔다."라고 오스카는 훗날 기록했다. "친구인 빌 스와츠에게 얘기해 줄 때는 가슴이 벅차 터질 것만 같았다."

비록 팀원들이 전체적으로 어리기는 했지만, 1953/1954 시즌의 애틱스 팀에는 훌륭한 재능을 가진 선수들이 많았다. 최고 선수 중 하나인 3학년 윌리 메리웨더는 오스카만큼 키가 컸고 점프력은 더 출중했다. 애틱스 팀의 대다수 선수들과 달리 윌리 메리웨더는 스스로 선택해 크리스퍼스 애틱스 고등학교에 입학했다. 백인 학생이 압도적으로 많은 노스사이드 인근 쇼트리지 고등학교와 흑인 전용 학교인 애틱스 고등학교 중 하나를 선택할 기회가 있었다.

1949년 학교에서의 인종 분리를 금지하는 인디애나주법이 통과된 후 인디애나폴리스는 '근린' 학교 정책을 채택하였다. 이에 따라 인디애나폴리스를 여러 학구로 나누고, 학생들은 자신이 거주하는 학구 내 학교에 입학해야 한다는 의무 규정을 두었다. 그러나 두 가지 커다란 허점이 있었기에 애초의 계획은 거의 의미 없게 되었다. 첫째, 프로그아일랜드에서 살고 있지만 크리스퍼스 애틱스 고등학교에 입학하기를 원치 않는 몇 안 되는 백인 학생들은 학구 이외의 학교로 전출할 수 있는 '바우처'(school voucher, 학생이나 학부모가 원하는 학교에 다닐 수 있도록 정부가 자금 지원을 약속하는 증서—옮긴이)를 받았다. 모든 백인 학생들이 전출을 선택했다. 둘째, 크리스퍼스 애틱스 고등학교가 속한 학구에서 거주하지 않는 인디애나폴리스의 흑인 학생들에게는 본래 자신의 학구에 속한 근린 학교 대신 애틱스 고등학교에 입학할 수 있는 '학구 이탈'cross the line을 허용했다. 흑인 학생 대부분이 애틱스 고등학교를 선택했다.

이 예외 조항 때문에 애틱스 고등학교가 속한 학구 이외 지역에 거주하는 재능 있는 흑인 농구 선수들을 영입하고자 인디애나폴리스 관내 고등학교 코치들 사이에서 격렬한 쟁탈전이 벌어졌다. 한 해 전, 베일리 로버트슨 시니어와 이혼한 메이절 로버트슨은 겹벌이로 일하면서 오스카와 헨리에게 방 한 칸씩 내어 줄 정도로 큼지막한 집을 구입했다. 이 집은 우연하게도 쇼트리지 고등학교가 속한 학구 내에 있었다. 쇼트리지 고등학교의 운동부 담당자들은 오스카와 헨리가 자기들 소속이라고 우겼지만 두 소년은 계속해서 애틱스 고등학교에 다니겠다고 고집했다. 입씨름이 뜨거워졌던 어느 순간, 메이절은 쇼트리지 고등학교의 담당자들이 아이들을 내버려 두지 않는다면 다시 콜튼 스트리트로 이사 가 버리겠다고 단호하게 선언했다. "내 아이들은 사고파는 물건이 아닙니다." 메이절은 세상을 향해 이렇게 선언했다.

윌리 메리웨더의 부모님도 메이절 로버트슨 부인처럼 없는 살림에 아끼고 아껴 애틱스 고등학교가 속한 학구에 인접한 북쪽에 집을 한 채 구입했다. 따라서 윌리 메리웨더는 쇼트리지 학구 내에서, 학생 거의 모두가 백인인 초등학교와 중학교를 졸업했고, 쇼트리지 고등학교에 입학할 예정이었다. 사실 그는 1953년 가을, 쇼트리지 고등학교에 등록하고 오리엔테이션 자료까지 이미 받은 상태였다. 하지만 머릿속에서 오스카 로버트슨을 떨쳐 낼 수 없었다.

1952년 오스카 로버트슨이 인디애나폴리스 8학년 챔피언십에서 팀의 우승을 이끌었던 날, 레이 크로 코치가 그랬던 것처럼 윌리 메리웨더도 테크 고등학교 체육관 관중석에 앉아 경기를 관람했다. 윌리 메리웨더는 오스카의 경기를 보고 매혹되었다. 오스카에게는 무엇인가 특별한 점이 있었다. 그만의 행동거지, 모교를 향한 자긍심, 선수로서의 리더십, 그 무엇인가가 메리웨더의 마음 한편을 건드렸다. "그 아이를 지켜보고, 챔피언십에서 승리를 이끄는 모습을 바라보면서 …… 제 마음속에서 그저 나의 사람들 곁에 있고 싶다는 열망이 생겼습니다."라고 메리웨더는 훗날 설명했다. 마지막 순간, 메리웨더는 쇼트리지 고등학교 등록을 취소하고 애틱스 고등학교에 등록했으며, 이 선택을 단 한순간도 후회하지 않았다.

그리고 미시시피주 출신의 장신 센터로, 멋들어진 훅슛이 일품인 내향적인 성격의 셰드릭 미첼과 두 명의 어린 가드 빌 햄프턴과 빌 스콧이 레이 크로 코치가 이끄는 1953/1954 시즌 팀에 새롭게 합류했다. 빌 햄프턴과 빌 스콧 모두 영리한 볼 핸들러이자 끈질긴 수비수였다. 오스카의 단짝 친구 빌 브라운도 팀에 합류했다. 오스카처럼 브라운도 말수 적은 소년이었지만 경기 운영을 통해서 스스로의 존재감을 드러냈다. 빌 브라운은 대단히 훌륭한 리바운더였다. 높이 솟구쳐 올라 공중에서 두 팔꿈치를 펼치고 다리를 뻗은 채 양손을 이용해 공을 걷어 내고는 했다.

언제나처럼 레이 크로가 새로 선발한 선수들도 하나같이 가난했다. 아이들의 모친은 대부분 다림질을 하거나 세탁부로 일하거나 백인 여성의 집에서 가정부로 일했다. 동시에 두 가지, 세 가지 일을 하는 부인들도 있었다. 윌리의 어머니 엘로노라 메리웨더는 사회보장 혜택으로 한 달에 96달러를, 요리사로 일해 주는 집의 백인 여성에게 일주일에 19달러를 받았다.

이러니저러니 해도, 가장 사정이 안 좋았던 것은 빌 스콧이었다. 빌은 본래 앨라배마주의 작은 탄광촌에서 살았었다. 갑자기 광산이 폐광되자 빌이 열두 살 때 가족이 인디애나폴리스로 이사를 했다. 아버지는 아들의 인생에서 사라진 지 이미 오래였다. 어머니는 빌의 할머니에게 손자를 키워 달라고 부탁했다. 얼마 후 어머니도 인디애나폴리스로 와서 이모와 함께 살았다. 빌이 인디애나폴리스에 도착한 지 2주 만에, 누군가가 전차를 타고 가던 어머니를 끌어 내려 뒷골목으로 끌고 간 다음 강간하고 살해하는 사건이 발생했다. 레이 크로 코치가 빌 스콧을 알게 되었을 때 이 소년은 인디애나 애비뉴에서 몇 블록 떨어진 창고를 개조한 집에서 할머니, 술주정꾼 삼촌과 살고 있었다. 그것도 다른 가족과 절반씩 공간을 나누어 살았다. 빌 스콧은 농구가 창고에서 벗어날 유일한 탈출구라고 생각했다.

애틱스 고등학교 농구팀의 새로운 일원이 된 오스카 로버트슨은 첫 경기를 불안하게 시작했다. 애틱스 팀의 첫 상대는 포트웨인의 노스사이드 고등학교였고 경기장은 인디애나폴리스 동쪽에 위치한 아스널 테크니컬 고등학교 체육관이었다. 오스카는 버스를 타고 시내를 가로질러 경기장에 가기로 결심했다. 하지만 버스는 시내를 거북이걸음으로 기다시피 지나갔고, 거의 모든 정류장마다 정차하는 가운데 경기 시간은 가까워지고 있었다. 엎친 데 덮친 격으로 웬 정신 나간 승객이 오스카에게 칼을 휘둘렀다. 오스카는 차에서 내려 테크 고등학교를 향해 동쪽으로 가능한 서둘러 걷기로 했다.

오스카가 가까스로 체육관에 도착했을 때 경기는 이미 시작되었고 그는 일단 벤치에서 대기해야 했다. 큰형 플랩으로부터 물려받은 등번호 43번을 새긴 녹색과 금색 저지를 입고 있었다. 레이 크로 코치는 3분을 기다렸다가 오스카를 투입했다. 이날 이후 3년 동안 오스카 로버트슨은 애틱스 팀의 모든 경기에 선발 선수로 참가했다. 오스카는 15점을 득점했고 애틱스 팀은 어렵지 않게 승리를 거두었다. 《인디애나폴리스 스타》는 미처 몰라봤다는 듯이 "2학년생으로서 예상치 못한 침착함"을 보인 오스카를 칭찬했다.

12월에 애틱스 팀과 인디애나폴리스 쇼트리지 팀이 겨룬 인디애나폴리스 시 챔피언십 결승전에서는 오스카 로버트슨의 존재감이 보다 강렬하게 부각되었다. 버틀러 필드하우스에 약 9,000명의 팬이 들어찬 가운데 애틱스는 22 대 9로 뒤진 채 1쿼터를 마무리했다. 일견 쇼트리지의 실력이 한 수 위인 듯 보였다. 하지만 실은 애틱스 선수들이 너무 배가 부른 게 문제였다. 경기 시작 전 레이 크로 코치는 선수들을 데리고 인디애나 대학교 메디컬 센터에 가서 점심을 먹었다. 몇 가지 볼일이 있어서 선수들만 식당에 두고 나왔는데, 돌아와 보니 아이들이 두 번, 세 번 음식을 가져다 먹는 바람에 예상보다 무려 60달러 가까이 더 나온 청구서가 그를 기다렸다.

2쿼터 초반, 오스카는 느릿느릿 늘어지기만 하는 타이거스 팀의 플레이에 염증을 느꼈는지 갑자기 박수를 치면서 공을 패스하라고 요구했다. 팀 동료들은 깜짝 놀랐다.

 "오스카에게 공이 건네지면 다른 선수들은 없는 듯이 무시했어요." 팀 동료였던 존 깁슨은 기억했다. "계속해서 공격할 뿐 다른 선수에게 패스하지는 않았지요. 오스카의 그런 모습은 처음이었습니다." 동료들은 오스카에게 공을 패스했고, 오스카는 슛을 하고 또 했다. 수비수들이 막으려고 파고들면, 오스카는 페이크 동작으로 상대를 속이고 빠르게 공을 몰고 그들 앞을 지나 골대로 돌진했다. 마지막 1분을 남긴 상태에서 오스카가 레이업 슛을 던졌고 애틱스 팀은 처음으로 앞섰다. 하지만 쇼트리지 팀이 동점을 만들어 경기는 연장전으로 들어갔다. 애틱스가 다시 뒤진 상태에서 오스카는 공을 가로채 또다시 돌진했고 경기는 두 번째 연장전으로 들어갔다. 그리고 마침내 오스카가 점프 슛을 던져 신승을 거두었다.

 쇼트리지와의 경기 이후 두 가지 중요한 변화가 일어났다. 그때까지 신문기자들은 오스카를 '작은 플랩' 로버트슨이라고 일컬었지만, 이후에는 그냥 '오스카'라고 불렀다.

 그리고 그날 이후 레이 크로 코치는 경기 전에 선수들이 지나치게 과식하는 일이 없도록 단속했다.

 1953년 12월 8일, 애틱스 팀과 테크 팀의 시즌 첫 대결이 1주일 앞으로 다가온 날이었다. 테크 고등학교의 백인 학생으로 후보 가드

상대 선수와 공을 다투고 있는 오스카 로버트슨.
(《인디애나폴리스 스타》/《USA 투데이》 네트워크)

였던 데이비드 허프는 농구 훈련을 마치고 멍하니 생각에 잠겨 집으로 걸어가고 있었다. 그때 주차 중이던 차에서 갑자기 흑인 세 명이 튀어나와 길을 가로막았다. 한 남자가 허프의 멱살을 잡아당겼고, 다른 두 남자는 칼을 꺼냈다.

"네가 허프란 애지?" 일행 중 한 남자가 말했다.

바싹바싹 입이 탄 채 소년이 고개를 끄덕였다.

"너 슛 좀 하지? [애틱스 팀과의 경기에서] 너무 잘하지 않는 게 좋아. 단 1점이라도 낸다면…… 우리가 다시 찾아올 거고, 너는 피를 보게 될 거야." 그러곤 가 버렸다.

아스널 테크니컬 고등학교는 등록 학생 수가 5,000명이 넘는, 인디애나주 전체에서 가장 큰 학교였다. 테크와 애틱스는 태생적으로 라이벌일 수밖에 없었다. 인디애나폴리스의 동쪽에 테크가, 서쪽에 애틱스가 자리 잡고 있었다. 애틱스는 흑인 전용 고등학교였고, 테크는 학생들이 거의 백인이었는데 다만 1953년 농구팀에 흑인 선수 두 명이 포함되어 있었다.

데이비드 허프는 이날의 일을 경찰에 신고했고, 다음 날 모든 신문에서 이 사건을 다루었다. 경기를 취소해야 할지 관계자들이 논의했다. 익명의 협박은 계속 잇따랐다. 화장지에 연필로 휘갈겨 쓴 협박 편지가 허프와 테크 팀의 코치 집에 배달되었다. "허프와 돈 섹스턴은 경기에 참가하지 마라."라고 쓰인 메모도 있었다. "농담이 아니다." 한편, 애틱스 팀 선수였던 윈프레드 오닐과 빌 메이슨에게 보내는 살해 협박 편지도 애틱스 고등학교에 도착했다. 한 편지는 위장한 필체로 "집과 차를 포함해서 내가 가진 모든 것을 걸었다. 난 테크가 이기길 원한다."라고 쓰여 있었다. 오스카의 집으로도 전화가 왔다. 마침 오스카가 받았는데 "네가 경기에 나가면 총알받이로 만들어 주겠어."라고 말했다고 오스카가 기억을 되살리며 말했다. "저는 그 남자에게 지옥으로 꺼지라고 말해 주었습니다."

브라운 대 토피카 교육위원회 판결

1953년 겨울, 애틱스 타이거스 팀이 대도시의 학교들과 버거운 경기 일정을 소화하고 있을 무렵에 미합중국 대법원은 애틱스 고등학교처럼 인종적으로 분리된 공립학교가 미국 헌법하에서 적법한지 여부를 새롭게 검토하기로 결정했다. 이 문제는 오랜 시간 해묵은 갈등으로 남아 있었다. 1896년 플레시 대 퍼거슨 사건으로 알려진 유명한 재판을 통해 미국 대법원은 루이지애나주가 "평등하다"는 전제하에 인종에 따라 사용 구역을 제한하고 분리해도 미국 헌법을 위반하지 않고 버스, 전차, 기차에서 인종을 차별할 수 있다는 판결을 내렸다.(호머 플래시는 7/8은 백인 혈통, 1/8은 흑인 혈통을 가지고 태어난 혼혈인이었고 보통 백인으로 통했다고 한다. 기차 여행 중 백인 열차 칸에 앉아 있었는데 차장에게 적발되어 유색인종 칸으로 옮겨 가라는 명령을 받았지만 지시를 따르지 않았고 루이지애나주 정부를 상대로 수정헌법 제13조와 제14조 위반으로 소송을 제기했다. 그러나 루이지애나주 대법원이 대중 시설 내 분리를 규정한 주 법률이 합헌이며 수정헌법 제14조를 위배하지 않는다고 판결함으로써 대중교통, 공립학교 교육, 공공시설 등에서의 인종 간 분리 정책을 정당화하는 근거가 되었다.—옮긴이)

'분리하되 평등하다'(separate but equal)라는 이 주장은 공립학교에서의 인종 분리를 정당화하는 법적 근거로서 인용되어 왔다. 하지만 흑인 학생과 백인 학생을 위해 세워진 학교가 '평등하다'는 주장은 사기에 가까웠다. 1900년을 기준으로 공립학교에 다니는 백인 학생 한 명당 15.41달러가 소요된 반면, 흑인 학생들을 위해 사용된 비용은 고작 1.50달러였다. 이 비율은 40년이 지난 후에도 변함없이 유지되었다.

1954년 브라운 대 토피카 교육위원회 사건(캔자스주 토피카에 거주했던 린다 브라운이라는 흑인 소녀가 피부색을 이유로 근처 초등학교 입학을 거부당하자 린다 브라운의 가족이 전미유색인종지위향상협회, 즉 NAACP의 도움을 받아 토피카 교육위원회를 상대로 소송을 제기했다.—옮긴이)에 대한 대법원 판결과 함께 무너진 것이 바로 이 '분리하되 평등하다'는 주장이었다. 1954년 5월 17일 월요일 정오를 막 넘긴 시간, 미합중국 대법원장인 얼 워런은 11쪽 분량의 의견서를 낭독하기 시작했다. "우리는 만장일치로 '분리하되 평등하다'는 법리는 공교육 분야에서 적용될 수 없다는 결론을 내렸다." 이 획기적인 판결에 따라 인종 분리 학교는 수정헌법 제14조 '평등한 보호' 조항("제14조 제1절: 미국에서 태어나거나 귀화한 자 및 그 사법권에 속하게 된 사람 모두가 미국 시민이며 사는 주의 시민이다. 어떤 주도 미국 시민의 특권 또는 면책 권한을 제한하는 법을 만들거나 강제해서는 안 된다. 또한 어떤 주도 법의 적정 절차 없이 개인의 생명, 자유 또는 재산을 빼앗아서는 안 되며, 그 사법권 범위에서 개인에 대한 법의 평등한 보호를 거부하지 못한다."—옮긴이)을 위반하는 것으로 판단되어 금지되었다. 사람들은 이 판결을 통해 그동안 인종 분리 학교를 허용해 온 17개 남부 주와 경계주, 그리고 (인디애나를 포함하여) 4개 북부 주의 1,200만 학생의 삶이 이내 바뀔 것이라고 예상했다.

하지만 대법원 판결에는 준수를 위한 시한을 포함하지 않았다. 그 결과 통합 과정은 "가능한 최대한 신중한 속도로" 진행되었다. "얼 워런을 탄핵하라"라고 쓰인 표지판이 잡초처럼 무성하게 인디애나주의 도로가에 솟아나는 동안 후지어 지역사회는 달팽이가 기어가는 것만큼 느리고 더디게 교실 안에서의 통합을 향해 나아갔다. 그렇게 해서 17년의 시간이 흐르고 또 하나의 법원 명령이 발부된 후인 1971년에야 비로소 최초의 백인 학생이 크리스퍼스 애틱스 고등학교에 입학할 수 있었다.

애틱스 대 테크의 경기를 앞두고 버틀러 필드하우스의 보안이 강화되었다. 사복 경찰관 십수 명이 조금이라도 문제될 거리가 있지는 않은지 1만 명 넘는 관중이 모인 관중석을 샅샅이 훑고 있었다. 부모님과 코치의 만류로 데이비드 허프는 경기에서 뛰지 못했다. 데이비드는 울음을 터뜨렸다. 경찰이 탈의실을 순찰하고, 웜업 훈련을 위해 코트로 나서는 양팀 선수들을 따라다니며 경비했다. 십대 소년들의 신경이 곤두서고 감정 소모가 컸던 탓에 경기 자체는 시시하게 돌아갔다. 애틱스가 계속 앞서가는 게임이었고, 14점까지 득점 차가 벌어졌다가 결국 43 대 38로 끝났다. 모르면 몰라도 이 순간 수없이 많은 지폐의 주인이 바뀌었을 것이다.

애틱스 팀은 거의 절반 정도의 팀원만 가지고 1954년 시즌을 꾸려 가고 있었다. 프런트 코트(frontcourt, 중앙선에서 상대편 바스켓이 있는 쪽의 코트, 다시 말해 공격 지대. 반대로 중앙선에서 우리 편 바스켓이 있는 쪽의 코트는 백코트라고 한다. ─옮긴이)가 이미 무너진 상태였다. 스타 선수였던 윌리 메리웨더, 윈프레드 오닐, 셰드릭 미첼이 부상으로 1954년 시즌에는 더 이상 참가할 수 없었다. 토너먼트를 앞두고 《인디애나폴리스 뉴스》는 "장기간 누려 온 애틱스 팀의 우위는 끝났다"라는 표제로 시즌을 요약하는 기사를 실었다.

레이 크로 코치는 당황스러움과 특유의 현실주의가 뒤섞인 가운데 묘안을 짜내 경기 계획에 적용했다. 장차 농구의 미래에 영향을 미칠 혁신적인 아이디어였다.

그는 오스카 로버트슨을 백코트에 넣기로 했다.(이전까지 오스카의 포지션은 공격수인 포워드였는데, 이때부터 코트의 야전 사령관인 가드로 바뀌었다.—옮긴이) 지금까지 알려졌던 모든 상식과 역사적 경험에 반하는 결정이었다. 팀에서 두 번째로 큰 오스카는 강력한 리바운더이자 영리한 득점 전문 선수로서 바스켓 가까이에서 움직였다. 그런 그를 왜 외곽으로 보내 버린 것일까? 그것은 로버트슨이 팀에서 공을 가장 잘 통제하는 리더이기도 했기 때문이었다. 오스카는 코트 전체를 읽을 줄 알았다. 다음에 무슨 일이 일어날지를 미리 알고 있었으며, 자기 스스로가 원하는 상황을 만들기도 했다. 최대한 그의 손에 공이 들어가도록 하는 것이 이치에 맞았다. "오스카의 의지는 처음부터 분명했습니다." 레이 크로가 훗날 당시를 회상하며 이렇게 말했다. "오스카는 남들에게는 없는 무엇인가가 있습니다. 챔피언을 만드는 것이 과연 무엇인지 콕 집어 말하기가 어렵지만 오스카를 보면 바로 이해할 수 있었습니다." 오스카에게 공을 맡기고 코트에 내놓으니 그는 쿼터백의 입장이 되어서 상대 팀의 수비가 어떻게 배치되는지, 애틱스 선수들은 이에 어떻게 대응해야 하는지를 꿰뚫어볼 수 있게 되었다. 아울러 이 전략 덕분에 애틱스가 선호하는 공격 스타일인 패스트 브레이크를 시작할지 말지 조정하는 장치가 오스카의 손에 놓이게 되었다.

오스카가 경기 운영의 키를 잡게 되자, 애틱스 팀은 새로운 동력을 얻게 되었고 17승 4패로 시즌을 마무리했다. 타이거스는 주 토너먼트 대회의 구역 예선과 지역 예선을 순조롭게 마무리하고 인디애나폴리스 시 준결승전에서 만난 두 팀도 손쉽게 물리쳤다.

　이제 4강 진출을 눈앞에 두고 애틱스 고등학교는 밀란 고등학교를 꺾어야 했다. 인디애나주 남동쪽에 위치한 작은 학교였던 밀란 고등학교는 총 학생 수가 고작 161명, 그중에서도 남학생 수는 73명뿐이었다. 인디애나주의 작은 시골 마을 학교들이 으레 그렇듯이 밀란 고등학교에도 밀란 타운 전체 주민 모두를 수용하고도 남을 거대한 체육관이 있었다. 다만, 밀란 팀은 토너먼트 우승이라는 망상에 사로잡힌 또 한 무리의 시골 소년들로 치부할 수만은 없는 장점을 가지고 있었다. 학교 규모는 작고 학생 수는 적었지만 영리한 코치가 재능 있는 선수들을 이끌고 있었고, 그중 일부는 3학년 때부터 계속 같은 팀에서 뛰었다. 오랜 세월 농구 코트 위에서 함께 뛰어 온 덕분에 밀란 선수들은 서로에 대해 말로는 설명할 수 없는 신비에 가까운 감각을 발달시켜 왔다. 그리고 애틱스 고등학교 선수들과 마찬가지로 이들에게도 완수해야 할 역사적 사명이 있었다. 밀란 고등학교는 인디애나주 토너먼트에서 우승하는 최초의 진정한 작은 학교가 되기로 결심했던 것이다. 미국 전역을 통틀어 등록 학생 수를 기준으로 포스트시즌 농구 토너먼트 대회를 클래스Class 별로 나누지 않는 주는 인디애나주를 포함해 단 3개 주뿐이었다. 다시 말해 인디애나주는 크고 작은 관내 학교를 수 개의 클래스로 나누고, 각 클래스별로 토너먼트 대회를 치르는 것이 아니라, 주 관내 학교 전체가 참여하는 단일 토너먼트 대회였다. 인디애나주에서 농구 경기는 '만인의 만인에 대한 투쟁'이었던 셈이다. 작은 마을의 학교들도 대도시의 팀들과 대면해야 하는 경우가 많았다. 일견 불공평해 보이기도 하지만 이러한 형식은 "인디애나에서는 누구든 기회를 얻을 수 있지만 공짜는 없다."는 후지어의 철학에 걸맞았다.

할리우드 영화 《후지어》

인디애나주의 한 가톨릭계 학교 체육관에서 촬영 중인 영화 《후지어》.(프랭크 피스/《인디애나폴리스 스타》/《USA 투데이》 네트워크)

1986년에 개봉한 영화 《후지어》는 스포츠 영화로는 당대 최고 흥행작이었다. 진 해크먼, 바버라 허시, 데니스 호퍼 등이 열연했다. 이야기는 대략 1954년 인디애나주 고등학교 챔피언십 경기라는 실화에서 영감을 얻었다. 시골의 작은 밀란 고등학교와 대도시의 먼시 센트럴 고등학교가 결승전에서 붙었는데 경기 종료와 함께 바비 플럼프의 슛이 성공한 덕분에 밀란 고등학교가 승리를 거두었다.(흔히 '밀란 미라클'(Milan Miracle)이라고 알려진 이변이었으며, 후지어 히스테리아를 대표하는 에피소드로 첫손에 꼽힌다. '밀란 미라클'은 전설이 되었고 영화로도 만들어진 데 반해 그에 못지않게 극적이며 역사적 의미가 큰 크리스퍼스 애틱스 고등학교의 위업은 대체로 무시되었다.—옮긴이)

전국적으로 유명세를 얻은 인디애나주의 포스트시즌 토너먼트 대회를 영화로 제작하면서, 영화 제작자들은 사실에 구애받기보다는 표현의 자유를 한껏 누리며 실제와는 다르게 표현했다. 일단 등장하는 학교 이름이 바뀌었고 (밀란은 히코리 고등학교로, 먼시는 사우스벤드 고등학교로), 과거 때문에 발목이 잡힌 코치와 로맨틱한 요소를 첨가했고, 신임 코치가 마을에서 소문난 주정꾼의 도움을 받아 큰 경기에서 이긴다는 설정이 들어갔다.

그리고 실제와 다르게 지어낸 또 한 가지 때문에 오스카 로버트슨을 비롯한 많은 관객으로부터 분노를 샀다. 로버트슨은 2003년에 다음과 같이 썼다. "도대체 영화 제작자들이 사실을 왜곡해서 얻는 이득이 무엇일까? 본래 밀란 고등학교가 결승전에서 승리를 거둔 먼시 센트럴은 인종이 통합된 학교였다. 팀에는 흑인 선수가 두 명 있었다.[이 부분에선 로버트슨이 잘못 알고 있다. 먼시 센트럴 팀에는 존 캐스터로, 지미 반스, 로버트 크로퍼드 등 흑인 선수가 세 명 있었다.] 그런데 영화에서는 히코리 고등학교가 선수는 물론 코치까지 흑인 일색인 가상의 팀을 물리치는 것으로 나온다. …… 케케묵은 인종 카드를 다시 우려먹는 것인가?"

1954년 3월 13일, 인디애나폴리스 버틀러 필드하우스에서 열린 준결승 라운드 경기에서 애틱스 고등학교와 밀란 고등학교가 만났다. 어떤 팀을 응원해야 할지를 두고 인디애나폴리스의 일부 농구 팬들은 갈등을 겪었다. 인디애나주 토너먼트 43년 역사상 인디애나폴리스 관내 학교가 우승한 적은 한 번도 없었다. 모욕적인 일이었다. 한 해가 가고 또 가도 우승팀은 나오지 않았고 인디애나폴리스 이외 지역에 사는 친지들에게 여름 내내 놀림감이 되었다. 애틱스 고등학교가 우승한다면 이 모든 조롱을 한 번에 끝낼 수 있었다.

다른 면에서 보면 애틱스 팀의 선수들은 전원 흑인이었지만 밀란 고등학교 선수들은 모두 백인이었다. 일부 팬들에게는 간단하게 마음을 정하기 어려운 까다로운 문제였다.

밀란 선수들은 애틱스 팀과의 경기를 앞두고 인디애나폴리스 시내에 있는 펜실베이니아 호텔에서 하룻밤을 묵었다. 인디애나폴리스에는 생전 처음 와 본 선수들도 있었다. 밀란 팀의 스타 선수였던 바비 플럼프는 지역 주민들이 크리스퍼스 애틱스 고등학교에 너무 적대적이어서 깜짝 놀랐다고 한다. "그날 저녁에 식사를 하러 나갔는데 사람들이 우리 주위로 몰려들었어요. 가장 많이 들리는 말이 '여보게 밀란, 이 깜둥이들을 물리치라고.'였습니다. 어디를 가도 사람들이 비슷하게 말했습니다."

밀란 고등학교로 인해 애틱스의 1954년 시즌은 허망하게 마감되었다. 애틱스의 패스트 브레이크 공격 스타일에 똑같이 맞서서는 승산이 없다는 것을 일찌감치 깨달은 밀란 선수들은 경기를 느리게 끌고 갔다. 공을 몰고 중앙선까지 갔다가 능숙한 패스와 함께 애틱스의 수비 허점을 탐색했다. 전반전에 밀란은 슛의 60퍼센트를 적중시켰고, 편안하게 격차를 유지하며 앞서가다가 후반전의 경기 페이스도 능란하게 관리했다.

밀란은 65 대 52로 승리를 거두었다. 레이 크로가 이끄는 팀으

1954년 주 토너먼트 준결승 라운드에서 크리스퍼스 애틱스 고등학교 팀을 상대로
득점에 성공하는 밀란 고등학교의 스타 바비 플럼프.
오스카 로버트슨이 플럼프를 바라보고 있다.
(바비 플럼프 제공)

로서는 전무후무한 최악의 패배였다. 오스카 로버트슨이 22점을 득점했지만 충분치 않았다. '누구도 막을 수 없는' 밀란의 바비 플럼프는 28점을 득점했다. 그리고 이어서 다음 주말에는 밀란이 기어이 꿈을 이루었다. 밀란 타운 전체 주민 수의 일곱 배가 넘는 관중을 수용할 수 있는 체육관을 가진 먼시 센트럴 고등학교 팀을 상대로 경기 종료 마지막 순간을 장식한 바비 플럼프의 점프 슛과 함께 승리를 거두었다.(밀란은 4강전에서는 테러호트의 거스트마이어 고등학교를 60 대 48로 이겼다.—옮긴이)

애틱스를 물리치고, 1주일 후에 다시 먼시 센트럴 팀을 이겨 토너먼트 우승을 차지한 밀란 고등학교와 함께 인디애나주에서, 어쩌면 미국 전역에서 시골 농장 소년들이 이끄는 농구의 시대는 영원히 막을 내렸다. 1954년 토너먼트 대회 이후, 인디애나주 고등학교 농구 챔피언 17개 팀 중 14개 팀이 아프리카계 미국인 선수 비중이 높은 대도시 학교들이었다.

밤을 항해하는 배들처럼 애틱스 팀과 밀란 팀은 1954년 서로를 스치고 지나갔다. 공교롭게도 그 하나는 미래의 도시 농구를, 다른 하나는 과거의 시골 농구를 대표했다.

그리고 이후 거의 3년 동안, 의미를 찾기 어려운 단 한 번의 예외를 제외하고, 다른 어느 팀도 크리스퍼스 애틱스 고등학교 팀을 다시 이기지 못했다.

8장

"애틱스는 우리 팀이었으니까요!"

와우, 너무나 달콤한 경험이었다.

어디를 가나, 여기저기 웃는 얼굴들뿐이었다.

그리고 눈물바다였다. 울어도 울어도 눈물이 마르지 않았다.

나는 평소 싫어했던 사람도 두 명이나 안아 주었다.

마주치는 모든 친구와 껴안았다. 실로 대단한 경험이었다.

—애틱스 팀의 팬

BASKETBALL
Season Opens
Let's Make It The Biggest Game in Naptown's His*

ATTUCKS vs.
TERRE HAUTE GERSTMEYE
8 p.m. - Sat., Nov. 2

★ BUTLER FIELD HOUSE ★

Tigers, Give 'Em The Medicine!

42. 애틱스 팀의 1954/1955 시즌 첫 상대는 테러호트 시의 강팀이었다. 애틱스 팀의 대진표에서 시골의 작은 학교들이 차례로 거스트마이어 같은 도시의 최강팀으로 대체되어 갔다.
《〈인디애나폴리스 리코더〉》

1954년 가을이 되자 애틱스의 팬들은 기대감과 희망으로 한껏 부풀었다. 농구팀 선발전에는 76명이 참가했고, 그중 몇몇은 재능 있는, 매우 뛰어난 선수들이었다. 이제 4학년이 된 윌리 메리웨더는 마침내 부상에서 자유로워졌다. 아직 15세로 3학년이 된 오스카 로버트슨은 벌써부터 일부 전문가들 사이에서 인디애나주 최고 선수로 거론되었다.

벽지의 작은 학교들과 시합해야 했던 나날은 이제 과거가 되었다. 애틱스 팀은 인디애나주 상위 10개 팀 모두를 상대로 스스로를 테스트할 수 있게 되었다. 스포츠 전문 기자인 찰스 프레스턴은 《인디애나폴리스 리코더》에 농구 경기 전망 기사를 쓰면서 한껏 가슴이 부풀었다. "우리가 지나치게 앞서 나갔다면 독자 여러분께 용서를 구하지만, 레이 크로 코치가 이끄는 일곱 명의 베테랑 선수들이 다시 돌아왔다. 윌리 메리웨더는 키가 4cm나 자랐고, 오스카 로버트슨은 코닐리어스 애비뉴 뒷골목에서 하루 종일 슈팅 연습을 하고 있다. 이 제 준비를 모두 마쳤다."

애틱스 팀은 1954년 겨울 동안 처음 16경기를 내리 이김으로써 새로운 시즌을 가뿐하게 시작했다. 그것도 대부분 기이할 정도의 득점 차를 기록한 압승이었다. 1955년 새해 첫날, 애틱스의 경기를 관람하려는 인디애나주의 농구 팬이라면 경기장에 일찍 도착해야 했다. 경기 결과가 대부분 전반전에 이미 판가름 났기 때문이었다. 아울러 이번 시즌의 오스카 로버트슨을 포함한 애틱스 팀 동료들은 일생에 한 번 있을까 말까 한 최강팀, 어쩌면 후지어가 지금까지 목격한 **최고의 팀이라는 사실**이 분명해지고 있었다.

흑인은 물론 백인들이 보기에도 타당한 판단이었다. 1954년에서 1955년으로 이어지는 겨울 한철 동안 미국인들의 주된 관심은 인종 관계를 향하고 있었다. 미국 내 공립학교는 궁극적으로 인종이 통합되어야 한다고 결정한 대법원 판결이 촉발한 결과였다. 크리스퍼스 애틱스 고등학교 학생들은 모교 농구팀이 새로 쓰고 있다는 사실을 완전히 인지하지 못한 채 흑인 역사를 배우고 있었다. 영어 수업이나 역사 수업에서는 팀원이나 급우들이 흑인 해방에 관한 고전적인 작품들을 함께 읽고 토론했다. "나는 [W. E. B.] 두보이스(민권운동가이자 역사학자. NAACP 창설자—옮긴이)나 [랠프] 엘리슨, [리처드] 라이트의 작품을 읽었고 흑인 관련 수업을 들었다."라고 오스카 로버트슨은 훗날 썼다.

남부 전역에서 갈등이 심화되고 이제 막 민권운동의 여명기를 맞고 있는 가운데(1955년 로자 파크스가 버스 뒤편으로 이동하는 것을 거부한 뒤 앨라배마주 몽고메리 시민의 버스 승차 거부로 이어진 몽고메리 버스 보이콧 운동을 기점으로, 1957년 흑인 학생 아홉 명이 연방 군대의 보호를 받으며 아칸소주 리틀록 센트럴 고등학교에 입학한 리틀록 나인 사건 등 흑인 민권운동사의 굵직한 사건들이 이어졌다.—옮긴이) 인디애나폴리스 역시 강도가 날로 심해지는 고통의 시간을 겪고 있었는데, 대부분 농구를 둘러싸고 야기된 갈등 때문이었다. 애틱스 팀은 도시 어디에서나 화제의 중심이었다. 저마다 닫힌 현관문 안에서, 저녁 식사 자리에서, 미용사가 들고 있는 헤어드라이어 아래에서, 공장의 생산 라인에서, 식당이나 학교, 매장에서, 건설 현장에서, 인디애나주 고등학교 농구 토너먼트 대회에서 우승할 것이 유력한 흑인 학교에 대해 이야기했다. 애틱스 팀이 스스로의 주제를 알기를 바라든가(한 독자가《인디애나폴리스 리코더》에 보낸 편지에는 "앞으로도 그들과 함께 살 수는 없습니다."라고 쓰여 있었다.), 아니면 애틱스가 인디애나폴리스를 위해 승리를 가져오기를 바라든가, 이 두 가지 입장 중 하나였다. 중간은 없었다. 인디애나폴리스의 관료들이 의도적으로 도시의 거의 모든 흑인 선수들을 단 하나의 학교로 몰아넣었던 과거를 기억하는 일부 백인들은 서로를 바라보며 물었다. "우리가 무슨 짓을 한 거지?"

　　앨라배마주나 미시시피주에서 민권운동가들의 저항이 신문 헤드라인을 장식한 것처럼 인디애나폴리스에서는 애틱스 고등학교의 승리가 정의를 향한 열정을 자극했다. 레이 크로 코치와 1954/1955 시즌 애틱스 농구팀 소년들은 백인들이 몹시 탐하고 바라는 것을 월등하게 잘해 냄으로써 인종적 정의를 위해 싸우는 민권운동가 역할을 하고 있었다.

한 경기, 한 경기 이어 갈 때마다 관중 수는 늘어났다. 인디애나의 내로라하는 대규모 체육관 회전문을 통해 수많은 농구 팬들이 쏟아지듯 입장했다. 시즌 처음 21개 경기에서 애틱스 팀 경기를 관람한 관중 수는 평균 8,226명이었는데, 버틀러 필드하우스에서 경기했던 대학팀이나 프로팀의 관중 수를 훨씬 능가하는 수준이었다. 처음 13개 경기 중 7경기는 티켓 수요를 만족시키기 위해 경기장을 버틀러 필드하우스로 변경해야 했다. 쇼트리지 고등학교와 겨룬 수요일 저녁 경기에 11,561명의 팬들이 버틀러 필드하우스에 운집했다. 팬들은 빈 좌석을 찾아 커다란 동굴 같은 경기장의 맨 꼭대기까지 올라가야 했을 정도였다. 한 지역 신문은 아마도 "토너먼트 이외의 고등학교 경기를 관람하기 위해 모인 관중 수로는 세계 기록일 것"이라고 선언했다. 이 한 경기의 입장료 수익금 중 무려 3,200달러가 애틱스 고등학교의 몫으로 돌아갔다.

러셀 레인 교장과 알론조 왓포드에게, 따돌림당하는 사람이 되기를 스스로 거부했던 모든 아프리카계 미국인 시민들에게, 그리고 애틱스 고등학교의 자랑인 훌륭한 교사들과 헌신적인 학부모들에게 1954/1955 시즌 팀은 28년에 걸친 고된 노력과 투자 끝에 마침내 받게 된 빛나는 보상이었다. 목사와 의회 의원, 음악가와 미용사,

하녀와 상인, 그리고 학부모와 팬까지, 전체 공동체가 쿠 클럭스 클랜 시대부터 계속해서 스스로 열등한 존재가 되기를 거부하며 훌륭한 학교를 세우고자 한마음으로 단합해 온 결과였다.

이제 선수들이 입는 유니폼에도 전통이 생겼다. 오스카 로버트슨은 형의 등번호인 43번을 물려받았다. 할리 브라이언트는 그의 전설적인 등번호 34번을 빌 햄프턴에게 특별히 물려주었다. 그러면서 "네가 학교를 졸업할 때는 내가 그랬던 것처럼 착한 후배에게 물려주렴."이라고 당부했다.

이제 달성해야 할 목표로 남은 것은 주 챔피언십 우승뿐이었다. 결코 쉬운 일은 아니었다. 하지만 레이 크로 코치가 이끄는 뛰어난 선수들로 구성된 1954/1955 팀과 함께 우승이라는 마지막 목표에 쐐기를 박을 모든 준비를 마쳤다고 사람들은 생각했다.

인디애나폴리스는 'A'를 커다랗게 새긴 녹색과 금색 재킷을 입은 소년들에게 더디지만 조금씩 문을 열고 있었다. 이 소년들은 말하자면 도시의 이쪽과 저쪽을 이어 주는 사회적 매개체였다. "거리를 걷다 보면 '스카티, 너에게 샌드위치를 사 줘도 될까?' 묻는 사람들이 어디에나 있었습니다."라고 빌 스콧은 회상했다. 선수들은 일부 백인들과도 안면을 트게 되었다. 대부분은 스포츠 전문 기자들이었지만, 이들 이외에도 인디애나 애비뉴를 따라 줄지어 서 있는 금융회사나 전당포, 의류 매장 주인이나 자동차 판매상으로 일하는 상인들도 있었다.

인디애나주의 흑인 어린이들에게 자기들만의 영웅이 생겼다.
사진은 오스카 로버트슨(왼쪽)과 윌리 메리웨더(오른쪽).
《인디애나폴리스 리코더》

"우리는 특별 대접을 받았습니다." 월리 메리웨더가 당시를 회상하며 말했다. "어디를 가든 누구나 우리를 알아봤습니다. 신문에 항상 기사가 났으니까요. 우리 스스로도 특별한 사람처럼 행동했습니다. [토너먼트가 진행되는 동안에는] 우리 사진이 [백화점] 창문에 붙어 있었습니다. 블록스, 에이어스, 해리 레빈스. 사람들은 옷이든 시계든 TV든, 무엇이든 주고 싶어 했습니다. 도일스에서는 무료로 식사할 수 있었지요. 머리 자르는 것도 공짜였고요."

인디애나 애비뉴의 상점 주인 중에는 유대계 사업가들이 많았다. "우리는 상점 주인들을 일종의 롤 모델로 삼았습니다." 빌 스콧이 훗날 회상했다. "그들은 캐딜락 자동차를 타고 타이를 매지 않은 캐주얼한 차림이었습니다. 실크나 혼방으로 만든 멋진 슈트를 입기도 했습니다. 자신의 사업체를 운영하고 있었고요. 믿음이 가는 성공한 사람들이었지요."

'인디애나 금융'이라는 대출 회사의 소유주였던 해럴드 스톨킨은 애틱스 팀 선수들과 매우 친해졌다. (선수들은 그 이유를 완전히 이해하지는 못했다). 레이 크로는 스톨킨 씨와 아들 마크를 초대해서 홈경기가 펼쳐지는 동안 애틱스 벤치에 앉도록 해 주었다. 두 사람은 머리에 녹색과 금색 비니를 쓴 채 경기를 관람했다.

해럴드 스톨킨은 애틱스 팀 선수들에게 마음속 깊이 동질감을 느꼈다. 그들 모두가 프로그아일랜드로 유배되어 배척당한 사람들이라는 것이 그의 생각이었다. 스톨킨의 아버지는 20세기 초에 필라델피아에서 인디애나폴리스로 이주하여 레스토랑을 개업했던 유대계 상인이었다. 쿠 클럭스 클랜 시대를 맞아 다른 유대인들처럼 해럴드 스톨킨의 아버지 역시 인디애나 애비뉴로 사업장을 강제로 이전해야 했다. 이후에는 흑인 주민들을 대상으로 무보증 자동차 대출을 전문화한 금융회사를 창업했고, 1940년대에 이 회사를 아들에게 물려주었다. 해럴드 스톨킨이 실제로 프로그아일랜드에 거주하는 것은 아니었지만 마음속에서는 스스로 그 주민이라 여기고 있었다.

스톨킨은 여름방학 동안 애틱스 선수들에게 아르바이트 자리를 주선해 주었고, 때때로 선수들을 데리고 친구들이 운영하는 레스토랑으로 데리고 갔다. "한번은 22번가와 머리디언 스트리트가 만나는 곳에 있는 '이탈리안 빌리지'라는 레스토랑에 우리를 데리고 간 적이 있습니다." 빌 스콧이 말했다. "피자가 나왔고 박스를 열었는데 앤초비 냄새가 나는 거예요. 우리는 너나없이 '헐, 이게 뭐지?'라고 말했어요. 우리 중에 결국 한 입도 못 먹는 친구들도 있었습니다."(미국식 피자와 달리 이탈리아 피자는 어른 손가락 크기만 한 앤초비를 통째로 토핑으로 올리기도 한다. ─옮긴이)

크리스퍼스 애틱스 농구팀의 선수라면 데이트를 잡는 데 거의 문제가 없었지만 레이 크로 코치가 엄격히 정한 9시 통금 시간 덕분에 진지한 로맨스로 발전하기는 어려웠다. 선수 중 일부는 면허증을 딸 수 있는 나이가 되었고, 실제로 자동차를 운전하기 시작했다. 윌리 메리웨더는 돌아가신 아버지 차인 1951년산 올즈모빌 98 모델을 운전했다. 빌 스콧은 흠 하나 없는 35년산 쉐비 모델을 몰았는데 뒷좌석에는 검은 커튼이 달려 있었다. 자동차의 라디오 주파수는 내슈빌에 소재한 WLAC 방송국에 고정되어 있었다.(WLAC는 클리어채널이 가능한 방송국으로서 중서부 지역 전역에서 방송을 청취할 수 있었다.) 리듬앤드블루스 DJ들이 레이 찰스, 플래터스, 래번 베이커 등의 음악을 틀어 주었고, 사고 싶은 음반은 후원사인 랜디스 레코드숍에 우편 주문 할 수 있었다. 선수들은 우델 스트리트와 웨스트 스트리트 사이에 있는 에디스 드라이브인이나 동쪽에 위치한 알그린스 식당을 뻔질나게 드나들었다. 심지어 백인이 운영하는 티피에서도 식사할 수 있었다. 매니저가 흑인 선수들이 차 안에서 머문다는 조건하에 주차와 주문을 허용했던 것이다.

레이 크로 코치는 경기 후 기자와 인터뷰하라고 선수들을 격려하는 편이었다. 하지만 오스카 로버트슨은 탈의실에서 어슬렁거리며 기자와 사진기자들이 모두 떠날 때까지 한사코 모습을 드러내지 않았다. 덕분에 오스카에 대한 궁금증은 날로 커져 갔고, 시즌이 진행됨에 따라 집착에 가까워졌다. 사상 처음으로, 많은 백인 팬들도 가족 관계는 어떻게 되는지, 몇 학년인지, 꿈이 무엇인지, 대학교에 진학할 계획은 있는지, 흑인 후지어에 대한 개인 정보를 알고 싶어 했다. 한번은《인디애나폴리스 타임스》앞으로 다섯 명이 서명한 팬레터가 도착했다. "우리는 오스카에 관한 이야기를 모두 읽었습니다. 하지만 오스카가 아침 식사로 무엇을 먹는지, 여자 친구의 이름은 무엇인지는 아직 수수께끼로 남아 있습니다. 제발 우리에게 정보를 주세요."라고 쓰여 있었다. 담당 기자였던 지미 앤젤로폴루스는 할 수 있는 최선을 다해 다음과 같이 썼다. "오스카는 올 한 해 계속 만나는 여자 친구가 없었습니다. …… 아침 식사로 무엇을 좋아하는지는 알 수 없지만, 만약 여러분이 파이를 보낸다면 오스카도 거절하지는 않을 겁니다.”

할리 브라이언트와 윌리 가드너가 활약했던 애틱스 팀의 초기 전성기와는 달리, 1954/1955 시즌 팀에게는 시건방진 태도가 있었다. 레이 크로 코치는 때때로 선수들을 통제하고자 엄격한 태도를 유지해야 했다. 한번은 공을 패스하다가 놓쳐서 연습 경기에서 패배하게 만든 한 후보 선수를 오스카 로버트슨이 호되게 나무란 일이 있었다. 레이 크로가 이 스타 선수를 향해 다가갔고, 선수들은 일순 조용해졌다. 몇 년이 지난 후에도 윌리 메리웨더는 이 순간을 생생하게 기억하고 있었다. “코치님이 오스카에게 걸어가서 말씀하셨지요. ‘이 팀의 코치는 나란다. 나 빼고는 다른 누구도 선수를 나무랄 수 없어. 알겠니?’ 오스카는 알겠다고 대답했지만 코치님이 등을 돌려 나가실 때 무슨 말을 중얼거렸습니다. 코치님이 오스카를 붙들고 돌려 세우고는 한 대 치셨습니다. 그러고서는 내려가서 샤워나 하라고 말씀하셨지요. 오스카는 훌쩍이는 것 같았습니다. 우리는 놀라서 서로를 바라보며 말했지요. ‘헐, 코치가 오스카를 치다니! 우리였다면 반쯤 죽여 놓으셨겠지.’ 아무도 크로 코치에게 말을 걸지 못했습니다. …… 연습이 끝나고 우리는 라커룸으로 가서 오스카에게 물었습니다. ‘쇼트리지로 전학 갈 거야?’ 우리 모두가 그날 밤 마음이 불편해서 잠을 이루지 못했습니다. 코치님도요.”

1월 말, 가뿐하게 상대를 따돌리며 16연승을 기록하고 있던 애틱스 팀은 인디애나폴리스에서 110km 떨어진 코너즈빌 고등학교를 상대로 원정 경기를 치르게 되었다. 코너즈빌 고등학교는 인디애나폴리스 시내 학교들이 애틱스 고등학교를 상대해 주지 않던 시절부터 함께 겨루었고 당시까지 대진표에 남아 있던 몇 안 되는 작은 마을 학교 중 하나였다. 애틱스 팀 선수들에게는 대수롭지 않은 경기였지만 코너즈빌 팀 입장에서는 그해 가장 중요한 경기였다. 자그마한 체육관에 수천 명의 관중이 빽빽하게 들어차 있었다. 학교 관계자들은 체육관에 입장하지 못한 팬들을 강당에 수용하고 학교 방송 시설을 이용해서 체육관에서 진행되는 경기를 중계했다. 마음씨 좋은 백인 주민들이 인디애나폴리스에서 타이거스 팀을 응원하려고 장거리 운전을 하고 온 아프리카계 미국인 손님들을 위해서 기꺼이 체육관 좌석을 양보하기도 했다. 관계자들은 코트 둘레에 밧줄을 치고, 좀 더 많은 관중을 입장시켜 사이드라인 바깥쪽에 앉혔다.

지루하게 시간을 끌면서 공을 잡을 때마다 몇 분씩 소모해 가며 경기를 운영했던 코너즈빌 고등학교가 24 대 21로 리드한 채 전반전이 마무리되었다. 휴식 시간 동안 학교 관계자들은 통풍이 안 되는 체육관을 신선한 겨울 공기로 환기하려고 문을 활짝 열었다. 코너즈빌 체육관은 본래 수영장이었던 곳에 조립식 바닥을 깔아 사용하고 있었다. 후반전이 재개되었을 때, 체육관 바닥 위에 얇은 빙판이 형성되었다. 코너즈빌 선수들이 주어진 시간을 최대한 사용하며 공을 멀리 돌리는 플레이를 계속하는 동안 애틱스 팀 선수들은 공을 잡기 위해 필사적으로 노력하다가 미끄러지고 휘청거리기를 반복했다. 코너즈빌 팀이 10점을 앞선 상태에서 3쿼터가 끝났다. 애틱스 팀이 분발해서 득점을 올렸지만 결국 1점 차로 코너즈빌에 패했다.

인디애나폴리스로 돌아오는 길에 버스 안은 깊은 침묵에 빠졌다. 타이거스는 더 이상 무패의 팀이 아니었고 어쩌면 인디애나주 랭킹 1위 자리도 내놓아야 했다. 선수들은 앞좌석에 앉은 레이 크로 코치의 뒤통수를 살폈다. 이를 악문 턱이 울퉁불퉁 움직이는 것이 뒤에서도 보였고 큰 대가를 치르게 될 것임을 어렵지 않게 예상할 수 있었다. 그리고 바로 다음 날 아침부터 대가를 지불하기 시작했다. 인정사정 보지 않는, 쉼 없는 다섯 시간 연속 훈련으로 선수들은 녹초가 되었다. 훈련을 마치며 레이 크로는 대표 선수들과 후보 선수들까지 모두 모아 벤치에 앉히고 본론을 말했다. "오늘 이후, 우리 팀에서 고정된 포지션은 없다. 너희들은 매 경기마다 포지션을 따야 한다."

3월이 될 때까지 다른 어느 팀도 애틱스와의 경기에서 다시는 14점 차 이내로 따라붙지 못했다. 애틱스 팀과 먼시 센트럴 팀은 3월에 버틀러 필드하우스에서 인디애나주 토너먼트의 세 번째 라운드이자 인디애나폴리스 준결승전을 치르기로 예정되어 있었다. 애틱스 대 먼시 센트럴의 경기는 마치 헤비급 복싱 매치 같은 짜릿한 긴장감을 선사했다. 두 팀은 시즌 내내 신문사 여론조사 결과 랭킹 1위와 2위를 번갈아 차지했다. 그리고 양팀 모두 시즌 중 단 1패만 기록하고 있었다. 《인디애나폴리스 스타》는 두 팀의 대결을 "세기의 경기”라고 표현했다. 많은 사람들이 먼시 센트럴이야말로 인디애나주에서 애틱스를 이길 수 있는 유일한 팀이라 여겼다. 백인들의 희망이라고 생각했다.

흑인의 손인지, 백인의 손인지 가리지 않고 경기 결과를 놓고 거액의 돈이 오갔다. 이미 오래전부터 애틱스 팀의 시합을 두고 거액이 베팅되고 있었다. 인종 차별적인 편견에 경도된 많은 백인 농구 팬들은 이성을 따르기보다는 감정을 따랐고, 애틱스 팀이 진다는 데 내기를 걸었다. 경기를 앞둔 며칠 동안, 농구 도박의 중심지인 16번가와 세넛 애비뉴 사이의 시티스 서비스 주유소 앞에는 차들이 줄지어 길게 늘어섰다. 인디애나폴리스에 자리한 크라이슬러나 앨리슨 트랜스미션의 여러 공장에서 수표, 자동차 등록증, 심지어 주택 담보 대출 증서까지 노름판에 등장했고, 인디애나 애비뉴를 따라 늘어선, 이 지역에서 인기가 많았던 도박 형태인 ‘피 셰이크 하우스’ 여러 곳에도 상당한 지폐가 흘러 들어갔다.(pea shake는 인디애나폴리스에서 흔한 숫자 맞히기 도박의 일종이다. 숫자가 쓰인 완두콩 크기의 공을 흔들어 진행한다. ─옮긴이)

1955년 3월 12일, 버틀러 필드하우스에 빈틈없이 빽빽하게 들어찬 관중 앞에서 펼쳐진 크리스퍼스 애틱스 대 먼시 센트럴의 경기는 농구 팬이 꿈꿀 수 있는 최고의 명승부였다. 먼저 빠른 공격을 선보인 애틱스가 처음 다섯 개 슛 중 네 개를 성공시켰고 18 대 9로 리드를 지키며 1쿼터가 끝났다. 먼시의 추격이 시작되면서 2쿼터는 먼시 센트럴 고등학교가 1점 리드하는 것으로 마무리되었다. 불과 16

분 사이에 열네 번이나 엎치락뒤치락 역전과 재역전이 반복되면서 긴장은 점점 고조되었다. 먼시의 가장 큰 문제는 바로 오스카 로버트 슨이었다. 일단 오스카를 방어하기 위해 먼시는 최고의 수비수 진 플라워스를 배치했다. 하지만 오스카는 한 번, 또 한 번 페이크 동작으로 상대를 속였고, 평정심을 잃은 플라워스는 빠르게 돌진하는 오스카를 잡아당겼다. 반칙 선언을 네 번 받은 플라워스는 후반전 대부분 벤치를 지키고 앉아 있는 수밖에 없었다.

애틱스가 6점 리드를 지키고 있고 시간이 1분 남은 상태에서 윌리 메리웨더가 5반칙으로 퇴장하자 먼시 센트럴은 새로운 희망을 품게 되었다. 먼시는 공격적인 압박 수비로 애틱스의 가드 빌 햄프턴을 코너로 몰아붙였다. 꼼짝할 수 없을 정도로 먼시의 두 선수가 압박하자 햄프턴은 동료에게 공을 패스하지 못한 채 낮게, 점점 낮게 드리블만 했다. 결국 남은 공간이 바닥나자 공은 사이드라인 밖으로 굴러갔다. 공수가 교대됐을 때 빌 스콧은 관중석에서 한 팬이 흥분하여 햄프턴에게 내지르는 소리를 들었다. "야 너 왜 그래? **죽여** 버린다!" 아마도 애틱스 팀에 거액을 걸었던 모양이었다. 먼시는 다시 공을 가로챘고 또 한 번의 야투와 자유투로 연달아 득점했다. 11초가 남은 상태에서 먼시 팀의 코치가 타임아웃을 선언했다. 먼시는 71 대 70으로 뒤지고 있었지만 공격권을 가지고 있었다.

이 시합, 이 시즌뿐만 아니라 사반세기에 걸쳐 애틱스가 한 발자국, 한 발자국 이뤄 온 발전의 결실이 마지막 11초에 달려 있었다. 심판이 휘슬을 불었고 공은 먼시 센트럴의 진 플라워스에게 돌아갔다.

진 플라워스는 머리 높이 공을 들고 인바운드 패스(경기장 밖에서 코트로 공을 던지는 것—옮긴이)를 던질 준비를 했다. 그때 오스카 로버트슨은 먼시 센트럴 선수의 등 뒤에 숨어 웅크리고 있었다. 플라워스가 누구에게 공을 패스할지 알아내려고 두 눈은 그의 시선을 놓치지 않고 있었다. 마침내 공이 플라워스의 손을 떠나자 오스카가 갑자기 솟구쳐 먼시의 짐 하인즈 앞을 가로막으며 뛰어들었고 높이 점프하여 공을 낚아챘다. 그런 다음 남은 시간이 모두 지날 때까지 원을 그리며 공을 드리블했다. 버저가 울리자 오스카는 끝없이 높은 버틀러 필드하우스의 천장을 향해 공을 던졌고, 기뻐하는 동료들과 함께 뛰어올랐다.

애틱스가 준결승 라운드에서 승리를 거두자 인디애나폴리스 시 관계자들은 동요하기 시작했다. 이제 주 챔피언이 누가 될지는 분명해 보였다. 결승 라운드에 진출한 4강 중 나머지 세 학교, 즉 시어도어 루스벨트 고등학교(게리 시의 또 다른 흑인 전용 학교. '게리 루스벨트'로 알려졌다.)나 뉴올버니 고등학교, 포트웨인 시의 노스사이드 고등학교 그 누구도 위대한 크리스퍼스 애틱스 타이거즈를 이길 확률은 높지 않았다. 모든 징후로 보아 장차 인디애나폴리스 관내 고등학교가 사상 처음으로 주 챔피언십에서 우승할 것이고, 그 챔피언은 흑인 학교가 될 것이 틀림없는 사실로 다가왔다.

인디애나폴리스 시 당국이 대비할 수 있는 시간은 1주일이었다. 전원 백인으로 구성된 시 공무원들은 도시를 분열시킬 수 있는 인종

1955년 지역 라운드에서 애틱스가 승리한 후
오스카 로버트슨이 그물을 잘라 내고 있다.
《인디애나폴리스 리코더》 컬렉션, 인디애나 역사학회)

폭동을 예방하기 위해 준비 태세를 갖췄다. 애틱스 고등학교의 러셀 레인 교장은 이 도시가 아직 타이거스 팀에 승리의 관을 씌울 준비가 되어 있지 않고, 또다시 '분리'하려 한다는 것을 비교적 일찌감치 깨달았다. "결승전 1주일 전에 교육감으로부터 전화가 왔습니다." 그는 훗날 이렇게 회상했다. "시청과 경찰, 소방당국을 대표하는 관리들이 교육감 사무실에 모여 있다고 합디다. 시장 밑에서 일하는 한 남자가 말하기를 '다음 주에 당신네 학교 학생들이 우승할 것 같습니다.'라고 하더군요. 저는 '네 그럴 것 같습니다.'라고 말했지요. '만약 그렇게 되면 당신네 사람들이 도시를 쪼개 놓을까 봐 걱정입니다.'라고 말하기에, 저는 '사고는 한 건도 일어나지 않을 겁니다.'라고 답했습니다."

레인 박사는 마음속 깊이 상처를 받았지만 특유의 현실적인 성품을 발휘하여 다음 한 주 동안 계속해서 학생들을 말로 다독였다. 그러면서 자신도 역시 흑인 학생들이 백인 세계와 접촉하게 될 순간을 대비하고 있다는 것을 깨달았다. 그래서 기쁨을 표현할 때도 규율이 필요함을 언급했다. "만약에 백인 학생이 흥분해서 자동차를 전복시킨다면 그것은 어리석은 짓이지만 선의에서 비롯된 실수라고 간주되는 데 반해 흑인 학생이 똑같은 일을 저지른다면 흑인의 폭력적인 성향을 증명하는 증거로 이용된다는 점을 학생들에게 설명했습니다."

주 결승전이 예정된 토요일이 다가오자 인디애나폴리스 시 관계자들은 당일을 위해 경찰 인력을 최대한 배치하고 교대 시간을 늦

4강 팀 선발, 흑인 13명, 백인 7명

토요일 버틀러 필드하우스에서 만날 고등학교 농구팀 네 팀의 선발은 흑인 선수 13명, 백인 선수 7명으로 구성될 예정이다.

전체 팀원을 기준으로 한다면 흑인 선수가 23명, 백인 선수가 17명이다.

흑인 선수들이 전에 없이 큰 존재감을 드러내고 있다. 아마도 흑인 학교 대 흑인 학교로 결승전이 치러질 가능성이 높은 가운데 눈에 띄는 현상이다.

결승전에 진출할 예상 후보는 인디애나폴리스의 애틱스 고등학교와 게리의 루스벨트 고등학교로서, 두 학교 모두 백인 선수는 없다. 이번 시즌 초반부터 본지는 몇몇 흑인 학교 팀이 최종 라운드에 진출할 것이라고 예측한 바 있다. 덕분에 우리는 "인종차별을 부추긴다"느니, "폭동을 선동하려 한다"느니 뼈아픈 비난을 들어 왔다.

1955년 주 토너먼트 결승전에 진출할 팀을 가릴 4강전을 앞두고, 《인디애나폴리스 리코더》가 인디애나주 전역의 학교에서 아프리카계 미국인들이 전에 없이 성공을 거두고 있음을 지적하고 있다.
《인디애나폴리스 리코더》

추면서 그들에게 모뉴먼트 서클에 대해서 상세하게 설명했다. 토너먼트 우승자를 축하하는 간단한 기념행사가 열릴 장소였다. 100명이 넘는 민방위 경찰과 인디애나폴리스의 법정 집행관 전원을 교통 정리 임무에 배치했다. 형사들은 버틀러 필드하우스에서 상황 전개를 예의주시했다.

문제는 인디애나폴리스라는 도시 자체였다. 인디애나폴리스에서는 흑인과 백인이 너무 오랜 시간 분리되어 살아온 탓에 공개적인 자리에서 대규모 군중이 한데 어울리는 집단적인 경험을 공유해 본 적이 지금까지 단 한 차례도 없었다. 이를테면 항의 시위나 보이콧에 대응하는 계획을 수립하는 편이 훨씬 수월했다. 이런 행동의 경우 적어도 참여 규칙이 있었다. 하지만 흑인 선수들에게 공개적으로 감사하는 행사를 앞두고, 그것도 이전까지 흑인의 자유로운 접근조차 허용하지 않았던 다운타운의 상점과 극장 앞에서 이루어지는 행사에 대비해 백인들이 무슨 계획을 세울 수 있겠는가? 백인 소녀들이 흑인 남자애들과 어울려 함께 춤을 춘다면? 흑인들이 으스대는 바람에 백인들을 자극하고 화나게 만든다면? 사람들이 술에 잔뜩 취해 사달이 일어난다면? 이 모든 일어날 수 있는 사태의 결과를 누구도 예측하지 못하는 상태에서 인디애나폴리스 역사상 최연소 시장이었던 앨릭스 클라크는 이번 기회를 변화의 계기로 삼을 준비가 되어 있지 않았다. 그런 그가 보기에 비상 병력을 승인하고 축하 행사의 최종 목적지를 다운타운이 아닌 흑인 거주지로 돌리는 것이야말로 책임 있는 조치였다. "무슨 일이 일어날지 우리는 전혀 짐작할 수 없었습니다." 앨릭스 클라크가 훗날 말했다. "경찰력을 동원한 것은 예방 차원이었습니다."

1955년 3월 19일 토요일 아침, 인디애나주 토너먼트 결승 라운드가 열리는 당일 날 애틱스 팀은 레이 크로 코치의 집에서 함께 아침 식사를 하고 버틀러 필드하우스를 향해 출발했다. 1만 5,000명의 관중이 지켜보는 가운데 애틱스 팀은 뉴올버니 고등학교를 상대로 치른 첫 번째 준결승 게임에서 79 대 67로 승리했다. 게리 시의 루스벨트 고등학교와 포트웨인 시의 노스사이드 고등학교가 맞붙은 두 번째 준결승 경기에서는 루스벨트 고등학교가 신승을 거두었다. 이제 흑인 고등학교 대 흑인 고등학교의 챔피언 결정전이 남았다.(루스벨트 고등학교는 애틱스 고등학교가 인디애나폴리스에서 개교한 지 얼마 후 비슷한 이유로 게리 시에서 문을 연 흑인 학교였다. 또 애틱스와 같은 신세로 오랜 세월 토너먼트에 참가하지 못하다가 참가가 허가되자마자 급부상했다. — 옮긴이)

삼엄한 경찰 경비 속에 애틱스 팀 선수들은 준결승을 마치고 결승전을 기다리는 막간의 몇 시간 동안 버틀러 대학교 기숙사에서 휴식을 취했다. 건물 앞과 복도 입구 등에 사복 차림의 경관들이 배치되어 있었다. 애틱스의 가드 빌 햄프턴은 방을 나와 화장실에 가다가 경찰관 한 명이 따라붙는 것을 보고 깜짝 놀랐다. "지금 뭐 하시는 거예요?" 햄프턴이 물었다. "명령이란다." 경찰이 대답했다.

타이거스 팀은 승리를 확신했다. 그들은 수년 동안 이 순간을 꿈꾸며 운동해 왔다. 이제 버틀러 필드하우스가 애틱스의 홈코트처럼 느껴질 정도였다. 게다가 결승 진출 팀이 모두 흑인 학교이므로 인종 편견으로 인한 심판의 편파 판정이 개입될 여지가 없었다. "심지어 우리는 심판들이 우리에게 한숨 돌릴 여지를 줄지도 모른다고 생각했습니다. 우리는 인디애나폴리스를 대표하니까요."라고 윌리 메리웨더는 기억했다. "그날 오후부터 우리는 우승 반지가 우리 것이라고 말하기 시작했습니다. 코트에 나가서 상대 팀을 격파하기만 하면 되는 일이었지요."

　도시 차원에서 연대를 보여 주고자 인디애나폴리스 관내 공립학교와 가톨릭 학교 11개교는 한 명씩 치어리더를 뽑아 그날 저녁 버틀러 필드하우스로 파견했다. 애틱스 팀을 응원하는 대표단이 구성된 셈이었다. 저마다 모교 이니셜이 새겨진 상의를 입은 열한 명과 애틱스의 치어리더 일곱 명은 버틀러 필드하우스에 운집한 관중 앞에서 중간 휴식 시간 동안 센터서클에 나가 함께 응원했다. 여러 해가 지난 후에도 애틱스의 선수들은 이것이 매우 따뜻하고 사려 깊은 행동이었다며 고마워했다. 《인디애나폴리스 리코더》는 사설에서 이렇게 썼다. "토너먼트 경기 자체보다도, 즐겁게 콩가라인 춤(앞사람의 어깨나 허리를 잡고 줄지어 걸어가면서 추는 춤 — 옮긴이)을 추는 열여덟 명의 어린 학생들을 지켜보는 것이 감동적이었다. 인종이나 신념, 피부색의 구별은 완전히 잊혔음을 알 수 있었다. 맑은 눈을 가진 이 청년들이 자신만의 길을 가게 된다면 얼마나 많은 문제들이 하루 아침에 사라지게 될까!"

치어리더 밥 웨이트

주 토너먼트 결승전에서 인디애나폴리스 관내 학교들에서 선발된 치어리더들이 애틱스 응원단과 함께 타이거즈를 응원하고 있다. 1955년 크리스퍼스 애틱스 사진첩용으로 촬영된 사진 속에서 브로드 리플 고등학교의 밥 웨이트는 맨 오른쪽에 있다.(크리스퍼스 애틱스 박물관 제공)

"전체 도시를 대표하는 자리에 제가 어떻게 브로드 리플 고등학교를 대표하는 치어리더로 뽑혔는지 잘 모르겠습니다. 다만 한 선생님께서 저보고 우리 학교 이니셜이 있는 스웨터를 입고 오후에 버틀러 필드하우스에 가라고 말씀하셨지요. 애틱스 고등학교의 치어리더들하고 함께 연습하고 맞추어 볼 시간이 별로 없었습니다. 그냥 자리를 채우고 함께 외칠 구호를 연습했습니다. 애틱스 팀 치어리더들은 우리에게 매우 친절하게 대해 주었습니다.

우리 임무는 휴식 시간에 플로어 가운데에 나가 응원하는 것이었습니다. 그날 밤 새로운 역사가 이루어지리라는 것을 저도 알고 있었습니다. 정말 짜릿하고 특별한 순간이었습니다. 버틀러 필드하우스처럼 많은 관중 앞에서 응원해 본 건 난생처음이었습니다. …… 그리고 애틱스 팀은 누구도 막을 수 없는 위대한 팀이었습니다. 저는 제일 좋은 자리에서 경기를 관전했습니다. 평범함과는 거리가 먼 특별한 경기였습니다. 우리 사이에서는 뭐랄까, 연대감이 있었습니다. 우리는 인디애나폴리스 도시 전체를 움직이게 하고 있었지요. 얼마나 멋진 경험이었던지! 저는 아직도 애틱스 팀의 구호를 기억합니다.

올드 킹 콜이 올드 킹 투트에게 말했지
애틱스 팀을 위해서 구호를 외치지 못하겠다면 네 입을 계속 닫고 있어
헤이, 헤이, 빅 팀

경기가 끝나고 사람들이 우리보고 선수들과 함께 소방차에 타라고 했습니다. [모뉴먼트] 서클을 한 바퀴 돌 거라고요. 모닥불을 지폈다고 들었는데 서클을 한 바퀴 돌자마자 우리 치어리더들은 소방차에서 내리라면서 버틀러 필드하우스로 돌려보냈습니다. 이해할 수가 없었습니다. 마음에 들지도 않았고요. 지금도 그런 기분은 변함없습니다."

게리 시의 시어도어 루스벨트 고등학교는 훗날 NBA 뉴욕 닉스 팀의 스타플레이어로 활약할 딕 바넷, 그리고 나중에 인디애나주 최우수 졸업생으로 선정될 윌슨 아이슨 같은 훌륭한 선수들로 구성된 뛰어난 팀이었지만 애틱스 팀을 상대하기에는 역부족이었다. 그날 저녁, 인디애나 전 지역으로 전파된 텔레비전 시청자들 앞에서 열여섯 살의 오스카 로버트슨은 다른 소년들과는 차원이 다른 한 남자임을 스스로 입증했다. 오스카는 각종 슛을 모두 다 선보이며 30점을 득점했다. 대부분은 어릴 때부터 록필드에서 수없이 연습했던, 사이드 스텝 페이드어웨이 점프 슛이었다. 상대 선수 두 명으로부터 마킹을 당할 때도 오스카는 수비가 붙지 않은 동료를 항상 찾아냈고, 윌리 메리웨더나 셰드릭 미첼에게 리드 패스(lead pass, 같은 팀 선수를 리드하는 패스―옮긴이)를 사뿐히 던져 주어, 두 친구가 높이 날아오르며 레이업슛을 던지게 도와주었다. 애틱스 팀의 가드인 빌 햄프턴

과 빌 스콧은 한 번, 두 번 잇따라 공을 가로챘고 덕분에 애틱스 팀의 패스트 브레이크 농구는 다른 때보다 더 빨라졌다.

애틱스 팀은 24 대 15로 경기를 리드하는 가운데 1쿼터를 마무리했고 경기가 진행되면서 점수 차는 더 벌어졌다. 결국 애틱스 팀은 97 대 74로 승리를 거두었다. 기존의 인디애나주 토너먼트 결승전 우승팀 최고 득점보다 32점이나 많은 점수였다. 기쁨에 들뜬 팬들은 4쿼터 초반부터 〈크레이지 송〉을 부르기 시작했다.

버틀러 필드하우스에서 조촐한 시상식이 열렸다. 모든 선수들에게 우승 반지가 수여되었고, 공동 주장이었던 오스카 로버트슨과 윌리 메리웨더는 모두가 볼 수 있게 주 챔피언십 트로피를 머리 위로 높이 올렸다. 애틱스 팀은 인디애나폴리스 관내 학교로는 최초로 인디애나주 챔피언이 되었고, 모든 인종이 참여하는 챔피언십 토너먼트 대회에서 우승한 미국 역사상 최초의 흑인 팀이었다.

샤워를 마치고 아직 젖은 머리를 미처 말리지 못한 열 명의 소년들이 마치 춤을 추듯 가벼운 발걸음으로 함성을 지르며 버틀러 필드하우스를 빠져나왔다. 쌀쌀한 밤이었다. 선수들은 경기장 밖에서 대기하고 있던 진홍색 소방차에 하나씩 올라탔다. 소방차 앞에는 시장이 타고 있는 리무진이, 그 앞에는 여덟 대의 오토바이가 대기하고 있었다. 그들 뒤로는 애틱스의 팬들이 탑승한 몇 대의 버스와 자동차 10여 대가 줄지어 서 있었다.

카퍼레이드 행렬은 일제히 부릉 소리를 내면 49번가에서 동쪽으로 방향을 잡고 달리다가 머리디언 스트리트로 갈아탄 뒤 남쪽으로, 인디애나폴리스 시내 중심지로 향했다. 우승 기념으로 잘라 낸 그물을 목에 건 선수들도 있었다. 이 선수들이 남부에서 인디애나폴리스로 이사 온 뒤 10년 동안 어머니가 가정부로 일했던 백인들의 저택을 빠르게 지나치고 있었다. 실제로 빌 스콧의 할머니는 클라크 시장에게 하녀이자 보모로 고용되어 집을 청소하고 아이들을 돌보았다. 사이렌이 울릴 때 도로변 주택 집집마다 백인들이 창문을 열고 얼굴을 내밀며 지나가는 행렬을 구경했다. 자기네 집 너른 잔디밭으로 뛰어나와 선수들에게 손을 흔드는 주민들도 있었다.

자동차 행렬은 5km 가까이 이동하여 모뉴먼트 서클을 향하고 있었다. 인디애나폴리스 다운타운의 중심으로서 벽돌로 포장된 광장이 있어서 대규모 모임 장소로 이용되는 곳이었다. 이날은 1만 5,000명으로 추산되는 흑인과 백인 시민들이 챔피언들을 맞이하고자 기다리고 있었다. 경찰이 이미 동쪽과 서쪽, 남쪽 진입로를 봉쇄했다. 진출입로는 하나밖에 없었다. 차량 행렬은 인디애나주의 군인들과 선원들에게 헌정된 90m에 이르는 드높은 기념비를 중심으로 시계 방향으로 한 차례 돌았을 뿐이었다. 잠깐 멈추어 기념비 계단에서 클라크 시장이 레이 크로 코치에게 도시 열쇠(key to the city, 한 도시를 대표하여 존경받는 시민이나 귀빈에게 증정하는 선물—옮긴이)를 선사했다. 소녀들이 소방차 방향으로 뛰어갔다. 선수들에게 팔을 뻗으며 키스하려고 했다. 갑자기, 사이렌이 요란하게 다시 울리며 소방차는 다시 출발했다.

소방차는 북쪽으로 방향을 틀어 환영 인파로부터 멀어졌다. 심

인디애나폴리스의 챔피언 팀이 기뻐하며 코치를 목마 태우고 있다.
오스카 로버트슨은 왼쪽에서 두 번째.
(프랭크 피스/《인디애나폴리스 스타》/《USA 투데이》 네트워크)

지어 이미 군중을 해산시키고 있었다. 그런 다음 빠르게 인디애나 애비뉴, 다시 말해 인디애나폴리스 흑인 시민들의 브로드웨이로 향했다. 사이렌 소리를 듣고 기쁨에 넘친 흑인들이 재즈 클럽, 레스토랑에서 쏟아져 나와 소방차 쪽으로 향했다. 사람들은 거리에서 춤을 추기 시작했다. 클럽 거리 앞에서 자동차 행렬이 멈췄지만 경적 소리는 계속 이어졌다.

행렬은 다시 프로그아일랜드의 노스웨스턴 파크를 향해 느리게 움직였다. 3만 명의 흑인 후지어들이 기다리고 있었고, 커다란 모닥불 주위에서 많은 사람들이 춤을 추고 있었다. 하늘 높이 불꽃이 치솟는 가운데 스피커에서는 래번 베이커의 〈트위들리 디〉^{Tweedlee Dee}가 반복적으로 흘러나왔다. 경찰이 공원 주변을 경계했고 형사들은 군중 사이를 휘젓고 다녔다. 애틱스 팀 선수들은 밤새도록 춤을 추었다. 위대한 한 선수만 빼고.

오스카 로버트슨은 파티를 즐길 기분이 아니었다. 친구들과 이웃 사람들이 눈물을 펑펑 흘리며 그를 꼭 끌어안고 감사를 표시하거나 그의 등을 두드려 주었다. 하이파이브를 하며 그에게 크게 감사했다. 하지만 이 카퍼레이드는 무엇인가 이상했다. 무엇인가 그의 마음을 아프게 갉아먹고 있었다.

인디애나폴리스는 챔피언을 한껏 축하하겠다는 약속을 저버렸다. 결승전을 앞둔 며칠 전 클라크 시장은 기자들과 인터뷰하며 약속했다. "애틱스 팀이 우승한다면 무엇이든 누리게 해 주겠습니다." 하지만 그가 말한 "무엇이든"이라는 것에는 인디애나폴리스 다운타운

기쁨에 들뜬 애틱스 팀의 팬들이 프로그아일랜드 인근 노스웨스턴 파크에
커다란 모닥불을 피워 놓고 축하하고 있다. 하지만 오스카 로버트슨을 포함하여
시 전역을 도는 카퍼레이드를 예상했던 사람들은 축하 행사가 시 차원이 아니라
흑인 구역으로 한정된 데 실망했고 분노를 느꼈다.
《인디애나폴리스 리코더》 컬렉션, 인디애나 역사학회)

을 통과하는 시 차원의 카퍼레이드는 포함되지 않았던 것이다. 애틱스 팀 선수들은 인디애나주 챔피언이었다. 하지만 그들은 여전히 분리되고, 여전히 환영받지 못했으며, 여전히 버림받은 존재였던 것이다. 마치 인디애나폴리스의 챔피언이 아닌, 프로그아일랜드의 챔피언인 것처럼 느껴졌다.

인디애나폴리스 시 관계자들은 애틱스 팀이 이룬 성취를 축하하기보다는 그들의 상상 속에서나 존재했던 폭동을 예방하는 데 관심을 기울였다. 타이거스 팀이 전체 시를 위해 중요한 과업을 성취했지만 오스카는 뭔가 속았다고 느꼈다. 물론 준비된 소방차는 반짝반짝 빛났고, 노스웨스턴 파크에서 그들을 기다렸던 모닥불은 인상적이었다. 하지만 오스카가 예상한 것은 다운타운 시내로의 카퍼레이드였다. 흑인과 백인이 함께 우승을 축하할 기회, 40년 동안의 저주에서 벗어나 이제 막 인디애나폴리스에 우승을 선사한 재능 있는 젊은 시민들에게 피부색에 상관없이 모두가 감사할 기회를 기대했다. 심지어 반세기가 지난 훗날에도 당시의 경험은 여전히 아팠다. "그들은 우리가 미개한 동물이라서, 파괴밖에는 모르는 짐승이라서 폭동을 일으킬 것이라고 생각했던 것일까?"(자서전에서 이 부분은 이렇게 이어진다. "그것도 아니라면, 그게 아니라면 우리에게 분노할 수밖에 없는 충분한 이유가 있고, 화를 낼 만한 자격이 있다는 점을 그들 스스로 두려워했기 때문일까? 그들은 우리들의 순수함을 앗아 갔다. 그런 짓을 한 자들을 어떻게 용서할 수 있겠는가?" — 옮긴이) 오스카 로버트슨은 2003년 출간된 그의 자서전에서 이렇게 썼다. "이 일에 관한 한 그들을 용서하기 힘들었다. 노력해 보았지만 할 수 없었다. 우리는 야만인이 아니었다. 우리는 개명한, 지적인 젊은이들이었다. …… 그리고 이제 막 인디애나폴리스 역사상 최고의 경기에서 승리를 거둔 참이었다."

오스카 로버트슨은 다른 친구들보다 한 시간 먼저 모닥불에서 벗어나 차를 타고 아버지 집으로 갔다. 베일리 로버트슨 시니어는 문에 키를 넣고 돌리는 소리를 듣고 나왔다가 아들이 문가에 서 있는 것을 보고 놀랐다. "제 기억에 오스카는 10시 반경에 집에 왔습니다."라고 회상했다. "그 애는 샌드위치를 먹고, 거실 바닥에 누웠습니다. 그러고서는 '아빠, 저 사람들은 정말이지 우리를 원하지 않아요.'라고 말하더니 잠들었습니다."

한편 오스카의 팀 동료 대부분은 그날 밤을 한편으로는 즐겼다. "저는 백인들이 우리를 축하해 주지 않는다고 해도 하나도 섭섭하지 않았습니다."라고 빌 스콧은 당시를 기억했다. "저는 제가 사는 곳으로 돌아와 나의 사람들과 함께 기쁨을 나누는 것이 좋았습니다. 우리는 전원 흑인으로 구성된 최초의 팀이었고 코치도 전원 흑인이었습니다. 저는 스스로에게 말했습니다. '이 승리는 우리 것이야. 그들과는 상관없지.' 제 생각에 다른 팀원들도 대부분 그렇게 느꼈다고 생각합니다."

헬렌 블레드소

애틱스 팀의 우승은 많은 백인 후지어에게도 영감을 주었다. 스피드웨이 인근에 거주했던 블레드소 가족은 타이거즈 팀의 승리를 함께 축하하고자 외투만 걸치고 모닥불이 피워진 공원으로 온 가족이 나왔다. 당시 여덟 살이었던 헬렌 블레드소(가운데)는 애틱스의 우승을 통해 그녀의 일생에 영향을 미친 깊은 감동을 받았다.(헬렌 블레드소 제공)

인디애나폴리스의 백인 팬들 중에 마침내 인디애나폴리스 관내 학교로 우승한 애틱스 팀에 감사하는 사람들도 많았다. 이들은 어디에서 축하 행사가 열리든 동참하기를 원했다. 헬렌 블레드소는 애틱스 팀이 주 토너먼트 대회에서 우승했을 때 여덟 살이었고 인디애나폴리스 서쪽 지역에서 살고 있었다. 헬렌은 그날 밤을 다음과 같이 기억했다.

"엄마 아빠와 함께 TV로 챔피언십 경기를 지켜보고 있었습니다. 아빠는 인디애나폴리스 팀으로 결승전에 진출한 팀이라면서 애틱스를 응원했습니다.

경기가 진행되는 동안 아빠의 흥분이 점점 더 고조되고 있다는 것을 느낄 수 있었습니다. 마침내 애틱스의 우승이 확정되자 아빠는 소파에서 벌떡 일어나 우리에게 외투를 입으라고 말씀하셨습니다. '우리 시내로 가서 함께 축하하자!'라고 하셨지요. 가 보니 정확히 시내는 아니었습니다. 나무가 많은 동네 공원이었습니다. 진입하려는 자동차가 길게 늘어서 있었습니다. 공원에 가까워질수록 대열은 기어가듯이 더 느려졌습니다. 흑인들이 도로 양옆으로 줄지어 서서 응원하고 춤을 추고 손을 흔들었습니다. 여기저기서 경적을 울렸고요. 주변에 백인이라고는 우리 가족뿐인 것 같았습니다. 엄마는 불안해 보였습니다. 엄마는 우리가 차에서 내리지 못하게 하셨지요. 저는 하나도 두렵지 않았습니다. 외려 신났습니다.

공원에는 거대한 모닥불이 있고 많은 사람들이 파티를 열고 있었습니다. 우리는 사람들이 축하하는 것을 지켜보다가 도로를 막았던 차들이 없어지고 길이 뚫린 뒤에 집으로 돌아왔습니다. 아마 그때부터 제가 인종 문제에 대해 인식하기 시작한 것 같습니다. 저는 평생 사회 정의를 위해 일해 왔습니다. 저는 시내에서 개인 병원을 개업했습니다. 오스카 로버트슨은 제 마음에 어떤 충격을 주었고, 평생 그 여파가 제 인생에 남아 있었습니다. 저는 오스카 로버트슨이 이후 농구 선수로서 활약하는 동안 내내 지켜보았습니다. 이유요? 오스카는 좋은 사람 같아 보였습니다. 훌륭한 학생이었지요. 그날 밤 저는 오스카가 최고의 자리에 오른 언더독(스포츠에서 우승이나 이길 확률이 적은 팀이나 선수—옮긴이)이라고 생각했습니다.”

그렇다면 레이 크로 코치는 어떻게 생각했을까? 그는 신문기자의 질문에 간단하게 대답했다. “다행이었지요.”

모두에게 잊을 수 없는 밤이었다. 애틱스 팀은 인디애나주의 시민이라야 온전히 이해할 수 있는 어떤 문이든 열 수 있는 만능열쇠 농구를 통해 달콤하고 특별한 방법으로 모든 상황을 역전시켰다. 뉴스는 빠르게 미국 전역으로 퍼져 나갔다. 포트웨인에 소재한 최대 출력 5만 와트의 고주파 라디오 방송국은 중서부 6개 주 청취자들에게 경기를 중계 방송했다. 《피츠버그 쿠리에》와 《시카고 디펜더》 등으로 대표되는 수십 종의 흑인 신문이 흑인연합통신Associated Negro Press, ANP발로 타전된 애틱스 팀의 우승 소식을 기사로 전달했고 이내 미국 전역의 대도시로 소식이 퍼져 나갔다. 당시는 민권운동 초창기였고, 인디애나폴리스의 십대 청소년 열 명이 이룬 농구 경기 우승은 자긍심과 저항 정신을 상징하는 행동으로 해석되고 있었다.

1955년 3월 19일, 아프리카계 미국인들이 스포츠에서 이룬 또하나의 역사적 승리가 기록되었다. 이날 밤 미주리주 캔자스시티에서 빌 러셀이 이끄는 샌프란시스코 대학교가 인종이 통합된 대학교 농구팀으로서는 최초로 전미 챔피언십에서 우승했다. 선발 선수 대부분이 흑인 선수들이었다.

챔피언이 되고서도 또다시 거부당했다는 생각에 오스카 로버트슨은 괴로웠지만, 그와 그의 팀 동료들은 미국 곳곳에서 흑인 선수들의 마음속에 깊이 새겨졌다. 하룻밤 사이에 인디애나주에 일평생 발 한 번도 디뎌 본 적 없는 수천, 수만 명의 흑인들이 애틱스 고등학교 농구팀이 이룬 승리에 대해 알게 되었다. 타이거스 팀은 오래 지나지 않아 자신들이 미국 역사상 모든 인종이 참가하는 스포츠 경기에서 우승한 최초의 흑인 팀이라는 사실을 깨닫게 되었다.

마커스 스튜어트 주니어는 당시 멀찌감치 서서 모닥불을 바라보고 있었다. 쇼트리지 고등학교 학생이었던 그는 훗날 아버지의 뒤

"애틱스는 우리 팀이었으니까요!"
레이 크로 코치가 치어리더며 마스코트 호랑이와 함께 축하하고 있다.
(메리 오걸스비 제공)

를 이어 《인디애나폴리스 리코더》의 편집자가 되었다. 스튜어트 역시 오스카처럼 쌀쌀했던 3월의 결승전 밤사이에 느낀 혼란스러운 감정으로 마음이 편치 않았다. 모닥불을 가운데 두고 앞사람의 어깨나 허리를 잡고 줄지어 가는 춤을 추면서 많은 사람들이 차가운 밤공기 사이로 주먹을 내지르고 환호성을 지르는 가운데, 그는 부모님에 대한 상념을 떨칠 수 없었다. 스튜어트의 부모는 프로그아일랜드에서 가족을 구출하고자 수년 동안 분투했고, 덕분에 마커스 스튜어트는 다른 형제들과 함께 애틱스가 아닌 쇼트리지 고등학교에 진학할 수 있었다. 하지만 지금을 보라. 뜨거운 불꽃의 열기가 느껴지는 가운데 마커스는 애틱스 고등학교 학생들이 부러웠고, 엄마와 아빠가 프로그아일랜드에 남았더라면 좋았겠다고 생각했다. 스튜어트는 당시를 이렇게 회상했다. "저는 '애틱스 팀이 곧 흑인을 뜻'한다고 생각했습니다. 인디애나폴리스에 살았던 모든 흑인 세대의 생을 통틀어 가장 행복했던 날이었습니다. 마치 조 루이스(Joe Louis, 미국의 흑인 권투 선수. 1937년 세계 헤비급 타이틀을 획득했고 12년 동안 25회 타이틀 방어라는 세계 최고 기록을 세웠다. 애틱스 팀이 이룬 성취는 보통 이 시대를 풍미했던 각 종목의 흑인 선수들, 야구의 재키 로빈스, 권투의 조 루이스, 묘기 농구단 할렘 글로브트로터스와 비교된다. —옮긴이)가 상대를 녹다운시킨 날과 비슷했습니다. 인디애나 애비뉴가 사람들로 가득했지요. 하지만 이날은 좀 더 특별했습니다. 조 루이스는 모두의 선수이지만 애틱스는 우리 팀이었으니까요!"

인디애나폴리스 최초의 주 챔피언, 그리고 퍼레이드를 불허하기로 한 시 당국의
결정이 모두 대서특필되었다.(《인디애나폴리스 리코더》)

시 차원의 행사를 여는 대신 장학 기금 조성

❶ 인디애나주 챔피언십에서 우승한 애틱스 고등학교의 타이거스 팀 이름으로 장학 기금이 조성될 예정이고, 향후 몇 주 동안 여러 곳에서 상을 받을 것으로 예상된다. 하지만 농구 팬들이 기대했던 빅 퍼레이드는 열리지 않을 예정이다.

시 관계자들과 상공회의소 지도자들은 지난 목요일 애틱스 고등학교에서 열린 행사에서 레이 크로 코치와 애틱스 선수들에게 인디애나폴리스를 대표해 감사의 인사를 전했다.

"결코 애틱스만의 승리가 아닙니다. 인디애나폴리스 45만 시민 모두의 승리입니다." 앨릭스 M. 클라크 시장이 학생들 앞에서 말했다.

클라크 시장은 타이거스 팀의 승리를 축하하고자 시 의회가 채택한 결정을 소개했다. 시 의원들, 시 공무원 그레이스 태너, 시 보조변호사 루퍼스 커켄들 등이 함께 참석했다.

클라크 시장은 다운타운 상인 협회를 대리하여 학교에 감사패를 증정했다. 협회 관계자로서 앨런 W. 칸 협회장과 머레이 H. 모리스 관리자, 보먼 도니 부 관리자가 참석했다.

허먼 L. 시블러 교육감은 "지난 토요일 밤 약 7만 5,000명의 시민들이 우승 축하 행사에 참석했습니다."라고 말했다.

"저는 지금까지 보아 온 다른 어떤 우승팀보다 크리스퍼스 애틱스 팀에게 깊은 인상을 받았습니다."라고 IHSAA 위원장 L. V. 필립스가 말했다. 이와 함께 인디애나폴리스가 챔피언십 우승을 '차분하게' 받아들였다고 말하며 인디애나폴리스의 태도를 칭찬했다.

W. 헨리 로버츠 인디애나폴리스 상공회의소 회장은 장학 기금 조성안을 발표했다.

"우리는 다른 일도 추진할 수 있었습니다만 무엇인가 지속적인 혜택을 줄 수 있는 사업을 추진해야겠다고 생각했습니다.

우리 회원들에게 장학 기금 조성을 위한 자발적인 기부를 당부하였고, 모금액을 러셀 A. 레인 교장에게 전달하여 적합한 곳에 사용해 달라고 말씀드렸습니다."

장학금은 농구 선수로 활동했는지 여부와 상관없이, 자격을 갖춘 애틱스 고등학교 졸업생들에게 수여될 것이다. 장학 기금은 우승 선수들에게 물질적 보상을 금지하는 IHSAA 정책과도 상충하지 않는다.

한편, 상공회의소 운동위원회 위원장 로버트 E. 커비는 선수들과 코치들에게 황금 농구공을 증정했다. 윌리엄 H. 북 상공회의소 부회장과 웨인 휘핑 운동 담당 부회장도 참석하였고 소개되었다.

이런 모든 노력이 농구 팬들이라면 으레 기

CHAMPION COACH, CHAMPION MAYOR: Ray Crowe, Attucks Tigers, coach happily receives the "key" to an admiring city from courageous Mayor Alex Clark when the triumphant Tigers reached Monument Circle last Saturday night after bringing Indianapolis its first State basketball championship. Mayor Clark lent invaluable tangible and moral support to the team throughout the state tourney. Who isn't glad he's glad we won!

THE BOYS RECEIVE THE BACON: Oscar Robertson and Willie Merriweather, the most ferocious Tigers of the entire Crispus Attucks band that won the state basketball championship last Saturday night, smile for the cameras but clutch hard to the coveted championship trophy it took Indianapolis 45 years' to win. Otto Albright, president of the IHSAA Board of Control, is presenting the state's highest athletic award. (Recorder Photo by Jim Cummings)

대했던 다운타운 퍼레이드와 도시 전체 차원에서의 축하 행사를 충분히 대신할 만한지 여부는 일반 농구 팬들이 결정해야 할 문제로 남아 있다.

❷ **챔피언 코치, 챔피언 시장:** 지난 토요일 밤 인디애나폴리스 관내 학교로서는 최초로 주 농구 챔피언십에서 우승한 타이거스 팀이 모뉴먼트 서클에 도착했을 때 대담한 앨릭스 클라크 시장이 선사한 훌륭한 도시의 '열쇠'를 애틱스 타이거스의 레이 크로 코치가 웃으면서 받고 있다. 클라크 시장은 주 토너먼트 대회가 진행되는 내내 애틱스 팀에 귀중한, 가시적인, 정신적인 지원을 아끼지 않았다. 우리의 승리를 시장이 함께 기뻐하는데 다른 누가 싫어하겠는가!

❸ **상을 받는 소년들:** 지난 토요일 밤 주 농구 챔피언십에서 우승을 차지한 크리스퍼스 애틱스 전체 팀에서도 가장 용맹무쌍한 타이거로 손꼽혔던 오스카 로버트슨과 윌리 메리웨더가 무려 45년 만에 인디애나폴리스가 차지한 챔피언십 트로피를 꼭 쥔 채 카메라 앞에서 웃고 있다. IHSAA 감독위원회의 회장인 오토 올브라이트가 인디애나주 운동 부문에서 가장 값진 상을 수여하고 있다.(사진 촬영: 짐 커밍스)

9장

완벽

우리는 스스로를 흑인이라고 여기지 않습니다.
우리는 그저 스스로를 매우매우 좋은 사람들이라고 생각합니다.
　一애틱스 팀의 치어리더였던 맥신 콜먼

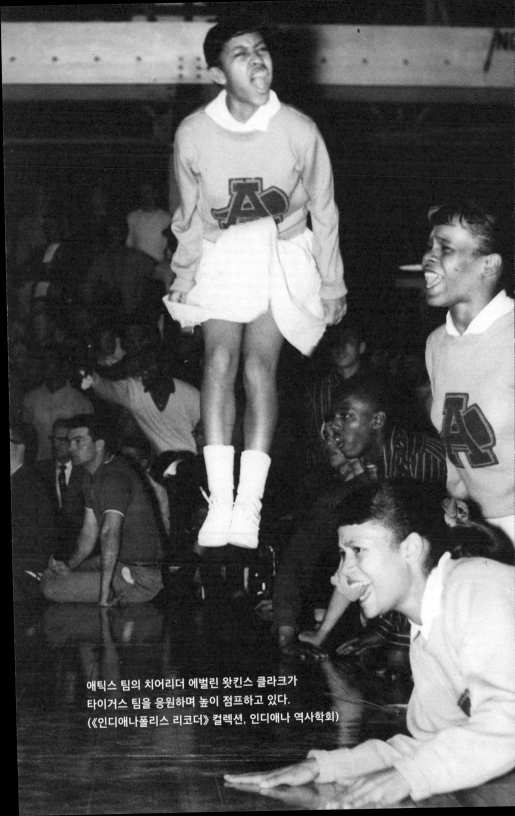

애틱스 팀의 치어리더 에벌린 왓킨스 클라크가
타이거스 팀을 응원하며 높이 점프하고 있다.
(《인디애나폴리스 리코더》 컬렉션, 인디애나 역사학회)

1956년 1월 20일, 애틱스 팀은 인디애나폴리스의 아스널 테크 고등학교 체육관을 빌려서 시카고 권역(시카고는 일리노이주에 속하지만 미시간시티가 위치한 인디애나주 북서부 경계와 맞닿아 있다. ─옮긴이)을 대표하는 전통적인 강팀 미시간시티 고등학교를 상대로 경기했다. 레이 크로는 시합을 앞두고 초조해졌다. 미시간시티 고등학교는 여론조사 기관이 정한 랭킹에서 인디애나주 10위를 기록했고, 거친 대도시 팀들과 경쟁해 8승 4패를 기록하고 있었다. 레이 크로 코치는 애틱스 팀이 코너즈빌 고등학교에 패하면서 슬럼프에 빠졌던 작년 이맘때가 생각났다.

하지만 그의 우려는 길게 가지 않았다. 타이거스 팀은 처음 일곱 개 슛을 성공시켜 초반 8분 만에 39점이라는 놀라운 점수를 기록했다. 12초마다 1점을 득점한 셈이었다. 이후 계속해서 같은 페이스를 유지했고, 당시까지 어느 고등학교도 세우지 못한 득점 신기록을 세

우며 123 대 59로 승리했다. 그때 사람들은 깨달았다. 애틱스 팀은
어지간한 대학 팀마저 이길 수 있는 실력을 갖춘 고등학교 팀이었다.

애틱스 팀의 포워드였던 스탠퍼드 패튼은 애틱스 팀과의 경기
를 마치고 난 뒤 한 백인 선수가 울음을 터뜨렸던 것을 기억하고 있
다. "그 녀석의 아빠가 다가가 '별로 울 필요도 없어. 누구도 쟤네를
이길 수 없다고. 저 팀과 겨루어 보았다는 것을 기쁘게 생각하렴.'이
라고 말했지요."

1955년 주 결승전이 끝난 몇 개월 후, 레이 크로 코치는 전년도
주 챔피언십 우승팀 중 졸업하는 선수 일곱 명을 대체할 다른 선수들
을 찾기 시작했다. 빌 스콧과 빌 햄프턴, 셰드릭 미첼, 윌리 메리웨더
까지, 네 명이 전액 장학금을 받고 주요 대학에 진학했다는 사실이
코치는 매우 자랑스러웠다. 1955/1956 시즌 농구팀 선발전에 참여
한 수많은 소년들 중에서 레이 크로 코치는 리바운드를 보강하고 공
격을 강화한다는 생각으로 빌 브라운과 스탠 패튼을 선택했다. 더불
어 앨버트 맥시, 에드거 서시, 오델 도널, 존 깁슨, 제임스 이닉, 그리
고 가드로 오스카의 둘째 형 헨리 로버트슨, 르번 벤슨, 샘 밀턴을 선
발하여 라인업을 완성했다. 대표팀으로서의 경험은 별로 없었지만
재능은 출중했던 선수들이었다.

팀에서 유일하게 전년도 우승팀에서 활약했고 이제는 4학년 졸
업반이 된 오스카 로버트슨은 인디애나 역사상 최고 선수로 널리 사
랑받고 있었으며, 어쩌면 미국 최고의 고등학교 선수로 평가받고 있

었다. 열일곱 살이 된 오스카는 전년도보다 몇 센티 더 자랐고, 여름 방학 동안 건설 현장에서 보조로 일하면서 근육이 단단해졌다. 이제 오스카는 196cm의 건장한 청년이었다. 선수들의 전반적인 신장을 참고하여 레이 크로 코치는 코트를 전체적으로 읽는 안목과 리더십을 십분 활용할 수 있는 가드로 다시 한번 오스카의 포지션을 정했다. "아무도, 제가 분명 **아무도**라고 했습니다. 그 누구도 오스카처럼 코트 전체를 보지는 못합니다." 팀 동료였던 에드거 서시가 감탄과 함께 말했다. "오스카는 공격수와 수비수가 코트 어디에 있는지 알고 있을 뿐만 아니라, 그 선수들이 어디로 향할지, 다음에 무엇을 할지도 꿰뚫고 있었습니다. 누구에게 공을 패스해야 할지, 언제 자신이 공을 지켜야 하는지 알고 있었지요."

1955/1956 시즌 애틱스 팀은 인디애나주 고등학교로서는 최초로 토너먼트를 포함해서 전체 시즌을 무패로 마감하겠다는 새로운 목표를 세웠다. 다시 말해 31개 경기를 연속해서 승리해야 하는 셈이다. 애틱스 팀은 우수함에 관한 새로운 기준을 정립하려고 마음먹었던 것이다.

'Tigers'라는 글자 위에 커다랗게 등번호를 새긴, 사람들의 눈을 사로잡는 녹색과 금색 저지를 맞추어 입은 애틱스 팀은 어마어마한 규모의 관중이 지켜보는 가운데 시즌 초반, 열한 번의 경기를 승리로 이끌었다. 느지막이 경기장에 도착한 팬들이 자리를 찾아 앉을 즈음이면, 애틱스 팀은 보통 상대 팀을 따돌리고 멀리 앞서가고 있었다. 인디애나폴리스의 테크 고등학교를 상대로 7점 차로 승리했던

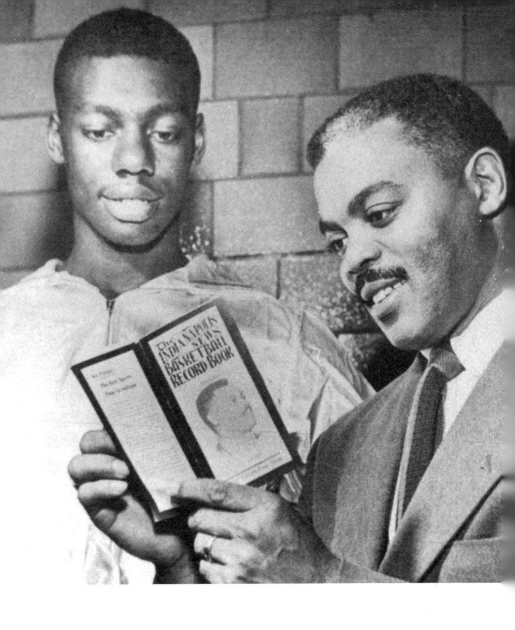

오스카 로버트슨과 레이 크로가 『인디애나폴리스 뉴스 농구 기록부』를
살펴보고 있다. 두 사람은 이 책의 상당 부분을 고쳐 쓰게 만들었다.
(인디애나 농구 명예의 전당)

것이 최저 득점 차 기록이었다.

토너먼트를 코앞에 둔 시점에서 시즌 중에 일어난 에피소드를 보면 오스카 로버트슨이 얼마나 지배적인 선수가 되었는지를 알 수 있다. 오스카는 미시간시티 고등학교와의 경기에서 45점을 득점하여 선배 선수였던 할리 브라이언트가 세운 인디애나폴리스 단일 경기 최고 득점 기록을 깼다. 그로부터 1주일 후, 조지 워싱턴 고등학교 4학년 학생이었던 제리 로리스가 스피드웨이 고등학교와의 경기를 87 대 85, 승리로 이끌면서 무려 48점을 득점했다. 금발머리에 푸른 눈을 가진 백발백중의 저격수 제리 로리스는 "인디애나폴리스 역사상 최고의 득점왕"이라고 치켜세워지며 하루아침에 인디애나폴리스가 가장 사랑하는 스타가 되었다. 소총을 닮은 그의 왼손을 두고 《인디애나폴리스 타임스》는 "지금까지 당신이 본 중 가장 위험한 왼손"이라며 칭송했다.

팬들은 궁금해졌다. 오스카는 로리스가 이룬 성취를 도전으로 받아들일까? 레이 크로 코치는 기록을 되찾도록 오스카에게 기회를 줄까? 오스카가 득점 기록을 신경 쓰고 있을까? 그런 것이 있다는 것을 알기나 할까? 토너먼트를 앞두고 마지막에서 두 번째 경기의 상대는 세이크리드 허트 고등학교였다. 레이 크로 코치는 라커룸에서 선수들을 모은 뒤 질문을 던졌다. "우리가 오스카에게 기록을 되찾을 기회를 주어야 할까?" 오스카는 결정이 어떻게 내려졌는지 전혀 언질을 받지 못했다.

다만, 심판이 경기 시작을 알리는 휘슬을 불었을 때 그 대답은 분명해졌다. 오스카가 공을 패스해도 동료는 곧바로 오스카에게 공을 돌려주었다. 아무도 슛을 쏘려 하지 않았다. 오스카는 하릴없이 자기 할 일을 충실히 했다. 1쿼터가 끝났을 때 오스카는 애틱스 팀이 득점한 23점 중 20점을 득점했다. 그는 코트 이곳저곳을 누비며 슛하고 득점하기를 반복했다. 《인디애나폴리스 리코더》는 다음과 같이 묘사했다. "오스카는 아래에서 슛하고, 약간 외곽에서 슛하고, 멀찌감치 떨어져서 슛하고, 돌파하고 나오다가 슛했다. 레이업슛, 훅슛, 셔블 슛(shovel shoot, 삽으로 떠서 던지듯 팔을 앞쪽으로 움직이며 하는 언더핸드 슈팅─옮긴이), 점프 슛, 세트 슛을 선보였다. 그는 훌륭했다." 경기를 마쳤을 때 오스카 로버트슨은 32분을 뛰면서 62점을 득점했다. 그리고 두말할 필요 없이 다시 한번, 인디애나폴리스 득점왕이 되었다.

1956년 초, 인디애나폴리스 지역 신문사들은 앨라배마주 몽고메리 시에서 진행되고 있던 버스 보이콧에 관한 기사를 일제히 게재했다. 남부 지역에서 일부 흑인 시민들은 이제 더 이상 그들에게 강요된 열등한 장소, 열등한 역할을 받아들이기를 단호하게 거부하고 있었다. 1955년 12월 1일, 몽고메리 시에서 42세의 재봉사 로자 파크스가 체포되었다. 버스에서 '유색인 구역'이라 쓰인 좌석의 앞쪽 자리에 앉았다가 백인 여성에게 자리를 양보하지 않고 거부했기 때문이었다. 이에 대한 저항의 표시로서 몽고메리 흑인 공동체는 대체 운송 수단을 준비하고 시내버스 이용을 중단했다. 마침내 1956년

12월 21일 연방법원이 발부한 명령에 따라 몽고메리 버스 안에서의 인종 분리는 폐지되었다. 용기 있는 16세의 고등학교 3학년 학생 클로뎃 콜빈을 비롯하여 여성 네 명이 재판정에서 버스를 이용하면서 경험했던 모욕과 폭력을 설득력 있게 증언했던 덕분이었다.

인디애나폴리스에서는 한 고등학교 농구팀이 이룬 성과가 몽고메리 버스 보이콧 사건과 나란히 신문 헤드라인을 장식하고 비슷한 분량의 기사로 다루어졌다. 퍼듀 대학교 역사학 교수 랜디 로버츠는 다음과 같이 평가했다. "몽고메리의 상황과 인디애나에서 벌어지는 농구팀 이야기는 정의와 발전을 향해 오래도록 지속된 점진적인 투쟁이라는 관점에서 공통점이 있었다. 인디애나주 안에서도 지역에 따라 농구가 말 그대로 농구에 지나지 않는, 그런 곳도 물론 있었을 수도 있다. 하지만 인디애나폴리스 서쪽의 경우 얘기가 완전히 달랐다. 이곳에서 농구는 성스러운 어떤 것이었고, 흑인의 발전, 흑인의 자긍심, 흑인들이 이룬 업적이라는 생각과 연결되어 있었다."

백인이 흑인보다 당연히 우월하다는 가정과 전제하에서 성장했던 다수의 백인 후지어들에게 애틱스 농구팀이 무패 행진을 이어가고 있다는 사실, 그리고 앞으로도 무적일지 모른다는 사실은 받아들이기 쉽지 않았다. 어떻게 열등한 인종이 무적일 수 있지? 백인들이 흔히 공유했던 생각 중 하나는 이렇게 표현되기도 했다. "그래, 좋아. 몇몇 흑인들은 신체적으로 우월할 수도 있어. 하지만 흑인들은 백인만큼 똑똑하지는 않아."

그런데 아프리카계 미국인 선수로서 백인 후지어들에게 가장

Health Thief Deals Postman Underhand Blow

PRICE 10 CENTS

The Indianapolis Recorder

INDIANA'S GREATEST WEEKLY

Entered at the Post Office, Indianapolis, Indiana as Second-Class Matter Under the Act of March 7, 1879 POSTAL ZONE 7

61st. Year Phone ME. 4-1545 Indianapolis, Indiana, Feb. 18, 1956 Number 7

ATTUCKS vs. 741 OTHERS

MARVIN E. POWELL

Somewhere along the corridor of time that spans the period from 20 to 40 years—the very prime of life—there lurks a dread, deadly terror ready to pounce upon unsuspecting human beings and bear them helplessly and relentlessly to a grave of misery and despair.

Its origin and causes and effective treatment have so far escaped the most persistent and scientific efforts of researchers.

It is known as multiple sclerosis, a chronic non-contagious disease that progressively renders the victim more disabled.

When he gladly clutched the honorable discharge given him for meritorious service in the U. S. Army in 1945-6, Marvin E. Powell swelled with pardonable pride as did millions of other GI's released from World War II at its end.

MARVIN, robust, in the pink of good health and oozing the natural confidence of youth made his plans for a useful life and went to work.

He entered the postal service as a carrier in 1948 and married the following year. His plans called for a home of his own and he began working on that problem with contagious enthusiasm.

He qualified for a Flanner House self-help home-builder, and after about a year in which he contributed 1,200 hours of labor during off-time from his regular job he completed a fine home at 727 W. 13th street and moved in with his family, a wife and a son, noow two years old.

Marvin was happy, naturally, but he did not know at that time, in 1954, he had been dealt a devastating blow in the dark by the stealthy, furtive terror, multiple sclerosis.

GRADUALLY, now only 29 years old, Marvin became weaker and noticed his eyesight failing, although he had perfect sight when tested by Army doctors.

Finally he was forced to ask for a leave from his job which was granted on December 7, last.

Continued on Page 3

Attucks Favored To Capture 2nd Straight Title

By JIM CUMMINGS

Crispus Attucks' state champs, riding a string of 34 consecutive wins and shooting for their second straight Hoosier hoop crown, drew Beech Grove as their first-round opponent in an Indianapolis Sectional which Tiger opponents say is "built to order" for Attucks.

The Tigers, ranked No. 1 throughout the season in all the statewide polls, were expected to have very little trouble with Beech Grove, which comes to the tournament with a record of five wins in 17 games.

Attucks meets the small county school at 8:15 Thursday night.

In the so-called "weak" bottom bracket with the Tigers are Harry E. Wood School, Howe, Deaf School, Cathedral, Manual and Washington.

Washington and Manual, regarded as Attucks' biggest threats in its bracket, crash head-on Friday morning in the last game of the first round. The winner could meet Attucks in the semi-final round Saturday morning. Attucks will have to get by Beech Grove and the winner of the Deaf School Cathedral game to get to the semis.

TECH AND SHORTRIDGE, the two teams practically everyone agrees have the best chance of upsetting the Tigers, will fight one another in the very first game of the local tourney. The teams, each of whom gave Attucks two close battles during the season, raise the curtain at 6 p.m. Wednesday.

Friends of Tech and Shortridge feel their teams, by having to meet in the first game, are suffering unfair fates. They say Attucks, by virtue of the allegedly weak caliber of the teams in the Tiger bracket, has a free ticket

Continued on Page 7

EXTRA!

Featured in this edition is a full page of pictures of teams competing in the Indianapolis Sectional with the Attucks Tigers. SEE PAGE 9, also page 11 for additional pictures and stories.

DEFENDING STATE CHAMPS: Crispus Attucks' defending state basketball champions who are favorites to capture their fifth sectional title in six years are shown above. They are first row (left to right), William Brown, Herbert Swanigan, Laverne Benson, Sam Milton, Albert Maxey and Henry Robertson. Standing are Coach Ray Crowe, Odell Doner, Edgar Searcy, John Gipson, Oscar Robertson, Stanford Patton and James Enoch.

TV Show to Raise Funds To Fight Dread Disease

Stars of Hollywood, stage and television will shine on the statewide Multiple Sclerosis Hope Chest Telerama to brighten the dim futures of thousands of Hoosier victims of the dread disase.

Vivian Blaine, singing star of the stage and screen hit "Guys and Dolls," violinist Florian Zabach, John Reed King, Virginia Graham and dancing star Billy Lee will be among the parade of stars on the 18-hour show to originate from the Manufacturers Building, Indiana State Fair ground.

The entire telerama will be telecast on WFBM-TV, Channel 6 and WTHI, Channel 10 from 10:30 p.m., Saturday to mid-afternoon Sunday. In addition, the show will be presented by WMIE-TV, Evansville and a special tie-in show will be telecast by WNDU-TV, South Bend. Both radio and television stations elsewhere over Hoosierland will carry portions of the show.

THE TELERAMA will highlight "Multiple Sclerosis Month" in Indiana and will seek to top the month-long drive by raising $150,000 for research, treatment and patient assistance.

In addition, top entertainment stars from television and radio stations in Indianapolis and over the state will appear on the telerama, as will top state and city officials and civic leaders.

These will include entertainers from all Indianapolis stations, as well as from participating stations over Indiana. Local talent will include the Johnny Winn Trio, Charlie Gore and the Rangers, Swanee River Boys, Kentucky Briarhoppers, Tommy Moriarity. Also appearing will be Something Smith and the Red Heads, currently appearing here at the Purple Onions.

GA. NEWSPAPERMAN TO SPEAK AT RALLY HERE

William Gordon, managing editor of the Atlanta (Ga.) Daily World, will be guest speaker at a public mass meeting at Mt. Paran Baptist Church, 12th and Missouri streets, Sunday, Feb. 19, at 3 p.m.

The meeting is sponsored by the Indianapolis branch of the National Alliance of Postal Employes. Admission is free and the public is invited. Gordon will speak on "Trends in the South."

Victors Over Tavern Form Organization

Following their victorious remonstrance against the re-opening of Mom's Tavern, 334 Blake, a group of citizens in the area have organized the Blake Street Civic Group to remain in readiness for any further needed protection of the community.

Said to be one of the most widely supported remonstrances in the history of the Indiana Alcoholic Beverage Commission, the group had the support of Reverends H. T. Toliver, C. H. Bell, Henry Hicks, Highland Union of WCTU, Parent-Teachers of School No. 4, Indiana Temperance League, Inc., Rev. J. A. G. Jordan, Church of God in Christ, Yankee Doodle Civic Foundation, West End Civic League and numerous other individuals who were compelled to rally and attend four different hearings, two before the County Liquor Board and two before the State Alcoholic Beverage Commission.

Officers of the newly formed League are: William Byrdsong president; Carolyn Allen, vice-president; Tracy Ford, secretary; Mamie Bible, treasurer. Frank R. Beckwith, counsel for the group will address them at their next meeting Tuesday evening, Feb. 21, at St. Paul Methodist Mission.

Univ. of Alabama To Fight Opening School to Negroes

BIRMINGHAM, Ala.—The University of Alabama which has accepted a federal court order admitting Miss Autherine Lucy several days ago, now has decided to appeal that decision pending her indefinite suspension last week.

Miss Lucy was driven from the campus after attending classes three days by a mob that egged her and stoned the car in which she was being driven to and from classes.

Suspended by university officials "for her personal safety and protection" she filed a suit in federal court seeking to have the officials declared in contempt of court for ousting her. Hearing has been set for February 29. Attorneys for the university said the decision opening the tax-supported school to Negroes would be appealed "as long as we can,"

Anti-Negro Riot at U. of Alabama Spotlights Desegregation Battle

ATLANTA, Ga.—The Autherine Lucy riots at the University of Alabama have centered national attention on the final outcome of the desegregation movement — how soon?

Miss Lucy, suspended from the school after attending classes for three days, has filed suit in local federal district court asking that the school authorities be again ordered to admit her to classes.

President Carmichael said she can return to the campus in safety only if "sufficient time" is allowed in which to prepare the public mind.

How soon would be necessary has worried all except extremists on both sides of the segregation issue since the Supreme Court on May 17, 1954, held that racial segregation in public schools is unconstitutional.

Negro leaders have sided with the NAACP that the deadline should be next fall. On the other hand, organized groups of whites in the South have grown swiftly for a prolonged fight against desegregation.

The 17 states involved will be feverishly solicited during the next election campaign by ex-Virginia Governor William Tuck

Continued on Page 7

Demos Ask Ike To Head Off School Aid Tilt

WASHINGTON, D. C.—A group of eight House Democrats sought a way to prevent a bitter fight on an amendment to the school aid bill that would withhold federal funds from school systems defying the Supreme Court ruling abolishing segregation.

They asked President Eisenhower to publicly declare he would not allocate funds to any such defiant school system, and thus make unnecessary the proposed Powell amendment that would withhold such funds by formal statute.

The school aid bill would provide $1.6 billion in federal construction funds to help states relieve overcrowding in schools. The bill is awaiting clearance by the House Rules Committee.

The group said in their letter that Rep. Adam Clayton Powell (Dem., N. Y.) has indicated he would not offer his anti-segregation amendment if the President made a declaration along the lines they suggested.

They warned that if the Powell amendment is approved, the bill would face a possible filibuster or outright defeat.

President Eisenhower has been steadfastly opposed to attachment of the Powell amendment to the school aid bill. He said segregation issues should be considered on their own merits.

Free Tax Service

A free income tax forum, sponsored jointly by the Adult Education Division of the Indianapolis Public Schools and the Bureau of Internal Revenue, will be held Wednesday, Feb. 22, at Attucks high school 7:30 to 9:30 p.m.

The instructor will be Ivan A. Kelley, Internal Revenue agent who will asist groups of persons attending to fill out income tax forms without charge.

Persons attending are urged to bring the necessary facts and figures if they want this valuable service. The public

Many GOP's To Honor Lincoln, Douglass

Following report that President Eisenhower is likely to run again, the annual Lincoln-Douglass banquet sponsored by the Marion County Republican League promises to be quite an affair.

Mrs. Catherine Gaddie, general chairman of arrangements for the affair, has announced that the increase in reservations has necessitated the use of a larger banquet hall than originally planned.

The Ministers Wives' Alliance will have charge of the dinner Feb. 24, at Northside New Era Baptist Church dining room 30th and Ethel.

Judge Milford Anness, Connersville Circuit Court will deliver the Lincoln address while Frank R. Beckwith will eulogize Frederick Douglass. A former member of the state senate, Judge Anness is considered an authority on Indiana history. Cary D. Jacobs is president of the organization which sponsors the affair each year.

Senator Robert Lee Brokenburr will introduce Judge Anness, and Attorney Howard R. Hooper will introduce Mr. Beckwith.

Racial Tension High As Bus Boycott Continues

MONTGOMERY, Ala.—While the cost of the 10-weeks-old bus boycott by Negroes is a matter not being made public by the National City Bus Lines, or the cost to the community by civic leaders calculated, racial tension between Negroes and whites runs high.

The Montgomery Advertiser said recently:

"Never before in Montgomery has the word 'nigger' been used as frequently as in recent weeks."

The racial unrest in Alabama has pulled Negroes and whites farther apart. Thousands of Negroes attend boycott meetings and leaders of the pro-white Central Alabama Citizens Council say their membership has jumped from a few hundred to 12,000.

THE BOYCOTT began Dec. 5 in protest to segregated seating laws as outcome of a conviction and imposing of a fine on Mrs. Rosa Parks for refusing to move to the back of a bus to give her seat to a white passenger. She was fined $14.

Negroes over the entire city, suddenly realized they were tired of a regulation that assigned them only a few seats in the rear of busses causing many to have to stand while whites, who paid the same fare, rode in comfort.

A boycott developed spontaneously and Negroes who constituted the majority of bus passengers, stayed off the public vehicles by the thousands.

NORMALLY about 65 percent of the company's passengers are Negroes but they are usually assigned to less than one-fourth of the busses' seating capacity.

The company has recently won permission to hike fares and cur-

Continued on Page 3

1956년 토너먼트의 강력한 우승 후보인 전년도 챔피언.
(《인디애나폴리스 리코더》)

애틱스의 2회 연속 챔피언십 우승이 유력

짐 커밍스

34연승을 기록하며 2회 연속 인디애나주 농구 챔피언에 도전하고 있는 전년 챔피언 크리스퍼스 애틱스가 인디애나폴리스 구역 예선 1차전 상대로 비치그로브 고등학교를 뽑았다. 타이거스의 안티 신문들은 애틱스 고등학교를 위한 '맞춤형 상대'라고 불평했다. 인디애나주 전체를 대상으로 시행된 여론조사 결과 1위를 차지한 타이거스 팀은 17경기 중 5승을 기록하는 데 그친 비치그로브 고등학교를 손쉽게 따돌릴 것으로 예상된다. 애틱스 대 비치그로브의 경기는 목요일 밤 8시 15분으로 예정되어 있다.

타이거스 팀이 속한 조의 이른바 '약체 팀들'은 해리 E. 우드 고등학교, 하우 고등학교, 청각장애인 학교, 커시드럴 고등학교, 매뉴얼 고등학교, 워싱턴 고등학교 등이다.

애틱스 팀에 가장 큰 위협이 될 것으로 보이는 워싱턴 고등학교와 매뉴얼 고등학교는 1차전 마지막 경기가 치러지는 금요일 아침에 격돌할 예정이다. 이 경기에서 승리하는 팀이 토요일 아침 준결승전에서 애틱스와 만나게 된다. 그 전에 애틱스는 비치그로브 고등학교를 꺾어야 하고, 청각장애인 학교와 커시드럴 고등학교의 경기에서 이긴 팀이 준결승전에 오른다.

한편, 타이거스 팀을 괴롭힐 가능성이 가장 크다는 데 모두가 동의하는 두 팀인 테크 고등학교와 쇼트리지 고등학교는 구역 토너먼트 첫 경기에서 맞붙을 예정이다. 시즌 중 애틱스와 비교적 접전을 펼쳤던 두 팀의 경기는 수요일 오후 6시에 시작된다.

테크 고등학교와 쇼트리지 고등학교에 우호적인 신문들은 두 팀이 첫 경기에서 만나게 되어 불운이라고 생각하고 있다. 타이거스 팀이 속한 조는 비교적 약체 팀으로 구성되어 있기 때문에 애틱스 고등학교가 구역 예선 마지막 경기까지 무임승차한다며 불만을 드러냈다.

후지어 히스테리가 에베레스트산만큼 치솟는 1년 중 이맘때면 으레 인디애나주는 흥분의 도가니다. …… 하지만 시간의 흐름에 따라 기억은 흐릿해지는 것 같다.

기록에 비추어 보면 아직 확실한 것은 아무것도 없다.

누구도 '승리를 예약'하지는 못한다.

소년들이 공을 던지기 시작하면 세계에서 가장 탐나는 농구 트로피를 얻고 싶어지고, 학교마다 남자아이 다섯 명만 모이면 거의 자동으로 팀이 구성된다.

이번 시즌에 출전한 팀은 총 742개에 이르며,

to the final game of the Sectional. **Emotions are always high in Indiana this time of year as Hoosier Hysteria reaches a Mt. Everest high . . . But memories seem to get shorter as the years wear on.**
Records show that nothing is certain.
Nobody is "booked to win."
When the boys start throwing that fall up there in pursuit of the world's biggest basketball bauble, every school's five boys is automatically transformed into a team.
There are 742 in the field this time out and not one rolls over dead under the weight of opponents' press clippings. Brother, they all have to be "showed."
A quickie climpse at Recorder records shows that in 1953, the mighty Greenclads of Tech were "booked to win" the local sectional. Tech had beaten Muncie Central and Richmond while running up an 18-2 season record and when tourney firing got underway the Techites were rated No. 2 in the whole state and had finished second in the rough North Central Conference.
They got slaughtered in the first game of the sectional by "little" Ben Davis.
Then Attucks, after winning the sectional that year, was favored to go on to the state crown. But it happened in the regional. Shelbyville was awarded a decision as officials tooted a last-seconr call against Hallie Bryant

Anything can happen in Indiana basketball, and everything usually does around tournament time.
If Attucks wins the sectional . . . (pause here briefly).
This writer looked over the Tiger roster last year, right after Attucks brought Indianapolis its first state championship, then checked t h e '56 potential of the other state powerhouses and finally predicted (in print) way back then that the Tigers would repeat as state champions this time. And he has not changed his mind.
Anyway, if the Tigers swoop successfully through the sectional, as we have no doubts they will, they will become the winning'est teams in the history of Indiana basketball (provided, of course, they made it past Frankfort Friday night).
The necessary four wins in the first week of the tournament would give Attucks a 39-straight winning record. The current record is 38 straight, set by Vincennes (1922-23) and equalled by Frankfort (1935-37).
Should the Tigers go all the way this time, their record will stand at an amazing 45 wins without a loss.
The Tigers, prior to the Frankfort game, had amassed what is probably one of the most sensational six-season records of all time in Hoosier prep circles.

그중 어느 하나도 상대 팀에 우호적인 언론사의 가위질 때문에 겨뤄 보지도 않고 경기를 포기하지는 않는다. 그들은 모두 경기에 출전해야 한다.

본지의 기록을 잠깐만 살펴보더라도 1953년에는 최강팀이었던 테크 고등학교의 그린클래즈 팀이 구역 예선에서 '승리를 예약'했었다. 테크 팀은 18승 2패로 정규 시즌을 마무리하면서 먼시 센트럴과 리치먼드 고등학교를 꺾은 바 있었다. 토너먼트가 시작되었을 때 테크 팀은 인디애나주 전체에서 랭킹 2위를 기록했고 강팀들이 겨루는 노스센트럴 컨퍼런스(North Central Conference, IHSAA의 승인을 받은 10개 대규모 고등학교로 구성된 운동 연맹—옮긴이)에서도 랭킹 2위로 마감했다.

그런 테크 고등학교가 구역 예선 1차전에서 '약체' 벤 데이비스 고등학교에 패했다.

그러자 이번에는 구역 예선에서 이긴 애틱스 팀이 주 챔피언십 우승 후보라고 점쳐졌었다. 하지만 결국 지역 예선에서 사달이 일어났다. 경기 종료 마지막 순간 석연치 않은 심판의 판정으로 할리 브라이언트의 반칙이 선언되고 경기에서 승리한 것은 셸비빌 고등학교였다.

인디애나의 농구 경기에서는 어떤 일이든 벌어질 수 있고, 토너먼트 대회 기간에는 으레 예상치 못한 일이 벌어진다.

애틱스 팀이 구역 예선에서 승리한다면 ……(여기서 잠시 숨을 고르자).

안티 신문의 기자는 작년 애틱스가 인디애나폴리스 관내 학교 최초로 인디애나주 챔피언 자리에 올랐던 직후의 타이거스 팀 선수 명단과 1956년 시즌 우승 후보인 다른 강팀들의 선수 명단을 확인했고 타이거스 팀이 올해에도 우승팀이 될 것이라고 (글로써) 예측했다. 그는 여전히 생각을 바꾸지 않고 있다.

아무튼 타이거스 팀이 구역 예선에서 승리를 거둔다면(우리는 조금도 의심치 않지만) 애틱스 고등학교는 인디애나주 농구 역사상 최다승 팀이 될 것이다.

토너먼트 첫 주에 치러질 4개 경기에서 승리한다면 애틱스 고등학교는 39연승을 기록하게 된다. 현재는 빈센스 고등학교(1922 / 1923 시즌)와 프랭크퍼트 고등학교(1935 / 1936 시즌)가 기록한 38연승이 최연승 기록이다.

타이거스 팀이 앞으로 남은 경기를 모두 이긴다면 45연승이라는 대기록을 달성하게 될 것이다.

최다 연승 기록 이외에도 타이거스 팀은 이미 6개 시즌에 걸쳐 가장 인상적인 기록 중 하나를 달성했다.

1950 / 1951 시즌 초반부터 애틱스 팀을 이끌어 온 레이 크로 코치는 총 141승 14패를 기록하고 있다. 4회의 구역 예선(3회 연속), 이어서 3회의 지역 예선, 2회의 준결승전에서 승리했고, 지난해 마침내 토너먼트 우승을 차지했다.

고작 12년 전에 IHSAA에 가입한 팀치고는 괜찮은 성적이지 않은가? 흑인 학교와 가톨릭계 학교를 제외한 다른 학교들은 IHSAA 44년 역사 동안 처음부터 회원 학교였다.

《인디애나폴리스 리코더》의 광고주들을 도와주시는 것이 본지를 돕는 길입니다.

널리 알려진 오스카 로버트슨은 이런 주장에 전혀 맞지 않는 골칫덩어리였다. 농구 코트 안에서의 오스카는 너무 똑똑했고, 경기의 흐름을 지휘했다. 오스카가 주도하는 경기였다. 오스카를 잘 모르는 사람들은 오스카가 키나 도약 능력, 빠른 발과 같은 신체적인 장점만큼이나 다른 누구보다 탁월한 경기 이해력 덕분에 이토록 능수능란하다는 사실을 전혀 짐작하지 못했다. 오스카 로버트슨은 어린아이일 때부터 팀 게임, 다시 말해 게임 안의 게임을 연구해 왔다. 오스카는 마치 앞으로 벌어질 일을 몇 수 앞서서 예견하고 함정을 찾아내는 체스 신동과도 같았다. 인디애나폴리스에서 가장 영리한 선수들과 코치들이 그의 스승이었다. 이들은 하나같이 오스카의 가능성을 일찌감치 확인했고 그들이 익히 알고 있던 오스카의 내적 능력이 이제 발현되고 있을 뿐이라고 생각했다. 게다가 예의 바르고 점잖은 이 젊은이는 깨끗하게 면도하고 말쑥하게 차려입은 차림새에 언변도 좋았다. 신문에는 오스카가 대수학 4 수업을 듣고 B+ 성적을 유지하는 학생이라는 기사가 실렸다. 오스카의 성적은 애틱스 고등학교 상위 10퍼센트 안에 들었고, 엔지니어가 되는 것이 꿈이라고 했다.

누구라도 이쯤 되는 인물을 '열등하다'고 우기기는 어려웠다.

3월 초, 애틱스 팀은 21승 무패의 기록으로 1956년 인디애나주 고등학교 농구 토너먼트 대회에 진입했다. 타이거스 팀은 후반전에 한 번도 상대 팀에 뒤진 적이 없을 정도로 압도적인 경기력을 선보였다. 레이 크로 코치는 게임에서 져서는 안 된다는, 토너먼트에서 탈락해서는 안 된다는, 다시 한번 흑인 공동체를 실망시킬 수 없다는 생각에 또다시 앙다문 턱이 돌출할 정도의 압박을 느꼈다.

애틱스 팀은 토너먼트 첫 상대인 비치그로브 고등학교를 91 대 30으로 가볍게 완파한 후, 인디애나폴리스의 하우 고등학교를 72 대 58로 물리쳤다. 이제 여덟 번의 승리만 남았다. 다음 상대는 인디애나폴리스의 커시드럴 고등학교였다. 오랜 세월 애틱스 고등학교와 함께 토너먼트 대회 참가가 거부되었기에 애틱스 팀과는 끈끈한 유대가 있는 가톨릭계 고등학교였다. 토너먼트에 참가도 못 했던 시절 두 학교는 거의 매년 함께 시합해 왔다. 하지만 토요일 오후 버틀러 필드하우스에서 두 팀이 만났을 때, 심판이 휘슬을 분 순간부터 옛정은 잊혔다. 공세적인 경기를 펼치며 커시드럴 팀은 경기 내내 접전을 이어 갔다. 4반칙을 기록할 만큼 후반전 들어 거센 플레이를 이어 간 오스카는 바스켓으로 돌진하다 멈추어 클러치 샷(clutch shot, 중요하고 결정적인 순간에 득점된 슛―옮긴이)을 수차례 성공시키며 애틱스 팀의 승리에 쐐기를 박았다.

그로부터 몇 시간 후, 애틱스 팀은 기진맥진하게 만드는 흥미진진한 접전 속에 인디애나폴리스의 쇼트리지 고등학교를 53 대 48로 물리치며 토너먼트에서 살아남았다. 이로써 애틱스 팀은 1922년에 세워진 인디애나주 최다 연승 기록을 깨며 두 개 시즌에 걸쳐 39연승을 기록했다. 플래시를 터뜨리는 사진기자들 앞에서 잠깐 포즈를 취하기는 했지만 특별한 축하 행사는 없었다. 잠자리에 들 시간이었다. 우승까지 여섯 번의 승리가 남았다.

1주일 후 애틱스 팀은 인디애나폴리스의 지역 예선 개막전에서 앤더슨 고등학교를 61 대 48로 물리쳤다. 두 번째 경기에서는 행콕 센트럴 고등학교를 훨씬 앞섰다. 오스카는 바스켓을 향해 빠르게 드라이브했고, 다른 선수들보다 높이 점프했으며, 링 사이로 공을 넣었다. 다음 순간 착지하려는데 아래에서 한 선수가 미끄러져 넘어졌다. 오스카는 공중제비를 하며 내려왔고 충격을 완충하려 오른손을 내뻗었다. 슛할 때 쓰는 손, 오른손 손목에 온몸의 무게를 싣고 착지했다. 거대한 버틀러하우스에 들어찬 관중은 일순간 숨을 멈췄다. 오스카는 천천히 일어나더니 코트 밖으로 걸어 나갔다. 얼굴이 고통으로 일그러졌고, 왼손으로 오른 손목을 감싸고 있었다.

　　"손목이 부러졌을 수도 있다고 생각했습니다." 레이 크로가 당시를 이렇게 회상했다.

　　《인디애나폴리스 리코더》에는 국내외 각종 뉴스를 제치고 손목에 붕대를 감은 오스카 로버트슨의 사진이 대문짝만 하게 실렸다. 엑스레이 촬영 결과 골절은 아니었고 오스카는 코너즈빌 고등학교와 스코츠버그 고등학교를 상대로 겨룬 준결승 라운드에 모두 참가할 수 있었고 애틱스 팀은 가볍게 두 팀을 따돌렸다.

　　이제 타이거스 팀은 다시 한번 4강에 올랐다. 한 달 전 742개 팀으로 시작한 토너먼트 대회에서 살아남은 것이었다. 이제 단 두 번의 승리만 남겨 두고 있었다. 두 팀 모두 막강한 우승 후보였다. 인디애나폴리스 시의 관계자들은 애틱스 팀의 두 번째 승리를 시 차원에서 어떻게 축하할 것인지 방법을 의논하고자 다시 한번 모였다. 지난해 그들은 애틱스 팀 선수들에게 별도 달도 다 따 주었다. 적어도 그들이 보기에는 그랬다. 여러 차례 파티를 열었다. 상공회의소는 애틱스 고등학교 이름으로 장학 기금을 조성했다. 다운타운 상인 연합회는 애틱스 팀에 감사패를 수여했다. 애틱스 응원석에서 결승전을 관람했던 시장은 "탁월한 능력, 훌륭한 스포츠맨십, 신사적인 행동을 보여 주며" 챔피언십에서 우승한 애틱스 팀에 감사를 표하는 결의안을 통과시켰다. 게다가 모뉴먼트 서클을 한 바퀴 돌았던 소방차와 응원하는 자동차 행렬이 거대한 모닥불을 피워 놓은 노스웨스턴 파크까지 이동했다. 이외에 더 바랄 것이 무엇이 있을까?

　허먼 시블러 교육감은 전년도 타이거즈 팀의 우승을 축하한 사람들의 수가 7만 5,000명에 이르는 것으로 추산된다고 자랑스레 말했다. 그러나 《인디애나폴리스 리코더》는 7만 5,000이란 인디애나폴리스 시민 45만 명 중 일부에 지나지 않는다는 사실을 지적했다. 인디애나주 최초의 무패 챔피언이라면 당연히 그들이 '빅 퍼레이드'라고 부르는, 환한 대낮에 다운타운 대로를 누비는 퍼레이드를 누릴 자격이 있었다. 그렇게 해서 애틱스의 팬이라면 누구라도 그들의 영웅들을 가까이에서 바라보고 그들이 받아 마땅한 감사의 인사를 전할 수 있는 기회를 주어야 했다. 이번에도 노스웨스턴 파크라면? 백인이라면 대부분 일평생 노스웨스턴 파크에 대해서 들어 본 적도 없었다. 설혹 어디에 붙어 있는 공원인지 정도는 안다고 해도 결코 한밤중에 이곳을 찾아오지는 않을 터였다. 백인들이 우승의 기쁨을 함

오스카 로버트슨이 접질린 엄지손가락을 보여 주고 있다.
1956년 지역 예선에서 만난 앤더슨 고등학교와의 경기에서 입은 부상이었다.
(《인디애나폴리스 스타》/윌리엄 파머/《인디애나폴리스 뉴스》, 인디애나
역사학회/《USA 투데이》 네트워크)

께 나누고자 한다면 축하 행사는 한낮에 다운타운에서 진행되는 것이 바람직했다. 《인디애나폴리스 리코더》 독자들을 상대로 한 설문 조사 결과 흑인 구역에서 한밤에 모닥불을 피우는 축하 행사보다 한낮에 도시 전체를 도는 퍼레이드에 대한 선호도가 가장 높았다.

하지만 여전히 지레 겁을 먹은 시 공무원들은 버틀러 필드하우스부터 시내까지 퍼레이드, 모뉴먼트 서클을 잠깐 돌기, 노스웨스턴 파크에서의 모닥불, 그리고 자러 가기로 이어지는 전년도와 동일한 스케줄을 택하는 방식으로 뒷걸음쳤다. "작년에도 탈 없이 지나갔고 사고를 예방하기에 유리해." 그들은 서로에게 이렇게 말했다. 애틱스 팀이 또다시 우승한다 해도 그들에게는 이 정도 축하 행사면 충분해. 그것으로 끝.

인디애나폴리스의 버틀러 필드하우스에서 오후에 두 경기가 진행되었다. 4강이 치르는 준결승전 1차전에서는 거의 1년 내내 애틱스 팀 다음으로 2위에 랭크되었던 라피엣 제퍼슨 고등학교가 엘크하트 고등학교를 52 대 50으로 간신히 이겼다. 오후 두 번째 경기에서 애틱스 팀은 테러호트의 거스트마이어 고등학교를 상대했다. 오스카 로버트슨이 11분을 남기고 5반칙으로 퇴장당했지만 68 대 59로 승리를 거두었다. 기진맥진한 타이거스 팀 선수들은 전년도처럼 버틀러 대학교 기숙사에서 짧은 휴식을 취했다.

이제 마지막 한 경기가 남았다.

몇 시간 뒤 애틱스 팀 선수들은 버틀러 필드하우스로 돌아와 라

2

❶ 1956년 챔피언십 경기에서 애틱스 팀과 제퍼슨 팀의 선수들이
흘러나온 공을 잡기 위해 다투고 있다.
❷ 오스카 로버트슨이 마지막 2점을 득점하고, 애틱스 팀이 79 대 57로 승리를 거둔다.
《인디애나폴리스 스타》/윌리엄 파머/《인디애나폴리스 뉴스》,
인디애나 역사학회/《USA 투데이》 네트워크)

피엣 제퍼슨 고등학교 팀과 마주했다. 과연 2년 연속 인디애나주 챔피언이자 인디애나주 최초의 시즌 전승 기록을 세울 수 있을 것인가. 버틀러 필드하우스의 문이 열리자 수많은 팬들이 쏟아져 들어왔다. 경사진 필드하우스의 관중석으로 오르기 위해 몇 계단 오르다 뒤를 돌아보고 숨을 고르는 사람들도 많았다.

크리스퍼스 애틱스 타이거스가 라커룸에서 나와 번쩍번쩍 윤이 나는 코트 위로 뛰어 들어왔다. 깔끔하게 차려입은 흰색 웜업 슈트가 눈부셨다.

인디애나주 북쪽 라피엣 시에 있는 제퍼슨 고등학교를 대표하는 머리를 짧게 깎은 열 명의 백인 소년들도 가볍게 뜀을 뛰며 필드하우스 플로어의 맞은편 끝에서 워밍업을 했다. '제프'라는 애칭으로 불렸던 제퍼슨 고등학교는 인디애나주 전통의 강팀이었다. 주 토너먼트 대회에서 세 차례 우승을 이끌었던 매리언 크롤리 코치는 인디애나주 역사상 가장 성공적인 코치로 존경받는 인물이었다. 라피엣 제퍼슨은 한 해 내내 여론조사에서 애틱스 팀의 뒤를 이어 랭킹 2위를 지켜 왔다.

경기 시작을 알리는 부저가 울리자 애틱스 팀의 스타팅 멤버 로버트슨, 패턴, 브라운, 맥시, 서시 다섯 명은 웜업 점퍼를 벗고 코트로 나아갔다. 상대 선수와 악수를 나누고 센터 서클을 중심으로 각자의 포지션에 섰다. 오스카 로버트슨이 팁오프를 따낸 뒤 바스켓의 오른쪽으로 리턴 패스를 날리는 시늉을 했다. 페이크 동작에 속은 수비수는 포지션을 이탈했고, 오스카는 원 핸드 점프 슛을 부드럽게 성공시켰다. 그렇게 초반 9초가 흘렀다.

라피엣 팀은 그물을 가르고 떨어지는 공을 잡았고, 가드 중 하나가 공을 드리블하며 달려 나갔다. 라피엣 제퍼슨 팀은 가슴 높이에서 두 손으로 여러 차례 체스트 패스를 던지면서 계속 변하는 애틱스 팀의 밀착 지역방어에서 허점을 노렸다. 이따금 공을 바스켓 쪽으로 드리블해 보았지만 애틱스 팀이 달려들자 어쩔 수 없이 뒤로 다시 패스했다. 마치 거미줄 수비에 갇힌 공격 같았다. 애틱스 팀은 그물을 가르지 못한 공을 리바운드로 잡았고, 다시 득점에 성공했다. 라피엣 제퍼슨은 계속 주저하며 다음 슛을 던지기 전에 공을 무려 34번 패스했다.

놓친 슛을 리바운드로 잡아 낸 애틱스가 공을 몰고 빠르게 달려 나가며 손쉽게 득점에 성공했을 때 경기는 본격적으로 시작하기도 전에 이미 끝난 셈이었다. 빠르고 영리한 공격, 공중을 지배하는 원 핸드 슛, 기회를 놓치는 법이 없는 애틱스 팀은 농구의 미래를 다시 한번 보여 주었다. 애틱스 팀은 79 대 57로 라피엣 제퍼슨 팀을 누르고 1911년에 인디애나주 토너먼트 대회가 시작된 이래 처음으로 전승무패를 기록하며 주 챔피언이 되었다.

애틱스 팀의 팬들은 3쿼터가 끝날 무렵부터 관중석에서 〈크레이지 송〉을 합창하기 시작했다.

오스카 로버트슨은 39점을 기록하면서 토너먼트 결승전 개인 득점 기록을 깼다. 오스카는 이런 기록이 그다지 대단한 일도 아닌 듯이 만드는 재주가 있었다. 그로부터 불과 몇 개월 후에 오스카는

❶ 1956년 챔피언십에서 우승한 뒤 치어리더들에게 둘러싸인 오스카 로버트슨.

❷ 1956년 주 챔피언십에서 우승한 뒤 진행되었던 소방차 퍼레이드.
시내에서 모뉴먼트를 중심으로 한 바퀴 잽싸게 돈 뒤 애틱스 고등학교 인근으로
이동하여 전년도와 똑같은 순서로 진행되었다. 오스카는 왼쪽에서 양팔을 들고
있다. 오스카와 그 옆의 빌 브라운 모두 애틱스의 'A'가 새겨진 재킷을 입고 있다.
(《인디애나폴리스 스타》/윌리엄 파머/《인디애나폴리스 뉴스》, 인디애나
역사학회/《USA 투데이》 네트워크)

"빅 오"라는 애칭으로 불리며 미국 최고의 대학 농구 선수로서 미국 전역에 널리 이름을 떨친다. 그가 고등학생으로서 활약했던 마지막 경기는 팬들에게는 사랑을 전하는 선물이었고 미래 세계의 사람들에게 한때 인디애나에 이토록 완벽하게 우수한 선수가 있었음을 기억하게 해 주는 놀라운 경기였다.

경기를 마친 후 인터뷰 중에 라피엣 고등학교의 매리언 크롤리 코치는 애틱스 팀의 스타 선수에 관한 질문을 기자에게 받았다. 그는 머리를 가로저으며 대답했다. "오스카 로버트슨은 제가 코치 생활을 하면서 보아 온 고등학교 선수들 중 최고입니다. 오스카는 무엇이든 할 수 있기에 누구라도, 어디에서라도 상대를 물리칠 수 있습니다. 그를 막을 도리가 없습니다."

샤워를 마친 애틱스 팀의 선수들은 작년 이맘때와 같이, 버틀러 필드하우스를 빠져나와 서로를 당겨 대기하고 있던 소방차 위로 올랐다. 서늘한 밤기운 속에 이니셜을 새긴 녹색과 금색 재킷의 지퍼를 여미며 차량 대열이 출발할 때는 저마다 안전한 곳에 자리를 잡았다. 머리디언 스트리트까지 질주한 차량들은 혁명전쟁과 남북전쟁, 미서전쟁에서 참전한 후지어들을 기리고자 세워진 인디애나 솔저스 앤드 세일러스 모뉴먼트의 웅장한 첨탑 인근에서 속도를 줄였다. 이곳에 다다라서 오스카는 충동적으로 소방차에서 뛰어내렸다. 그런 다음 기념비의 남쪽 계단을 10여 개 뛰어 올라갔다. 갈 수 있는 맨 꼭대기에 다다르자 돌아서서 잠시 군중을 향해 손을 흔들었다. 그리고

Highlights Of The State Finals And The Celebration

1—Fans who crowded Monument Circle after Attucks won its second straight state title, wave to the team as the fire wagons whisk the Tigers around the Monument.

2—Mayor Phil Bayt (right), Coach Ray Crowe (left) and Attucks Athletic Director Lon Watford admire the championship trophy during the celebration at Northwestern Park.

3—All-weather Attucks fans line the curbs along Indiana avenue and wave in the rain as the Tigers parade by.

4—Attucks cheer leaders drink a toast between halves of Gerstmeyer game last Saturday afternoon

5—Oscar Robertson spreads a wide grin as two pretty Attucks students kiss their hero

6—Scottsburg Coach Charley Meyer listens to Muncie Central Coach Jay McCreary as they both watch attentively as Attucks blasts Lafayette Jeff in the final Game. Meyer's Scottsburg Warriors went down in the semi-final championship game after knocking off McCreary's boys in the afternoon

7—Odell Donel takes the wheel of the fire wagon which took the Tigers around the Circle as (left to right) Lavern Benson, Bill Brown, Albert Maxey and Oscar Robertson pose for the cameraman.

8—Three Tigers hold out their hands and proudly display the two state championship rings they've won

(RECORDER PHOTOS BY LEONARD T. CLARK.)

① 애틱스 팀이 주 토너먼트 대회에서 2년 연속 우승한 뒤 타이거즈를 태운 소방차가 모뉴먼트를 도는 동안 모뉴먼트 서클에 모인 팬들이 손을 흔들어 환호하고 있다.

② 필 베일 시장(오른쪽), 레이 크로 코치(왼쪽), 알론조 왓포드 운동 감독이 노스웨스턴 파크에서 열린 축하 행사 중에 챔피언 트로피를 바라보고 있다.

③ 날씨에 굴하지 않는 팬들이 인디애나 애비뉴를 따라 줄지어 서서 애틱스 팀의 퍼레이드가 지나가는 동안 비를 맞으며 손을 흔들고 있다.

④ 지난 토요일 오후 거스트마이어 고등학교와의 경기에서 전반전이 끝난 후 애틱스 치어리더들이 건배하고 있다.

⑤ 오스카 로버트슨과 학생들.

⑥ 애틱스가 라피엣 제퍼슨을 물리친 결승전을 주의 깊게 관전하면서 스코츠버그 고등학교의 찰리 마이어 코치가 먼시 센트럴 고등학교의 제이 맥크리어리 코치의 이야기를 경청하고 있다.

⑦ 타이거즈가 서클을 도는 사이 오델 도널이 소방차 운전대를 잡고 있다.(왼쪽부터 오른쪽으로) 르번 벤슨, 빌 브라운, 앨버트 맥시, 오스카 로버트슨이 카메라를 향해 포즈를 취하고 있다.

⑧ 타이거즈 팀의 세 선수가 손을 내밀어 두 개의 주 챔피언 우승 반지를 자랑스럽게 내보이고 있다.

(사진 촬영: 레너드 T. 클라크)

《인디애나폴리스 리코더》는 시 차원의 축하 행사를 소개하며 2년 연속 챔피언들을 축하하는 기사를 게재했다.

(《인디애나폴리스 리코더》)

는 다시 뛰어 내려와 노스웨스턴 파크와 모닥불을 향해 출발하려는 자동차 대열에 올라탔다. 가는 도중 챔피언들은 환호하며 허공을 향해 주먹을 내지르는 연도의 시민들을 향해 웃음 가득한 얼굴로 손을 흔들며 반짝이는 우승 반지를 들어 보여 주었다.

몇 분 후 크리스퍼스 애틱스 타이거스는 공원에 도착했고 퍼레이드 차량은 군중 속을 조심스레 헤치며 일제히 빠져나갔다. 추웠던 그날 밤, 애틱스의 팬들은 이 팀이 단순히 우승을 거둔 것이 아니라 너무나 멋진 방식으로 우승했다는 사실에 가슴이 뜨거웠다. 애틱스 팀은 30경기, 엄밀히 말하면 지난 시즌부터 따져 45경기를 연속해서 승리했다. 크리스퍼스 애틱스 타이거스는 46년 토너먼트 역사상 최초의 전승무패를 기록한 진정한 챔피언들이었다. 그들의 경기력은 너무 압도적이어서 시즌이 진행되는 1년 내내 후반전에 선두를 내준 적이 없었다. 애틱스는 챔피언십에서 우승하였을 뿐만 아니라 우수함의 기준을 높였는데, 그것도 닿기 힘든 정도로 올려놓았다. 아무도 이런 사실을 부인할 수는 없었다.

그들이 이룬 성취는 따라잡을 수는 있을지라도 결코 능가할 수는 없는 수준의 것이었다.

그들은 한 시대를 대표하는 팀이었다.

10장

유산

오스카는 우리에게 로자 파크스와 같았습니다.

一1960년대 인디애나주에서 성장했던 흑인 선수 레이 톨버트

애틱스 고등학교 연감 속 1955년 인디애나주 챔피언들.
(크리스퍼스 애틱스 박물관 제공, IUPUI 대학교 도서관 디지털 컬렉션)

이제 다시 이 책의 영감이 되었던 오스카의 주장으로 돌아가 보자. 위대한 크리스퍼스 애틱스 고등학교 농구팀은 인디애나폴리스의 인종 통합을 가속시켰는가? 통합의 출발은 사실 매우 더뎠다. 인디애나주는 인종 분리 철폐desegregation 법안을 통과시켰고, 이에 따라 흑인 학생들의 거주지 인근 학교 입학이 허용되었다. 하지만 흑인 학생이라면 여전히 인디애나폴리스 어디에서 살든 애틱스 고등학교를 선택할 수 있었다. 한동안 거의 모든 흑인 학생들이 가족 전통을 지키고자 애틱스 고등학교에 입학했다. 하지만 애틱스 팀이 연속해서 챔피언십에서 우승하자, 인디애나폴리스 관내 다른 고등학교 코치들이 흑인 선수들을 영입하기 시작했다. "애틱스 왕조를 무너뜨리자!" 레이 크로는 당시 모든 사람들이 이렇게 말했다고 기억했다. 그리고 그는 난생처음 좋은 선수들을 확보하고자 인디애나폴리스의 다른 학교들과 경쟁해야 했다. 선수를 확보하기 위한 경쟁은 해마다 치열해졌다.

　"애틱스 고등학교의 농구팀이 이룬 성공 덕분에 인디애나폴리스의 고등학교들이 인종 통합을 이루었다는 주장은 사실입니다." 스포츠 기자 밥 콜린스는 단호하게 선언했다. "애틱스 팀이 너무 압도적이다 보니 다른 학교들은 흑인 선수들을 확보해야 했고, 실패한다면 우승은 물 건너간 셈 쳐야 했습니다. 심지어 '불공평해!' '불법적이야!'라고 거리낌 없이 주장하는 사람들도 있었습니다. '오스카는 쇼트리지 고등학교가 속한 구역에 살고 할리 브라이언트는 애틱스가 아니라 테크 고등학교에 입학했어야 맞아!'라고 말하면서요. 제 기억에 1951년 시즌에는 매리언 카운티 내에서 애틱스를 제외한다면 흑인 선수가 포함되었던 팀은 하나도 없었습니다." 하지만 1955년에 쇼트리지 고등학교에는 흑인 선수 네 명이 스타팅 멤버에 포함되었다. 1956년에는 흑인 가족들이 인디애나폴리스 안에서 거주 지역을 넓혀 감에 따라 테크 고등학교 학생 중 769명, 쇼트리지 고등학교 학생 중 657명이 흑인 학생들이었다. 밥 콜린스는 이렇게 설명했다. "통합은 매우 더디게 시작되었지만 애틱스 농구팀의 성공 덕분에 그 속도가 빨라졌습니다."

　애틱스의 성공 덕분에 인디애나폴리스의 레스토랑들이 문을 열기 시작했고, 시내의 상점이나 극장에 흑인들이 등장했을 때 느끼는 저항감도 완화되었다고 주장하는 사람들도 있다. "우리는 흑인 공동체에 희망을 선사했습니다."라고 오스카 로버트슨은 말했다. "[우리는] 흑인들이 얼마나 게으른지, 아침에 일어나 일하러 가는 것을 얼마나 싫어하는지, 아이들은 대책 없이 얼마나 많이 낳는지에 관해 떠드는 이야기를 듣고 자랐습니다. 하지만 애틱스 팀이 이기기 시작하면서 흑인 공동체는 우리를 자랑으로 여길 수 있게 되었습니다. 사람들은 이제 아침에 일어나 거울에 비친 자신의 모습을 좋아할 수 있게 되었지요. 이 모든 변화는 크리스퍼스 애틱스가 이룬 성취를 바탕으로 시작되었습니다."

많은 사람들이 애틱스의 성공 덕분에 흑인과 백인이 서로를 바라보는 방식이 바뀌었다고 생각한다. 애틱스 팀의 포워드였던 스탠포드 패튼은 이렇게 말했다. "이전까지는 없었던 일로 알고 있는데 인디애나폴리스 시 전체가 하나의 팀을 응원했습니다. 그것은 저에게 무엇인가를 보여 주었습니다. 물론 그들이 우리를 반드시 좋아할 필요는 없습니다. 하지만 그들은 우리가 이룬 모든 것, 그것을 이룬 방식을 존중해야 합니다. …… 우리는 수없이 많은 신화를 깨뜨렸습니다. 백인 코치보다 나은 흑인 코치는 없다는 신화, 우리가 심리적 압박에 쉬이 무너진다는 신화, 우리가 겁쟁이라는 신화. 사람들은 우리들에 대한 그런 선입견을 가지고 있었습니다. 심지어 흑인들 스스로 그렇게 믿기도 했습니다."

일부 가정의 거실과 같은 사적인 공간에서 마음과 정신이 혼란을 겪는 경우도 있었다. 당시 12세로 6학년생이었던 한 소녀는 인디애나폴리스 서쪽에 자리 잡은 자기 집에서 가족과 함께 TV를 통해 1955/1956 토너먼트 중계방송을 시청하고 있었다. 소녀의 가족은 다른 많은 백인 가족들처럼 자기들이 지켜보고 있는 텔레비전 수상기 속의 장면 때문에 심적 고뇌를 겪고 있었다. "아빠는 '깜둥이'라는 표현을 쓰셨습니다. 꽤 여러 번이요. 애틱스 팀이 득점에 성공하면 저주를 퍼부으셨지요. 아버지는 교육 수준이 높고, 제가 아는 어느 누구보다 열린 마음을 가진 분이셨지요. 그 챔피언십 경기를 보고 우리는 꼼짝없이 흑인을 존경할 수밖에 없게 되었습니다. 심지어 저희 부모님조차도 그 선수들이 무엇이든 보답을 받아야 한다는 점을 인정하지 않을 수 없었지요. 특히 오스카는 훌륭한 롤 모델이었습니다. 그가 최고의 선수이기 때문이 아니라, 그냥 그라는 사람 자체로서요."

흑인 소년 소녀들에게, 오스카 로버트슨은 슈퍼히어로였다. "오스카는 우리에게 로자 파크스와 같았습니다."라고 훗날 인디애나 대학교에서 스타 선수로 활약했던 레이 톨버트가 말했다. 인디애나폴리스의 고등학교 스타 선수였다가 훗날 NBA 명예의 전당에 이름이 오른 조지 맥기니스는 TV로 중계되는 1955년 애틱스 대 게리 루스벨트의 챔피언십 결승전을 온 가족이 모여 함께 보았다. 맥기니스 가족은 TV 수상기 앞에서 고함을 지르고 환호하며 애틱스 팀을 응원했다고 한다. "[오스카는] 우리의 왕이고 우리의 대표자였습니다."라고 맥기니스는 회상했다. "농구공을 쥐게 된 아프리카계 미국인 소년이라면 누구라도 닮고 싶은 롤 모델이었지요."

이처럼 기쁨과 선한 의지가 넘치는 가운데서도 애틱스 팀이 우승한 뒤 수년 동안 인디애나폴리스의 흑인들에게 힘든 시기가 기다리고 있었다. 1960년대에 인디애나폴리스 시 당국은 병원과 대학 캠

퍼스 확장을 위한 공간이 필요하다는 명목으로 프로그아일랜드의
집 대부분을 철거했다. 시 당국은 이 계획을 '도시 재생'이라고 불렀
고, 흑인들은 '흑인 말살'이라고 불렀다. 이 지역의 오랜 거주자였던
흑인들에게 집을 비우고 다른 곳에서 살 곳을 마련하기까지 주어진
시간은 고작 몇 개월뿐이었다. 약간의 이주비를 지원받은 사람도 일
부 있었지만 그마저도 못 받은 사람들이 태반이었다. "저는 아빠가
우시는 것을 그때 딱 한 번 보았습니다. 아빠가 통지서를 받았을 때
요." 1957년에 쇼트리지 고등학교를 졸업한 팻 페인이 말했다.

록필드가든스의 아파트 건물 중 절반가량이 철거되었다. 남은
건물도 콘도미니엄으로 리모델링되어 비싼 가격에 주로 백인들에
게 판매되었다. 록필드의 더스트볼 코트도 철거되었다. 본래 무엇이
있던 자리인지를 보여 주는 표지판이나 농구 역사에서 어떤 의미를
지니는 장소인지를 알려 주는 기록도 남지 않았다. 인디애나폴리스
의 흑인 주민은 점차 증가하는 추세였다. 하지만 사실상 백인들로 하
여금 도심 지역에서 벗어나 교외로 이사하도록 부추기는 1969년에
통과된 주법에 따라 흑인들의 정치권력에 대한 전망은 외려 약화되
어 갔다. 흑인들의 투표권은 절반 가까이 감소했다. 이에 반해 범죄
율과 약물 남용은 증가했다.

공동체 지도자들은 크리스퍼스 애틱스 고등학교를 지키고자
분투했다. 1971년 마침내 최초의 백인 학생이 애틱스에 입학했지만,
그즈음에는 대법원이 미국 공립학교의 인종 분리 정책 철폐를 명령
했던 1954년 당시와는 사뭇 다른 학교로 변모하였다. 아프리카계 미

국인 학생들이 버스로 통학하는 교외 학교를 다니게 되자 애틱스 고등학교의 자랑인 최고의 교사들도 애틱스를 떠나 인디애나폴리스 곳곳으로 흩어졌다. 주요 고속도로가 인근 지역을 관통함에 따라 흑인 가정은 더욱 고립되었다. 애틱스 고등학교에 입학하는 학생 수가 급감했고 마침내 폐교가 논의되기 시작했다. 심지어 건물을 철거하자는 제안도 있었다. 지역사회가 한자리에 모여 학교를 유지하기로 결정했다. 다만 1986년 애틱스는 고등학교에서 중학교^{junior high}로 전환되었다. 학교 대표 농구 프로그램은 종료되었다.

고등학교로서 애틱스의 폐쇄 결정은 지역 공동체로서는 고통스러운 타격이었다. "내가 가장 아끼는 추억 대부분은 학교와 관련되어 있습니다."라고 레이 크로 코치가 말했다. "하지만 상황을 달리 본다면, 크리스퍼스 애틱스의 폐쇄는 어쩌면 병든 사회적 실험의 종말을 의미할지도 모릅니다. …… 어쩌면 더 좋은 일이 일어날 수도 있습니다."

어쨌든 이후 10년 동안, 심지어 휴교 기간도 있었지만 학교는 계속해서 유지되었다. 그러다 1993년 다시 중학교(middle school, junior high가 2년제인데 반해, middle school은 보통 6학년, 7학년, 8학년—옮긴이)가 되었고, 그렇게 유지되다가 2006년, 인디애나폴리스 교육감 유진 화이트가 크리스퍼스 애틱스 메디컬 마그넷 고등학교(마그넷 고등학교(Magnet School)는 학구와 무관하게 운영되며, 대학 연계 프로그램을 시행하는 공립학교이다.—옮긴이) 설립을 발표했다. 현재는 수의사, 범죄 현장 법의학 전문가, 스포츠 의학 실무자 등 다양한 의료 전문가를 꿈꾸는 학생들이 인디애나폴리스 전역에서 모이고 있다. 애틱스의 위치가 인디애나 대학교 의학대학원 캠퍼스 및 부속 병원과 가깝다는 장점을 십분 이용한 조치였다. 애틱스는 여전히 대체로 흑인 학교라 할 수 있다. 학생의 60퍼센트가 아프리카계 미국인, 30퍼센트가 라틴계, 10퍼센트가 백인이다. 대학 준비와 함께 직업 훈련을 위한 수업도 제공된다.

애틱스 고등학교의 농구 프로그램은 2008년에 복원되었다. 이 무렵 인디애나 고등학교 토너먼트 대회도 격변을 겪었다. 1998년 인디애나주의 스포츠 당국은 등록 학생 수를 기준으로 각 학교를 4개 클래스(등록 학생 수가 많은 순서대로 4-A, 3-A, 2-A, A一옮긴이)로 나누고 클래스별로 토너먼트 대회를 치르기로 결정했다. 인디애나주 전체를 혼란에 빠뜨린 변화였다. 오스카 로버트슨으로 대표되는 전설적인 인물들은 새로운 조치에 반대한다는 의사를 분명하게 표시했다. 87년 만에, 1954년 밀란 고등학교처럼 인디애나주의 작은 학교들이 대도시의 골리앗과 맞서 싸울 기회를 잃게 된 것이다. 특히 인디애나에서 오래 살았던 주민들로서는 도저히 받아들이기 힘든 변화였다. 그러나 변화는 이미 기정사실이 되었다. 받아들이거나 떠나거나, 둘 중 하나밖에 선택권이 없었다. 새로운 규칙이 적용된 세계에서 애틱스 고등학교는 인디애나주 전체가 아닌 3-A 클래스, 규모가 두 번째로 큰 학교 그룹에 속하게 되었다.

조사이어 헌던, 2017년 애틱스 학생

2017년 크리스퍼스 애틱스 메디컬 마그넷 고등학교 수업 중인 조사이어 헌던.(조사이어 헌던 제공)

조사이어 헌던은 최근에 크리스퍼스 애틱스 메디컬 마그넷 고등학교에 입학한 학생이다. 그는 다음과 같이 말했다.

"저는 다른 고등학교를 갈 수도 있었지만 애틱스를 선택했습니다. 애틱스에서는 대학 과정을 보다 빨리 시작할 수 있는 기회가 있기 때문입니다. 고등학교 이수 학점을 중학교에서 미리 딴다면 고등학교에서는 대학교 학점을 딸 수 있습니다.

제 꿈은 법의학 과학자가 되는 것입니다. 살인 사건 등이 일어난 범죄 현장을 연구해서 탄도를 추적하거나 혈흔의 패턴 분석을 통해서 증거를 찾는 일이지요. 애틱스 고등학교는 이런 꿈을 가진 제게 완벽한 선택이었습니다. 저는 이미 생물학이나 화학, 물리학 등 과학 과목을 다수 이수했습니다. 실험실 장비는 일류급입니다. 저는 내년에 퍼듀 대학교에 진학할 예정입니다.

저는 6학년 때 이미 애틱스 고등학교가 과거 흑인 학교였다는 사실을 알게 되었습니다. 중학교 때는 사회 수업 시간에 애틱스 고등학교 박물관을 탐방하기도 했습니다. 덕분에 우리 학교에 대해 자세히 알 수 있었습니다.

우리 가족은 미시시피주와 시카고 출신이기 때문에 애틱스 고등학교 복도에 걸린 학급 사진 속에 친척은 없습니다. 하지만 사진들을 보고 있으면 호기심이 일어나곤 했습니다. 이 모든 사람들이 1920년대부터 제가 걸어가고 있는 이 복도를 똑같이 걸어 다녔습니다. 우리는 연결되어 있습니다. 애틱스는 회복력이 뛰어납니다. 우리가 가는 길마다 방해물을 놓는 사람들이 있었습니다. 우리가 실패하게 만들려고 애썼던 거지요. 하지만 우리는 매번 극복했습니다. 저는 농구를 좋아합니다. 저는 애틱스 농구팀의 학생 관리자로 봉사하고 있습니다. 우리는 현재 13승 4패의 기록으로 주 랭킹 5위입니다. 오스카 로버트슨 같은 애틱스의 졸업생들이 세계 속에서 큰 인물로 성장했다는 것은 의미하는 바가 큽니다. 그렇지요, 오스카는 NBA 레전드입니다. 그리고 그가 첫발을 내디딘 곳이 바로 여기 애틱스였습니다. 물론 저는 오스카 로버트슨을 직접 만난 적은 없지만 그분은 항상 제게 동기부여가 됩니다.

애틱스 입학을 고민하는 친구에게 해 줄 말이요? 애틱스는 멋진 학교입니다. 하지만 열심히 노력하겠다는 단단한 결심이 필요한 곳이지요. 수업 수준이 장난이 아닙니다. 학생들을 성장시키기 위해 학교가 매우 열심히 애쓰고 있습니다."

애틱스는 다시 돌아가기 시작했다. 2014년 3월, 애틱스는 1973년 이후 처음으로 인디애나폴리스 구역 예선에서 승리했다. 승리는 오래된 습관이었지만, 여전히 기분 좋은 것이었다. 이어지는 지역 토너먼트에서 타이거스 팀은 탈락했지만 구역 예선에서의 승리는 다시 시작할 수 있는 기반이 되었다.

성과를 거두기까지 3년이면 충분했다. 2017년 3월 25일 토요일, 점프력이 좋은 애틱스 팀의 3학년생 자말 해리스가 리바운드를 잡으려고 뛰어올랐고 다시 바스켓 속으로 공을 집어넣었다. 경기 종료 부저가 울리기 1초 전이었다. 그 결과 애틱스 타이거스는 트윈 레

인디애나폴리스의 뱅커스라이프 필드하우스에서 열린
2017년 3-A 클래스 주 결승전에서 크리스퍼스 애틱스 고등학교의 자말 해리스가
트윈 레이크스 고등학교의 블레이크 베닝턴의 머리 위로 우승 골을 넣고 있다.
(존 터훈/《저널 앤 쿠리에》via AP))

이크스 고등학교를 73 대 71로 꺾고 인디애나주 3-A 클래스에서 우승했다. 뱅커스라이프 필드하우스(Bankers Life Fieldhouse, 1970년대에 세워진 대규모 농구장으로 최고의 시설을 자랑한다. 2000년부터 고등학교 농구 토너먼트 결승전을 이곳에서 진행하고 있다. ─옮긴이)에서 뛸 듯이 기뻐하는 수천 명의 관중 중에 이제는 은발이 되었지만 여전히 건장한 78세의 오스카 로버트슨이 있었다. 애틱스 고등학교가 1959년 이래 처음으로 주 고등학교 남자 농구 챔피언십에서 거둔 최초의 우승이었다. 해리스의 버저비터 이후에 이제는 "빅 오"라는 애칭으로 널리 알려진 농구의 전설 오스카 로버트슨은 군중을 돌아보며 손을 높이 들었다. 그런 다음 자랑스럽게 챔피언들의 목에 우승 메달을 걸어 주었다. "마치 영화의 한 장면 같습니다."라고 오스카 로버트슨이 소회를 말했다.

다음 날 아침 《인디애나폴리스 스타》의 헤드라인은 다음과 같았다. "크리스퍼스 애틱스의 주 토너먼트 우승은 농구 대회 우승 이상의 의미가 있다"

결국 1950년대에 인디애나폴리스의 크리스퍼스 애틱스 팀이 남긴 유산의 크기를 정확히 가늠하기란 쉽지 않다. 같은 시대를 지나온 사람들의 정신과 기억 속에서 가장 뚜렷하게 발견되고 있다. 지금도 크리스퍼스 애틱스 고등학교의 복도에는 여러 세대에 걸친 인디애나폴리스 흑인 학생들의 학급 사진이 줄지어 전시되고 있고, 그 속에서 부모님도, 숙모도, 삼촌도, 사촌도 찾을 수 있다. 내가 학교를

78세의 오스카 로버트슨이 2017년 주 챔피언십 메달을 자말 해리스에게
걸어 주고 있다. 키 188cm의 자말 해리스는 애틱스 팀의 우승 골을 넣었다.
《인디애나폴리스 스타》/《USA 투데이》 네트워크)

견학할 때 에스코트를 해 준 선생님은 "이분은 제 고모할머니십니다. 이분은 제 외할머니시고요."라며 손으로 짚어 가며 알려 주었다.

벽이 말을 할 수 있다면, 애틱스 고등학교의 벽들이 들려주는 이야기는 충분히 들을 가치가 있을 것이다. 아마 이 벽들은 당연하게도 〈크레이지 송〉을 알고 있을 테지. 성경 이야기에 버금가는 하나의 전설이 된 플랩의 슛, 먼시 팀과의 경기에서 오스카가 공을 가로챘던 이야기, 테크 팀과의 경기를 앞두고 살해 협박을 받았던 이야기, 할리에게 얼토당토않은 반칙을 선언했던 두비스 심판에 대해서도 할 말이 있을 것이다. 근 10년에 걸쳐 잠든 도시를 깨우고, 미처 준비가 되어 있지 않은 많은 시민들이 인종 다양성을 수용하게끔 흔들고 열심히 노력했던 인디애나의 십대 청소년들이 주도했던 촘촘하게 연결된 공동체에 대하여 놀라운 이야기를 들려줄 수 있을 것이다. 애틱스의 이야기는 다른 무엇보다 중요했지만 과소평가되었던, 미국 역사에서 소년 소녀들이 기여한 바를 보여 주는 감동적인 사례이다.

벽이 말을 할 수 있다면, 애틱스 고등학교 건물은 여러 차례 소리를 지르고, 흐느끼고, 웃음을 터뜨렸을 것이다. 한때 챔피언들을 길러 낸 요람이었고, 한 세기 동안 인디애나폴리스의 청소년들을 교육하며 현재까지도 닥터 마틴 루서 킹 주니어 스트리트 1140번지에 우뚝 서 있는 크리스퍼스 애틱스 고등학교는 인디애나주의 다른 어떤 건축물보다 가장 히스테리컬하고 가장 멋졌던 후지어들을 잘 알고 있기 때문이다.

생략되었던 퍼레이드

2015년, 당시까지 생존해 있던 애틱스 고등학교의 1955년 팀원들과 치어리더들이 한낮에 진행된 퍼레이드에 참여하고 있다. 이번 퍼레이드는 모뉴먼트 서클을 한 바퀴 도는 경로가 포함되었다. 맨 앞이 오스카 로버트슨이다.(《인디애나폴리스 스타》/《USA 투데이》 네트워크)

오스카 로버트슨은 1955년과 1956년 우승 당시, 다운타운에서 진행하는 전통적인 주 챔피언십 축하 퍼레이드의 경로를 이탈시킨 인디애나폴리스 시 당국을 결코 용서할 수 없다고 말해 왔다. 시 관계자들은 지난날의 과오를 조금이라도 만회하려고 몇 차례 노력했다. 2015년, 당시까지 생존해 있던 애틱스 고등학교의 1955년 챔피언 팀원들과 치어리더들이 수레차에 올랐다. 모뉴먼트 서클을 한 바퀴 도는 대낮의 퍼레이드였다. 오스카 로버트슨도 참석했으나 별다른 코멘트는 없었다. 2017년 4월, 3-A 클래스 챔피언십에서 우승한 애틱스 팀의 선수들과 코치들이 다른 디비전에서 우승한 남녀 선수들과 함께 모뉴먼트 서클을 한 바퀴 도는 퍼레이드를 통해 축하를 받았고, 인디애나 페이서스(Indiana Pacers, 인디애나주가 연고지인 NBA 프로 농구팀─옮긴이)가 참가하는 NBA 농구 경기에 게스트로 초대받는 영광을 누렸다.

2017년은 1998년에 시작된 클래스 농구 시대에 애틱스가 처음으로 우승한 해이다. 2016 / 2017 시즌에 인디애나폴리스 관내 팀 세 곳이 주 결승전에 진출했다.

감사의 말

무엇보다 인터뷰를 허락해 준 모든 분들께 감사한다. 레이 크로, 빌 스콧, 마커스 스튜어트 주니어, 빌 햄프턴, 할리 브라이언트, 윌리 가드너, 러셀 레인 박사, 윌리 메리웨더, 베일리 로버트슨 시니어, 앤절라 주얼, 알론조 왓포드와 마리 왓포드, 톰 슬리트, 알 스퍼락, 메리 오걸스비, 오스카 로버트슨, 밥 콜린스, 게리 도나, 폴 D. "토니" 힌클, 앨릭스 클라크 인디애나폴리스 전 시장, 바비 플럼프, 길버트 테일러, 베티 크로, 존 그리글리, 제리 올리버, 조지 맥기니스, 지미 앤젤로폴루스 등이 대표적이다.

애틱스 고등학교의 현 교장인 로런 프랭클린 선생님과 인디애나폴리스 공립학교 인종평등청Office of Racial Equality for the Indianapolis Public Schools의 퍼트리샤 페인의 격려와 지지에 감사한다. 나와 대화를 나눌 당시 4학년생이었으며, 애틱스 고등학교 재학생으로서 견해를 알려 주었던 조사이어 헌던에게 감사한다. 챔피언십 우승 이후, 노스웨스턴 공원에서 열린 모닥불 축하 행사에 관한 기억을 되살려 준 헬렌 블레드소와 역사적인 현장으로 휩쓸려 들어간 치어리더 중 한 명인 밥 웨이트에게 감사한다.

학자이자 역사가인 윌마 무어, 에마 루 손브로, 데일 글렌, 랠프 그레이 박사, 스탠리 워런 박사에게 큰 빚을 졌다.

맥밀런 어린이책 출판 그룹의 임프린트 출판사인 파라 스트로스 지루 사는 처음부터 이 이야기를 매우 아껴 주었다. 조이 페스킨, 몰리 B. 엘리스, 모건 래스, 제러미 로스, 루시 델 프리오리, 존 노라에게 특별한 감사의 말을 전한다. 교열 담당자인 재닛 르나르와 제작 편집자 낸시 엘진, 디자이너 모니크 스털링에게 특별히 감사한다. 내 편집자인 웨슬리 애덤스는 이 이야기를 전개하는 전 과정을 함께했다. 훌륭한 파트너십을 보여 준 그에게 특별한 감사를 돌려야 한다. 보조 편집자인 메건 어바테와 멜리사 워튼에게도 깊은 감사를 전한다. IT와 관련된 내 문제를 인내심을 가지고 능란하게 해결해 주었으며, 사진 사용 허가를 얻을 수 있도록 돕고, 이 프로젝트와 관련하여 셀 수 없이 많은 잡다한 사무를 처리해 주었다.

사진 사용과 관련하여 도움을 준 《인디애나폴리스 리코더》의 섀넌 윌리엄스와 오자이 보이드, 볼 주립 대학교의 베키 매란겔리, 보스턴 애서시움의 퍼트리샤 불로스, 버틀러 대학교의 샐리 차일즈헬튼, 크리스퍼스 애틱스 박물관의 로버트 체스터, 인디애나 농구 명예의 전당의 크리스 메이, 인디애나 역사학회의 나디아 코사리, 《USA 투데이》와 개닛 리프린트의 애니 프랫, 《워싱턴 타임스》의 존

터훈에게 감사한다.

커스틴 캐피는 초고에 가까운 원고를 읽고 소중한 의견을 제시했다. 그리고 인디애나에서 가장 많은 사랑을 받고 있는 작가 중 하나인 댄 웨이크필드는 레드 키 타번이라는 유명한 주점에서 나를 만나 주었고, 그만이 할 수 있는 방식으로 1950년대의 인디애나폴리스에 대해서 나에게 알려 주었다. 감사해요, 댄.

내 형제들 중 최고인 팀 후즈는 여러 방식으로 도움을 주었다. 내 딸들인 해나 후즈와 루비 후즈는 매번 내게 용기를 준다. 아마도 아빠의 고향인 인디애나주에서 약간은 배운 것이 있을 것이다.

내가 초고를 한 장 한 장 소리 내어 읽는 동안 경청해서 들어 주고, 의견을 보태고, 할 수 있는 최대한의 방법으로 매 단계마다 도와준 샌디 세인트 조지에게 깊은 감사를 전한다.

이후의 시간들

이 책에 등장하는 몇몇 인물들의 이후 삶에 대해 여기 정리한다.

1951년 팀

할리 브라이언트: 1953년 크리스퍼스 애틱스 고등학교를 졸업한 뒤 할리는 인디애나주 최고 고등학교 농구 선수로 공인받는 '미스터 바스켓볼'에 선정되었다. 할리는 인디애나 대학교에서 3년 동안 활약하며 인디애나 후지어스 팀이 1957/1958 시즌에 빅 텐* 챔피언십에서 우승하는 데 기여했다. 미 육군에서 2년 동안 복무한 뒤 할리는 할렘 글로브트로터스에 입단했고 27년 동안 함께하며 그중 13년

● Big Ten Conference, 미국 중부에 위치한 대학들이 스포츠 교류 활성화를 목적으로 조직한 리그. 본래 10개 대학교로 출발했지만 현재는 14개로 늘었다.—옮긴이

을 선수로 활동했다. 무려 87개 국가를 여행한 할리는 진정한 의미의 글로브트로터가 되었다. 수년 동안 할리는 글로브트로터스가 참가하는 경기의 하프타임에 각종 농구 기술을 선보이는 '원맨쇼'를 보여 주었다.

레이 크로 코치: 코치로서 179승 20패라는 인디애나주 고등학교 농구 역사상 가장 훌륭한 기록을 남긴 후 1958년 은퇴했으나 곧바로 은퇴 결정을 후회했다. 쇼트리지 고등학교를 포함해서 수개 학교에 다시 한번 코치 자리를 지원했으나 모두 거절당했다. "코치로서 그가 이룬 기록으로 보면 크로 코치는 인디애나 대학교 코치로 영입되었어야 마땅했다."라고 훗날 오스카 로버트슨이 불편한 마음을 드러내며 지적하기도 했다. 이제 전직 코치가 된 레이 크로는 헤어 제품을 판매하다가 인디애나 주의원에 출마하여 당선되었다. 이후에는 인디애나폴리스 공원 및 휴양국 국장으로 근무했다. 그가 길러낸 많은 선수들과 가깝게 지냈고, 그의 제자들은 레이 크로가 2003년 사망하기까지 '미스터 크로'라고 부르며 깍듯이 대했다.

윌리 가드너: 유랑 팀인 할렘 글로브트로터스에서 수년간 활약한 뒤 윌리는 23세 때 NBA의 뉴욕 닉스 팀과 계약했고, 계약하자마자 레이 크로 코치의 집과 같은 블록에서 어머니를 위해 집을 한 채구입했다. 하지만 NBA에서 10개 경기를 치렀을 무렵 닉스 팀이 실시하는 정기 건강검진 결과 심장에서 천공이 발견되었다. 의사는 이

것을 '조용한 심장마비'라고 불렀다. 닉스 팀은 가드너를 방출했고, 다른 팀들도 그를 받아 주는 모험을 하지 않았다. 선수로서의 시대가 끝나자 윌리는 인디애나폴리스로 돌아와 맥주 양조장에서 판매원으로 일하다가 보안관보가 되었다. 윌리 가드너는 2000년 사망했다.

밥 주얼: 레인 박사가 아껴 마지않는 학생이던 밥 주얼은 대학에 쉽게 적응하지 못했다. 미시건 대학교에서 낙제한 밥 주얼은 고향으로 돌아와 인디애나 센트럴 칼리지에 다시 진학했고 화학을 전공했다. 대학교를 졸업한 뒤에는 직업을 구하거나 유지하는 데 어려움을 겪었다. 1956년 건축 관련 직종에서 해직된 뒤 퀘이커 교도의 사회활동 단체인 아메리카 프렌즈 봉사단이 운영하는 소수자 고용 프로그램의 도움을 받아 자신감을 회복했다. 레인 박사가 밥 주얼이 훌륭한 성품을 가졌다는 증거로서 아서 L. 트레스터 상을 수상했던 경력을 언급하는 추천서를 써 준 덕분에 '일라이 릴리'라는 제약회사에 아프리카계 미국인으로는 최초로, 과학자로서 급여를 받는 직원으로 채용되었다. 주얼은 꾸준히 일하며 제품 화학자로 승진했고, 여러 가지 신약 테스트를 지휘, 감독하는 일을 담당했다. 밥 주얼은 1992년 세상을 떠났다.

베일리 "플랩" 로버트슨: 베일리는 애틱스 고등학교 3학년이던 1953년 인디애나주에서 가장 훌륭한 선수 10명 중 하나로 선정되었다. 그는 인디애나 센트럴 칼리지에 농구 장학금을 받고 진학했고,

두 차례 스몰 칼리지 올아메리칸*에 선정되었으며, 경기당 평균 24점, 총 2,280점을 득점하여 팀의 전문 골잡이로 활약했다. 신시내티 프로 농구팀과 시러큐스 팀에 소속되어 NBA에서 잠깐 활동했었고 할렘 글로브트로터스에도 입단했었다. 미 육군에서 복무한 뒤 인디애나폴리스 공립학교의 틀 안에서 특수교육 강사로 경력을 쌓았고 1994년 세상을 떠났다.

1955년 팀

빌 브라운: 애틱스 고등학교 4학년 시절에 인디애나 올스타 팀에 선발되기도 했던 빌은 졸업 후 테네시 주립 대학교에 진학했다. 그가 활동했던 1957년의 농구팀은 미국대학대항체육협회NAIA(National Association of Intercollegiate Athletics) 토너먼트 대회에서 우승했는데, 미국 역사상 전원 흑인으로 구성된 대학 팀 최초의 챔피언십 우승으로 기록되었다. 동부 리그에 소속된 프로 농구팀에서 활동하다가 나중에 인디애나폴리스의 소방관으로 변신했다.

빌 햄프턴: 베일리 로버트슨과 마찬가지로 애틱스 고등학교를 졸업한 뒤 인디애나 센트럴 칼리지에 진학했다. 그는 고득점 대학 농

• All American, 특출한 재능을 가진 스포츠 선수들을 선발해 구성한 대학 팀이나 선수—옮긴이

구 스타로 활약했고, 두 차례 올 컨퍼런스에 선정되었다. 대학 졸업 후에는 레이 크로 스타스와 미시건주 홀랜드의 오일러스라는 세미 프로 농구팀에서 활약했다. 빌 햄프턴은 매리언 카운티의 보안관청 소속 구치소 간수, 보험회사 관리자로도 일했다. 은퇴하기 전까지 청소 용역업체를 운영했다.

윌리 메리웨더: 키가 196cm였던 윌리는 모든 포지션을 소화할 수 있는 다재다능한 선수였고, 퍼듀 대학교의 스타가 되었다. 경기 당 평균 20점을 득점하며 가드로서 올아메리칸에 선정되었다. 1960년 미국 올림픽 대표팀 후보 선수로도 선발되었다. 선수 생활을 마친 후 디트로이트로 이사한 윌리는 디트로이트 학교 제도에 빠르게 적응하면서 훌륭한 과학 선생님으로 거듭났다. '올해의 교사'에 선정되었고 덴비 고등학교 교장을 역임했다. 윌리 메리웨더는 명예의 전당에 헌정된 조지 거빈을 포함하여 NBA 선수 여러 명의 에이전트로도 활약했다.

세드릭 미첼: 미시시피 태생으로 훌륭한 센터였던 세드릭은 1955년 버틀러 대학교에 입학해서 농구를 계속하다가 미 해군에 입대했다. 제대 후에는 로드아일랜드의 브라이언트 대학교에서 대학 농구 선수로 활약하다가 경제학 학위를 받고 졸업했다. 현재 인디애나주의 포트웨인 시에 살고 있다.

오스카 로버트슨: 1956년 오스카가 애틱스 고등학교를 졸업했을 당시 미국 전체를 통틀어 가장 훌륭한 고등학생 선수 중 하나로 평가되었다. 75개 이상의 대학교가 그에게 입학을 제안했다. 인디애나 대학교에 방문했을 때는 브랜치 매크래컨 코치로부터 모욕을 당했고, 미시간 대학교에 방문했을 때는 관계자들이 모두 잊고 있다가 아무도 공항에 마중 나오지 않았다. 결국 오스카는 신시내티 대학교를 선택했다. 그는 당대 최고의 대학 선수로서 3년 연속 득점왕이 되었다. 1960년 하계 올림픽 대회에서는 남자 농구 국가대표팀에 선발되었고, 공동 주장을 맡아 전승 무패를 기록하며 금메달을 따는 주역이 되었다. 오스카는 신시내티 로열스와 밀워키 벅스로 이어지는 14번의 NBA 시즌을 마무리하고 은퇴했으며, 카림 압둘자바를 비롯한 여러 사람들로부터 '농구 역사상 최고의 선수'라는 평가를 받았다. 1964년 리그 MVP로 선정되었고, 1980년에는 그의 이름이 NBA 명예의 전당에 헌액되었다. 오스카 로버트슨은 누군가의 표현을 빌리자면 '엔지니어의 정신과 암살자의 마음'을 가지고 효율적으로 경기를 운영하는 선수였다. 현역 선수로 활동하는 30년 동안 오스카는 단 한 번도 덩크슛을 던진 적이 없었다. 전체 시즌 평균 트리플 더블(농구 경기에서 한 선수가 한 경기 내에서 득점, 리바운드, 어시스트, 가로채기, 블록슛 등 다섯 개 부문 중 세 개 부문에서 두 자릿수 이상의 성공을 기록하는 일)을 기록한 최초 선수로서 NBA 최고 트리플 더블 경기 수인 181회 기록을 보유하고 있고, 2017년 4월 9일 러셀 웨스트브룩이 깨기 전까지 단일 시즌 41경기 트리플 더블 기록을 보

유했다.

은퇴 후 오스카 로버트슨은 전미농구선수협회 National Basketball Players Association 초대 회장으로 선출되었고, 이곳에서 강력하고 억센 지도자로서의 면모를 다시 한번 유감없이 증명했다. 반^反트러스트 소송의 일종인 1970년 로버트슨 대 NBA 재판 결과 NBA의 자유계약^{FA(free agency)} 제도와 드래프트 규칙에 일대 변화를 가져왔고, 덕분에 선수들은 더 많은 자유와 더 많은 연봉을 보장받게 되었다. 현재 오스카 로버트슨은 신시내티에서 사업가로 일하며 여러 회사를 운영하고 있다.

빌 스콧: 빌은 프랭클린 칼리지와 버틀러 대학교에서 선수로 활약했고 졸업했다. 애틱스 고등학교에서 교사로 재직했고, 남자 농구팀의 헤드코치가 되었다. 그는 40년 가까이 인디애나폴리스의 공립학교에서 교사, 코치, 상담가로 일했다.

두려움 없이 항상 올바른 일을 하라

류은숙 (인권연구소 '창' 연구활동가)

옷에 사람을 끼워 맞추다

사람이 옷을 입나요? 옷이 사람을 입나요? 당연히 첫 번째라고 생각할 겁니다. 그런데 나의 개성과 상관없이 이미 만들어진 옷, 그것도 도무지 입고 싶지 않은 옷이 단벌로 있다고 상상해 보세요. 보기조차 싫은 옷인데 다른 사람들이 억지로 나에게 그 옷을 입힙니다. 나한테 어울리지 않아서 벗고 싶다 해도 그럴 수가 없습니다. 벗으려 애쓸수록 피부에 더 달라붙는 것 같습니다. 무슨 공포영화에나 나오는 장면 같습니다. 그런데 인류 역사에는 그런 식으로 옷이 사람을 입는 일이 많았고 지금도 그렇습니다. 대표적인 것이 이 책의 주인공들이 겪는 인종차별입니다.

흑인, 백인, 황인? 백인과 유색인종? 흔히 쓰는 이런 말들이 올바른 것일까요? 그렇지 않습니다. 사람들은 저마다 피부색과 생김

297

새가 다릅니다. 생물학적으로 또는 자연적으로 정해진 '인종' 같은 것은 원래 존재하지 않습니다. 그런데 왜 우린 '인종'이란 게 확실히 존재한다고 생각할까요?

그건 '인종'이란 옷을 지어 놓고, 괴롭히고 착취하고 싶은 사람들에게 그 옷을 억지로 입히려는 차별이 있었기 때문입니다. 누구의, 어떤 의도냐에 따라 '인종'을 나누는 방식은 역사적으로 달랐습니다. 가령, 어떤 나라 귀족들은 피부색이 같은데도 자신들은 평민과 다른 '인종'이라고 주장했습니다. 심지어 귀족의 피는 빨간색이 아니라고 우기기도 했습니다.

여러분이 잘 알고 있을 백인에 의한 흑인 차별도 마찬가지입니다. 이것은 아프리카에서 강제로 끌고 온 사람들을 노예로 부린 백인들이 자기들 잘못을 변명하기 위해 만들어 낸 것입니다. 백인들의 종교에 따르면 모든 사람은 신의 피조물로서 동등하고 형제자매입니다. 그런데 만인평등주의를 어기고 같은 형제자매인 사람을 노예로 학대하려니 정당화할 구실이 필요했던 겁니다. 그래서 '인종'이라는 옷을 지어 놓고 피부색이 검은 사람들을 거기에 끼워 맞춘 것입니다. 백인 노예주들이 만든 인종주의에 따르면, 흑인은 지능이 낮고 게으르고 열등한 존재이니 백인의 노예가 되는 게 자연의 이치가 돼 버립니다. 이런 식으로 열등성이 새겨진 옷을 지어 놓고 특정 사람들에게 강제로 입히는 것을 정당화하는 주장이 차별주의입니다. 인종차별주의, 성차별주의, 장애차별주의 등은 비슷한 경로를 취해 왔습니다.

이 책의 주인공인 농구 하는 소년들이 백인 사회로부터 받는 취급이 그러합니다. '흑인은 농구를 잘할 리 없다', '흑인 선수들은 압박감을 느끼면 좌절하기 마련이다'……. 그런 취급을 계속 받다 보니 "언제든지 부당한 대우를 당한다는 현실에 익숙"해져 버립니다.

그런데 반전이 시작됩니다. 한 경기, 한 경기가 훼방과 위협 속에서 치러질 때마다 한 사람, 한 선수가 "고유한 인격체로 인지되기 시작"합니다. 농구를 통해 "많은 시민들이 인종 다양성을 수용하게끔 흔들고 열심히 노력"한 결과 미리 지어진 옷이 아니라 스스로 지은 옷을 입게 됩니다. 스스로 자기에게 가장 잘 어울리는 옷을 지어 입는 험난한 길, 이 책은 한마디로 그 과정을 보여 줍니다.

존엄성의 의미

"스스로를 희생하고 타인을 존중하고, 궁극적으로 자기 자신을 존중하는 법을 배운 소년들의 이야기다."

이 책에서 제 맘에 가장 와닿은 구절입니다. 특히 '존중'이란 말이 그렇습니다. 무엇을 존중한다는 의미일까요? 실력, 승리, 명예, 성취 등에 대한 존중이 아니라 한 사람 한 사람의 존엄성에 대한 존중을 말합니다.

인권은 모든 사람의 존엄성을 강조합니다. 여기서 존엄성이란 다른 누구와 비교해서 더 높다거나 더 잘났다는 의미가 아닙니다. 우리 한 사람, 한 사람이 비교 불가능하고 대체 불가능한 고유성을 가졌다는 뜻입니다. 이 우주가 생긴 이래 나와 같은 사람은 나뿐이고 앞으로도 그러할 것입니다. 그런데 나만 그런 고유한 존재가 아니라 이 세상 모두가 고유한 존재입니다. 모두가 존엄한 존재로서 서로를 대해야 하는 것이 '존중'입니다. 이 책의 농구부 선수들이 치르는 경기는 하나하나 존엄성에 대한 존중을 요구하고 실천하는 장이라는 점에서 스포츠 경기의 묘미를 넘는 맛을 보여 줍니다.

옛날 일로 생각하지 마라

우리는 어떤 생각이나 행동을 볼 때 저건 '사람을 존중하지 않는 나쁜 일이야.'라고 판단하곤 합니다. 그런데 '나쁜 일'에 대한 감각이 늘 같은 것은 아닙니다. 시대와 맥락에 따라 '나쁜 일'에 대한 감각이 달라집니다. 이 책의 주인공들이 살아가던 시대에는 피부색으로 사람을 달리 대우하는 것이 '나쁜 일'로 인식되지 않았습니다. 백인 중심의 지배적인 인식이 피부색에 따른 차별 대우를 당연하게 여겼기 때문입니다.

오늘날에는 어떤가요? 민주적인 사회에서는 피부색에 따른 차별을 '나쁜 일', 심지어 범법 행위로 여기지만, 모든 사회의 모든 사람이 민주적인 원칙을 받아들이고 있지는 않습니다. 어떤 사람들은 끼리끼리 떼를 지어서 마음에 들지 않는 사람들에게 자꾸만 낙인을 찍습니다. 국적, 고향, 가족 형태, 재산, 성적, 성별, 외모……, 어느 것이든 또 하나의 피부색이 될 수 있습니다.

이 책의 주인공들이 살아 냈던 시대는 1950년대입니다. 그렇다고 해서 지나간 옛일로 치부할 수 있을까요? 모래가 퇴적되어 모래사장이 되듯이 차별의 역사도 축적됩니다. 오늘날, 우리가 누군가에게 그의 인격을 구속하는 옷을 지어 놓고 강제로 입히고 있다면, 그건 역사적으로 누적된 편견에 기초한 것입니다. 더 나쁘게는 현재 저지르는 나쁜 짓을 정당화하기 위해 역사적 잘못 위에 새로운 퇴적물을 또 얹는 것입니다.

지금 여기에서 살아가는 많은 사람들이 인종, 성, 국적, 출신, 지위 등에 따른 차별을 받고 있습니다. 그들의 고통에는 세심하게 살피지 않으면 잘 보이지 않는 역사적 퇴적층이 있습니다. 여러분의 독서가 깊은 읽기가 되려면, 그런 역사적 퇴적층을 같이 볼 수 있어야 합니다. '지금은 안 그렇잖아?' '지금은 살기 좋아졌잖아?' '그런데 왜 아직도 차별이라고 불평해?' 이런 말은 누적된 차별과 편견 때문에 지금도 고통을 겪는 사람들의 상황을 무시하는 것이고, 차별에 반대하여 힘겨운 싸움을 하는 사람들의 노고를 부정하는 것입니다.

이 책의 소년들을 비롯한 아프리카계 미국 시민들의 인권 투쟁은 미국 내의 아주 다양한 배경을 가진 사람들(한국계 미국인을 포함하여)의 권리 향상을 낳았습니다. 그리고 지금 여기에서 살아가는 우리의 권리와도 연결돼 있습니다. 우리가 지금 누리는 권리는 이 책의 소년들 같은 과거의 사람들이 이룩한 역사적 성취의 결과물입니다. 그 과실을 국경과 시대를 넘어 우리가 같이 누리는 것입니다. 우리에게는 이 소중한 권리를 잘 가꾸어 나누고 또 보태서 타인에게 선사할 책임이 있습니다.

교차로에 서 있는 사람들

이 책에 나오는 소년들은 '피부색'이라는 하나의 차별이 아니라 여러 가지 차별을 동시에 감당하며 시합에 나서야 했습니다. 마치 여러 길이 엇갈리는 교차로에 서 있는 것처럼 소년들을 괴롭힌 문제는 복합적입니다. 그래서 코치 선생님은 농구만 가르치면 되는 게 아니었습니다. 코치가 된다는 것의 의미는 "선수들의 배 속에 음식을 넣어 주고, 선수들이 학교를 포기하지 않도록 지켜 주고, 그들의 성적을 관리한다는 것을 의미"했습니다. 선수들은 가난 때문에 굶어야 했고, 학교를 포기해야 했고, 공부도 운동도 챙길 여력이 없었습니다. 열악한 환경은 인종차별뿐 아니라 경제적 차별, 법적 차별 등 다층적인 억압 상황이 만들어 낸 것이었습니다. 단지 흑인 소년들이 최선을 다해 농구를 잘한다고만 해서 해결되는 문제는 아니었습니다.

만약 백인 심판이 피부색과 상관없이 공정하게 심판을 보았다면 공정했다고 볼 수 있을까요? 그렇다 하더라도 흑인 선수가 가난 때문에 밥을 굶고 출전했다면, 인종 분리된 식당의 주인이 흑인에게는 밥을 팔지 않겠다고 해서 굶어야만 했다면, 시합을 마치고 돌아갈 집이 철거될 위기에 처해 있었다면, 부모님이 직장을 잃을지도 모르는 상황이었다면, 아무리 농구 시합에서 공정한 경기를 했어도 평등과는 거리가 멀었을 겁니다.

차별받는 사람이 있다고 할 때, 그것은 인종차별일수도 있고 빈부 격차로 인한 계급차별일 수도 있고 성차별일 수도 있습니다. 교차로에 서 있다는 말은 이런 차별들이 복합적으로 엮인 어려움을 겪는다는 말입니다. 한 사람이 구체적으로 겪어야 하는 여러 차별 중 내가 보고 싶은 것만 골라 보는 것도 차별의 골을 더 깊게 만듭니다.

존중으로 성장하는 사람들

차별받는 이유가 그 사람의 결함 때문이 아니듯이 존중받아야 하는 이유도 재능이나 역량은 아닙니다. 이 책의 메시지를 자칫 잘못 읽으면 '성공해서 챔피언이 되어 차별을 극복했다.'가 되는데 그건 이 책에서 말하는 존중의 의미가 아니라고 봅니다. 코치 선생님은 "[재능 있는] 소년들을 모아서 농구팀을 발전시키는 것이 아니라, 농구팀을 통해서 소년들을 성장시키는 것이 내 일이다."라고 했습니다. 여기서 말하는 '성장'은 단지 실력이 느는 것이 아니라 자신의 고유한 인격성을 존중하고 공동체를 생각할 줄 아는 사람으로 성장하는 걸 말합니다.

"모든 사람을 존중하되 어느 누구 앞에서도 뒤로 물러서지 마라."

레이 크로 코치의 대표적 가르침은 이것이었습니다.

그리고 성장한 것은 농구팀의 소년들만이 아니었습니다. "모든 아프리카계 미국인 시민들"이 "스스로 열등한 존재가 되기를 거부하며" "한마음으로 단합"함으로써 함께 이뤄 낸 성장이었습니다.

이 책의 주인공은 농구부 선수들이지만, 저는 주변 사람들의 얘기도 같이 상상하며 읽으면 좋겠습니다. 주인공들과 같은 흑인이면서 아울러 여성인 소녀들이 겪어야 했던 차별은 어떠했을까요? 이 소녀들의 아버지들이 겪는 문제와 어머니들이 겪는 문제는 또 어떻게 달랐을까요? 백인의 집에서 가사도우미로 일하는 흑인 여성들, 백인 사장 밑에서 착취당하는 흑인 노동자들, 정든 집에서 쫓겨나는 흑인 철거민들, 농구 심판이나 교사가 될 권리를 애초에 거부당한 재능 있는 흑인들, 부당함 앞에서 혼자 고립되거나 우울해하지 않고 함께 민권 투쟁을 하는 지역 공동체와 방방곡곡의 아프리카계 시민들, 또 그들과 연대하는 다양한 배경의 시민들……. 그들의 얘기까지 함께 상상하며 읽으면 농구장만이 아니라 전사회적으로 벌어진 정의를 위한 싸움의 땀방울과 열기를 느낄 수 있을 겁니다.

멋진 스포츠와 역사적 사회운동의 공통점은 레이 크로 코치 선생님의 말씀처럼 "올바름은 항상 이긴다."는 원칙에 대한 신념과 "두려움 없이 항상 올바른 일을 하라."는 실천에 있습니다. 이 책을 읽는 여러분은 자기 자신이 덩크슛을 던진 환희를 느낄 수 있을 겁니다.

저급한 권력 앞에서 나를 지키는 법

김충선

고등학교 주 챔피언십에서 우승한 팀이 인디애나폴리스 한가운데를 관통하는 넓은 도로에서 카퍼레이드를 펼치며 승리를 축하하는 것은 후지어 농구의 전통이었습니다. 선수들을 태운 차를 시민과 팬들이 둘러싸고 행진하는 동안, 다른 자동차들이 함께 기쁨의 경적을 울리며 요란하게 따라붙고는 했습니다. 퍼레이드는 항상 도심 한복판까지 이어졌습니다. 아이러니하게도 당시 인디애나주의 주도인 인디애나폴리스 관내 고등학교는 챔피언십에서 우승한 적이 한 번도 없었습니다. 만약 관내 학교가 마침내 우승을 거두게 된다면 그 어느 도시보다 시끌벅적한 축하 행사가 마련될 터였습니다. 하지만 실상은 달랐습니다. 1955년 인디애나폴리스의 한 학교가 드디어 챔피언 자리에 오르자 일면 시민사회로부터 환영받는 듯했지만 퍼레이드 코스는 약속과 달랐고 행사는 마지못한 듯 서둘러 마무리되었습니다. 단지 그 학생들의 피부색이 검다는 이유만으로 절반의 축하에 그치고 말았던 것이지요.

이 책은 지금으로부터 60여 년 전, '미국의 교차로'라 불리기도 하고 '북부의 남부'라고 불리기도 했던 인디애나폴리스라는 한 도시에서 가난을 딛고 자신의 힘으로 놀라운 성취를 거두며 도시 전체의 인식과 태도를 바꾸어 놓았던 흑인 소년들에 관한 실제 이야기입니다. 여러분이 1950년대 이곳에서 검은 피부를 가지고 태어났다면, 그것은 곧 여러분이 아둔하고, 타고난 성정이 못됐으며, 열등하다는 의미였습니다. 아무런 논리적 근거 없이 태어날 때부터 그런 취급을 받았습니다. 그런 소년들에게 농구는 그들을 증오하고, 위협하고, 제한하고, 업신여겼던, 마치 오염된 공기처럼 만연했던 편견으로부터 비로소 벗어날 수 있는 마지막 희망이었습니다. 소년들은 자신의 모든 것을 농구에 바쳤고 마침내 누구도 부인할 수 없는 우월함으로 편견의 코를 납작하게 해 주었습니다. 저들이 저급하게 나올 때 품위를 지키고 나를 높임으로써 결국은 인정받게 되었습니다.

이 이야기 속에는 여러 인물이 나오고 생소한 도시와 학교가 다수 등장합니다. 흑백사진처럼 낡고 오래된 얘기라 현재와는 무관한, 지나간 시절같이 느껴질 수도 있습니다. 처음 읽기 시작할 때는 다소 혼란스럽고 진도가 더딜 수도 있습니다. 하지만 약간의 인내심을 발휘한다면 사회적으로 냉대받았던 흑인 소년들 하나하나가 큰 사랑을 받을 가치가 있는 존재였음을 확인하며 감동과 재미를 느끼게 될 것입니다. 그리고 이것이 과연 흘러간 추억담이기만 한 것인지, 사회의 혐오와 편견에 대해서 생각해 볼 계기가 될 것입니다.

참고문헌

저자의 인터뷰

대부분 테이프로 녹음한 인터뷰 내용이 가장 중요한 정보 출처였다. 1986년부터 2017년까지, 나는 코치와 선수, 치어리더, 학생, 역사학자, 정치가, 기업가, 신문 칼럼니스트 등 수십 명을 만나서 이야기를 나누었다. 당시에 녹음한 카세트테이프는 이 책의 집필이 마무리되는 대로 인디애나 역사학회에서 보관할 예정이다. 내가 인터뷰한 인물 중에는 지미 앤젤로풀로스, 할리 브라이언트, 앨릭스 클라크, 밥 콜린스, 베티 크로(Betty Crowe, 레이 크로의 부인―옮긴이), 레이 크로, 배질 데저닛, 윌리 가드너, 존 "칙" 그리글리 빌 햄프턴, 토니 힌클, 밥 주얼, 러셀 레인, 그레이엄 마틴, 조지 맥기니스, 윌리 메리웨더, 윌마 무어, 바비 플럼프, 베일리 로버트슨 주니어, 베일리 로버트슨 시니어, 오스카 로버트슨, 빌 스콧, 톰 슬리트, 알 스퍼락, 마커스 스튜어트 주니어, 해럴드 스톨킨, 에마 루 손브로, 스탠리 워런, 알론조 왓포드 등이 포함된다.

영화와 비디오

1955년과 1956년 챔피언십 경기는 유튜브에서 전체를 다시 볼 수 있다. 1951년 경기는 중요 장면이 편집되어 업로드되어 있다. 세월의 흐름 속에 영상은 닳고 해져 튀기도 하고 공백도 있지만 소리는 끊김 없이 이어진다. 경기를 시청한다면 애틱스 팀의 지배적인 경기력과 우수성을 분명하게 확인할 수 있을 것이다.

《1951년 IHSAA 주 준결승 / 챔피언십 하이라이트》

1951 IHSAA State Semifinal / Championship Highlights. 1951년 3월 촬영. 유튜브 비디오(32분 24초). 2015년 11월, 인디애나주 고등학교 체육협회(IHSAA)가 게시. youtube.com/watch?v=GzsChP0byts

《1955 IHSAA 주 챔피언십 중 인디애나폴리스의 크리스퍼스 애틱스 97 대 게리의 루스벨트 74》

1955 IHSAA State Championship: Indianapolis Crispus Attucks 97, Gary Roosevelt 74. 1955년 3월 19일 촬영. 유튜브 비디오(48분 34초). 2015년 11월, 인디애나주 고등학교 체육협회가 게시. youtube.com/watch?v=gWgXd7i1iIo

《1956 IHSAA 주 챔피언십 중 인디애나폴리스 크리스퍼스 애틱스 79 대 라피엣 제퍼슨 57》

1956 IHSAA State Championship: Indianapolis Crispus Attucks 79, Lafayette Jefferson 57. 1956년 3월 17일 촬영. 유튜브 비디오(41분 07초). 2015년 11월, 인디애나주 고등학교 체육협회가 게시. youtube.com/watch?v=hmVakfAJwkM&t=215s

《애틱스: 한 도시의 문을 연 학교》

Attucks: The School That Opened a City. 제1부와 제2부. 113분 분량의 다큐멘터리. 테드 그린 감독. 인디애나폴리스. WFYI Public Media, 2016. 크리스퍼스 애틱스 고등학교의 역사와 사회적 맥락을 소개하고, 졸업생들이 이룬 성취를 강조한다. 애틱스 고등학교 출신의 유명 인사들 다수의 인터뷰가 포함되어 있다. wfyi.org/programs/attucks

크리스퍼스 애틱스의 〈크레이지 송〉

Crispus Attucks Crazy Song. 2015년 2월 25일 촬영. 유튜브 비디오(1분 15초). 2015년 2월, 19nine이 게시. 2015년 버틀러 대학교는 1955년과 1956년의 애틱스 팀을 기념하는 자리를 마련했다. 행사의 일환으로 당시에 치어리더로 활약했던 어르신들이 〈크레이지 송〉을 다시 한번 불렀다. youtube.com/watch?v=QFtykvcKfRY

《록필드가든스: 공동체 내의 공동체》

Lockefield Gardens: A Community Within a Community. 다큐멘터리. 브래들리 K. 심스 감독. 인디애나폴리스: 정부 케이블 채널 16, 1988년. 지역 주민에게 자긍심을 고취했던 인디애나-퍼듀 대학교 인디애나폴리스 캠퍼스(IUPUI) 인근 주거 단지에 관한 짧은 영화이다.

《응원할 무언가》

Something to Cheer About. 다큐멘터리. 벳시 블랭큰베이커 감독. 2002년. 유튜브 비디오(64분 22초). 2016년 3월 15일 게시. 1950년대 크리스퍼스 애틱스 고등학교 팀을 다룬 64분 분량의 영화 속에서 오스카 로버트슨, 윌리 메리웨더, 할리 브라이언트를 비롯한 다수의 위대한 선수들을 확인할 수 있다. youtube.com/watch?v=PscedqISERY

도서

에릭 앤저빈. 『힌클 필드하우스: 인디애나 주 농구의 전당』

Angevine, Eric. *Hinkle Fieldhouse: Indiana's Basketball Cathedral.* Charleston, SC: The Hickory Press, 2015.

데이비드 M. 찰머스. 『두건을 쓴 미국주의: 쿠 클럭스 클랜의 역사』

Chalmers, David M. *Hooded Americanism: The History of the Ku Klux Klan.* New York: Franklin Watts, 1981.

존 크리스트가우. 『점프샷의 기원: 농구계를 뒤흔든 8인』

Christgau, John. *The Origins of the Jump Shot: Eight Men Who Shook the*

World of Basketball. Lincoln: University of Nebraska Press, 1999.

데일 글렌. 『인디애나 고등학교 농구협회의 역사』

Glenn, Dale. *The History of the Indiana High School Basketball Association*. Garfield, IN: Mitchell-Fleming Printing, 1976.

토머스 R. 그레이엄, 레이철 코디 그레이엄. 『공개: 빌 개릿의 알려지지 않은 이야기와 대학 농구에서의 인종 통합』

Graham, Thomas R., and Rachel Cody Graham. *Getting Open: The Unknown Story of Bill Garrett and the Integration of College Basketball*. Bloomington: Indiana University Press, 2008.

랠프 D. 그레이. 『인디애나의 역사』

Gray, Ralph D. *Indiana History: A Book of Readings*. Bloomington: Indiana University Press, 1994.

데이비드 핼버스탬. 『게임의 휴식 시간』

Halberstam, David. *The Breaks of the Game*. New York: Ballantine Books, 1990.

도널드 유진 해밀턴. 『후지어의 사원: 인디애나 주 고등학교 농구 경기장의 사진이 있는 역사』

Hamilton, Donald Eugene. *Hoosier Temples: A Pictorial History of Indiana's High School Basketball Gyms*. St. Louis, MO: G. Bradley, 1993.

필립 후즈. 『후지어스: 인디애나의 특별한 농구 생활』

Hoose, Phillip M. *Hoosiers: The Fabulous Basketball Life of Indiana*, 3rd ed. Bloomington: Indiana University Press, 2016.
애틱스 고등학교에 관한 장은 이 책에도 포함되었다. 1986년 Vintage Books에서 초판 발행.

필립 후즈. 『열다섯 살의 용기: 클로뎃 콜빈, 정의 없는 세상에 맞서다』(한국어판 돌베개)

Hoose, Phillip M. *Claudette Colvin: Twice Toward Justice*. New York: Farrar Straus Giroux, 2009.

필립 후즈. 『우리도 거기 있었어요!: 미국 역사속의 청소년』

Hoose, Phillip M. *We Were There, Too! Young People in U.S. History.* New York: Farrar Straus Giroux, 2001.

어빙, 리보비츠. 『나의 인디애나』

Leibowitz, Irving. *My Indiana.* Englewood Cliffs, NJ: Prentice Hall, 1964.

어빙 리보비츠는 훌륭한 작가이면서 두려움을 잊은 채 열심히 노력하는 기자였다. 그가 기고한 인디애나주 클랜에 관한 기사 덕분에 《인디애나폴리스 타임스》는 퓰리처상을 수상했다.

M. 윌리엄 루트홀츠. 『그랜드 드래건: D. C. 스티븐슨과 쿠 쿠럭스 클랜』

Lutholtz, M. William. *Grand Dragon: D. C. Stephenson and the Ku Klux Klan.* West Lafayette, IN: Purdue University Press, 1991.

로버트 S. 린드, 헬렌 메럴 린드. 『미들타운: 현대미국문화연구』

Lynd, Robert S., and Helen Merrell Lynd. *Middletown: A Study in Modern American Culture.* New York: Harcourt Brace Jovanovich, 1956.

1929년에 초판이 출간된 미들타운 연구는 부부 사회학자인 로버트 S. 린드와 헬렌 메럴 린드가 공동 작업하에 실시한 인디애나주 먼시를 대상으로 진행한 사회학적 사례연구 결과에 대한 보고서이다. 고등학교 농구의 중요성에 관한 설득력 있는 여러 이야기들이 책 전반에서 소개되고 있다.

케리 D. 마셜. 『레이 크로 이야기: 고등학교 농구의 전설』

Marshall, Kerry D. *The Ray Crowe Story: A Legend in High School Basketball.* Indianapolis: High School Basketball Cards of Indiana, 1992.

전기인 이 책은 특히 레이 크로 코치의 어린 시절, 고등학생 시절, 대학 시절, 그리고 1945년 제17 공립학교의 교사 겸 코치가 되기 직전까지의 삶을 살펴보는 데 도움이 되었다.

필립 레이저. 『외곽 슈터: 회고록』

Raisor, Philip. *Outside Shooter: A Memoir.* Columbia, MO: University of Missouri Press, 2003.

필립 레이저는 1954년 그 유명한 밀란 고등학교와의 결승전에서 패한 먼시 센트럴 팀의 스타팅 가드였다. 그의 팀은 이듬해인 1955년에는 애틱스 고등학교의 경기에서 패했다. 훌륭한 작가인 필립 레이저는 뒤에 영어 교수가 되었다.

윌리엄 J. 리스 엮음.『후지어 학교: 과거와 현재』

　　Reese, William J., ed. *Hoosier Schools: Past and Present*. Bloomington: Indiana University Press, 1998.

랜디 로버츠.『하지만 우리를 이길 수 없어: 오스카 로버트슨과 크리스퍼스 애틱스 타이거스』

　　Roberts, Randy. *"But They Can't Beat Us": Oscar Robertson and the Crispus Attucks Tigers*. Champaign, IL: Sports Publishing, 1999.

오스카 로버트슨.『빅 오: 나의 인생, 나의 시대, 나의 경기』

　　Robertson, Oscar. *The Big O: My Life, My Times, My Game*. Emmaus, PA: Rodale Press, 2003.

　　로버트슨은 높은 통찰력을 보여 주는 이 회고록을 통해서 테네시주와 인디애나주에서 보낸 어린 시절, 크리스퍼스 애틱스 고등학교 팀 선수로 활약했던 시절을 자세하게 소개하고 있다.

톰 생크턴.『나의 아버지들을 위한 노래: 흑과 백의 뉴올리언스 이야기』

　　Sancton, Tom. *Song for My Fathers: A New Orleans Story in Black and White*. New York: Other Press, 2006.

　　지금까지 내가 보아 온 중에, "평등한" 대우를 받는다면 인종을 분리해도 좋다는 플레시 대 퍼거슨 대법원 판결에 관한 가장 훌륭한 묘사와 설명이 수록되어 있다. 이 판결의 결과 인종 분리가 합법화되고 짐 크로 시대를 열었다.

허버트 프레더릭 슈어마이어.『후지어 히스테리아: 인디애나 고등학교 남자 농구의 역사』

　　Schwomeyer, Herbert Frederic. *Hoosier Hysteria: A History of Indiana High School Boys Basketball*, 9th ed. Indianapolis: H. Schwomeyer, 1997.

에마 루 손브로.『노예해방 이후: 1863~1963년 인디애나 흑인의 간략사』

　　Thornbrough, Emma Lou. *Since Emancipation: A Short History of Indiana Negroes, 1863-1963*. Indiana Division, American Negro Emancipation Centennial Authority, 1963, 16 – 23.

존 R. 투니스. 『예이! 와일드캣츠!』

Tunis, John R. *Yea ! Wildcats !* New York: Harcourt, Brace, 1944.

후지어 히스테리아를 심하게 앓은 인디애나주의 작은 도시를 배경으로 쓰인 위대한 소설로서 당시의 토너먼트 대회 진출에 관하여 훌륭하게 묘사하고 있다.

스탠리 워런. 『크리스퍼스 애틱스 고등학교: "녹색 만세, 금색 만세"』

Warren, Stanley. *Crispus Attucks High School: "Hail to the Green, Hail to the Gold."* Virginia Beach, VA: Donning Co., 1998.

스탠리 워런. 「인디애나폴리스 흑인들을 대상으로 하는 중등 교육 과정의 변화」

Warren, Stanley. "The Evolution of Secondary Education for Blacks in Indianapolis." Indianapolis: Indiana Historical Society Press, 2007.

윌마 L. 깁스가 편집한 『인디애나의 아프리카계 미국인 유산: 「흑인 역사 뉴스 & 노트」에서 발췌한 에세이』(*Indiana's African American Heritage: Essays from 『Black History News and Notes』*)에 수록.

이사벨 윌커슨. 『다른 태양의 온기: 미국의 대이동 서사시』

Wilkerson, Isabel. *The Warmth of Other Suns: The Epic Story of America's Great Migration.* New York: Random House, 2010.

신문

당시 인디애나폴리스의 여러 신문사가 작성했던 칼럼과 기사는 매우 중요한 자료였다. 나는 《인디애나폴리스 스타》, 《인디애나폴리스 뉴스》, 《인디애나폴리스 타임스》 등과 같은 일간지를 참고했다. 하지만 다른 무엇보다 독자층이 흑인이었던 《인디애나폴리스 리코더》는 상황을 이해하는 데 큰 도움이 되었다. 《인디애나폴리스 리코더》의 기사는 매우 훌륭하게 정리되어 있어서 손쉬운 검색이 가능한 온라인 아카이브 newspapers.library.in.gov에서도 찾아볼 수 있다.

1950년대까지만 해도 인디애나폴리스를 연고지로 하는 메이저 리그 스포츠 팀이 없었다.(인디애나 페이서스 팀은 1967년 ABA(American Basketball Association, 미국농구협회) 회원으로서 창단했고, 1976년에 ABA-NBA 합병 결과로 비로소 NBA(National

Basketball Association, 미국프로농구협회)에 가입했다. NFL(National Football League, 미국프로풋볼리그)의 콜츠(Colts)가 인디애나폴리스에서 처음으로 경기를 시작한 것은 1984년 시즌부터였다.) 이러한 현실이 고등학교 농구팀을 향한 인디애나의 히스테리아와 맞물린 결과 인디애나폴리스의 각 신문사들은 마치 프로 팀을 대하듯이 고등학교 농구팀을 다투어 보도하고 상세하게 다루었다. 덕분에 인디애나폴리스 최고의 기자들은 크리스퍼스 애틱스 팀의 부상, 특히 오스카 로버트슨의 영웅적인 재능에 대해서 거의 날마다 기사를 작성했다.

이 책을 준비하면서 나는 운이 좋게도 많은 사람들과 폭넓게 인터뷰할 수 있었고, 특히 중요한 신문사 관계자인 밥 콜린스와 마커스 스튜어트 주니어와 친구가 되었다. 밥 콜린스는 《인디애나폴리스 스타》의 스포츠 담당 편집자로 일하다가 1995년 세상을 떠났다. 《인디애나폴리스 리코더》의 발행인이었던 마커스 스튜어트 주니어는 2010년 세상을 떠났다. 밥과 마커스가 도와준 덕분에 나는 신문사의 중요한 기록 자료에 접근할 수 있었다.

특정한 기사는 주석 부분에서 인용 표기하였다.

잡지 및 정기간행물

인디애나 역사학회 도서관(Indiana Historical Society Library)이 펴내는 계간지 《흑인 역사 소식과 메모》(Black History News and Notes), 미시시피 밸리 역사협회 (Mississippi Valley Historical Association)의 공식 저널인 《미시시피 밸리 역사 리뷰: 미국 역사 저널》(*Mississippi Valley Historical Review: A Journal of American History*) 이 두 가지 간행물이 큰 도움이 되었다.

애람 가우수지언. 「'바-에드, 바-아-에드 타이거스': 크리스퍼스 애틱스 농구팀과 1950년대 흑인 인디애나폴리스」
Goudsouzian, Aram. "'Ba-ad, Ba-a-ad Tigers': Crispus Attucks Basketball and Black Indianapolis in the 1950s." *Indiana Magazine of History* 96, no.1(March 2000): 5-43.

스탠리 워런. 「후지어 히스테리의 이면」

Warren, Stanley. "The Other Side of Hoosier Hysteria." *Black History News and Notes* 54(November 1993): 1-8.

특별 컬렉션

미국 흑인 해방 센테니얼청, 인디애나 디비전 컬렉션, 희귀 도서 및 필사본, 인디애나주립도서관, pp.16~23.

American Negro Emancipation Centennial Authority, Indiana Division collection, Rare Books and Manuscripts, Indiana State Library, pp.16-23. Indianapolis, 1963.

러셀 A. 레인 컬렉션

Russell A. Lane Collection. M522. Indiana Historical Society.

주석

머리말: 오스카의 주장

9쪽   "백인들이라 해도 그의 재능을 알아볼 수는 있었다.": Halberstam, *The Breaks of the Game*, 344.

12쪽   "여전히 인디애나폴리스에서 가장 존경받는 인물 1위로": Goudsouzian, "Ba-ad, Ba-a-ad Tigers,'" 38.

15쪽   "인디애나주를 잘 알지 못하는 사람들이라면": *Indianapolis Recorder*, March 26, 1955.

프롤로그: 플랩의 샷

프롤로그의 내용은 베일리 "플랩" 로버트슨, 오스카 로버트슨, 그리고 1951년 애틱스 팀의 멤버로서 플랩의 플레이를 벤치에서 지켜보았으며 뒤에 교사이자 역사학자가 된 스탠리 워런과의 인터뷰를 토대로 작성하였다.

17쪽　　애틱스 대 앤더슨 고등학교의 지역 결선: *Indianapolis Recorder*, March 10, 1951, and the March 4, 1951, issues of the *Indianapolis Times* and the *Indianapolis Star*.

21쪽　　"플랩의 슛을 지켜본 뒤로": Robertson, *The Big O*, 18.

1장　희망을 찾아 북부로

1장은 할리 브라이언트, 윌리 가드너, 윌리 메리웨더, 베일리 로버트슨 주니어와의 인터뷰를 토대로 작성하였다.

27쪽　　테네시주를 떠나 인디애나폴리스로 이주한 로버트슨 가족: 베일리 로버트슨 주니어와 가진 저자의 인터뷰; Robertson, *The Big O*, 4-6.

30쪽　　흑인 대이동(박스): Wilkerson, *The Warmth of Other Suns*.

35쪽　　D. C. 스티븐슨과 인디애나주의 쿠 클럭스 클랜: Lutholtz, *Grand Dragon*; 에마 루 손브로와 가진 저자의 인터뷰; Leibowitz, *My Indiana*.

38쪽　　"부드럽게 넘실대는 북동부 초원지대부터 남부의 가난한 농장들까지": Leibowitz, *My Indiana*, 217.

38쪽　　"소속감 히스테리 증상": Chalmers, *Hooded Americanism*, 164.

42쪽　　"공교육에 새로운 관심을 기울였다.": Warren, "The Evolution of Secondary Schooling for Blacks in Indianapolis, 1869-1930," 29-34.

2장　후지어 히스테리아

56쪽　　아서 트레스터를 방문한 삼인방: Warren, "The Other Side of Hoosier Hysteria," 1-8; Glenn, *The History of the Indiana High School Basketball Association*, 120-123.

56쪽   아서 트레스터의 생애와 그에 대한 묘사: Glenn, *The History of the Indiana High School Basketball Association*, 90, 136-143.

57쪽   인디애나주 고등학교 농구 토너먼트 대회의 초창기 역사: 1911년부터 시작된 각 결승전 경기의 결과표와 매년의 경기 내용에 대해서는 Schwomeyer, *Hoosier Hysteria*; 토너먼트 대회의 발전상에 대해서는 Hoose, *Hoosiers*, 9-33과 Tunis, *Yea! Wildcats!* 참조.

59쪽   먼시의 체육관 이야기: Reese, *Hoosier Schools*.

60쪽   체육관 건설 열기(박스): Hamilton, *Hoosier Temples*.

67쪽   러셀 레인 박사(박스): 밥 콜린스, 베티 크로, 레이 크로, 밥 주얼과 가진 저자의 인터뷰; Goudsouzian, "'Ba-ad, Ba-a-ad Tigers,'" 9-12; and Russell A. Lane Collection, Indiana Historical Society.

68쪽   시골 마을로 원정 경기를 다닌 애틱스 팀의 선수들과 치어리더들 이야기: Marshall, *The Ray Crowe Story*, 102-04.

70쪽   선수 선발에 대한 레인 박사의 관여와 스타일: 밥 콜린스, 레이 크로, 밥 주얼과 가진 저자의 인터뷰.

71쪽   할렘 글로브트로터스(박스): en.wikipedia.org/wiki/Harlem_Globetrotters

74쪽   어쩔 수 없이 흑인 고등학교와 가톨릭계, 사립 고등학교의 회원 가입을 승인했던 IHSAA: Warren, "The Other Side of Hoosier Hysteria," 5-7.

77쪽   킨케이드홀 이야기: *Attucks: The School That Opened a City* (영화), part 2.

79쪽   록필드에서의 거친 경기: 할리 브라이언트, 베일리 로버트슨, 스탠리 워런과 가진 저자의 인터뷰.

80쪽   크리스마스 선물로 받은 오스카 로버트슨의 농구공: 베일리 로버트슨과 가진 저자의 인터뷰; 아울러 Robertson, *The Big O*, 14.

3장   레이 크로: "네 가족 모두를 만나 뵙고 싶구나"

3장의 내용 대부분은 1985년부터 1995년 사이에 레이 크로와 여러 번 장시간에 걸쳐 사무실이기도 한 그의 자택에서 인터뷰한 내용에서 정리하였다. 인터뷰는 본래 잡지 기고를 위한 취재 차원이었고, 우리는 이내 이 이야기를 영화 시나리오로 만들 수 있겠다고 생각했다. 크로의 사무실 벽은 위대한 애틱스 팀부터 역대 팀원들의 사진으로 가득했다. 레이 크로는 내게 정확한 정보를 주고 싶어서 작은 갈색 수첩을 간간이 참고했다. 두 번째 중요한 참고 자료는 케리 D. 마셜이 쓴 레이 크로의 공인 전기 『레이 크로 이야기: 고등학교 농구의 전설』이었다.

86쪽   빅 데이브 데저닛(박스): 1985년 데이브의 형제인 배질 데저닛과 가진 저자의 인터뷰.

95쪽   제17 공립학교의 규율에 관한 에피소드와 크로 코치의 방과 후 프로그램: 할리 브라이언트, 윌리 가드너, 베일리 로버트슨 주니어와 가진 저자의 인터뷰.

98쪽   "[어떤 집들은] 운하의 모퉁이를 따라서 줄지어 세워 둔 오막 같았다.": Marshall, *The Ray Crowe Story*, 53.

4장 신사가 될 것인가, 아니면 전사가 될 것인가?

103쪽   "레이 크로 코치가 이끄는 타이거스 팀이 처음으로 부상했을 때": "The Indianapolis Tigers," editorial, *Indianapolis Recorder*, March 14, 1953.

106쪽   "한번은 바스켓 바로 아래에서 충돌이 일어났는데": 밥 콜린스와 가진 저자의 인터뷰.

107쪽   "한번은 어떤 작은 학교를 상대로 완승을 거둔 적이 있는데": 베일리 로버트슨 주니어와 가진 저자의 인터뷰

107쪽   원 핸드 슈팅(박스): 할리 브라이언트와 가진 저자의 인터뷰; Christgau, *The Origins of the Jump Shot*.

109쪽   "소년들이 뒤섞여 1950년 시즌 동안 경기장에서 뛰었다.": 밥 콜린스, 레이 크로, 윌리 가드너, 밥 주얼과 가진 저자의 인터뷰; Hoose, *Hoosiers*, 65-68; Roberts, *"But They Can't Beat Us,"* 46-49.

114쪽   "프로그아일랜드는 흥분으로 들끓고 있었다.": *Indianapolis Recorder*,

February 24, 1951.

115쪽 "내 평생에 가장 훌륭했던 고등학교 농구 시합을 어젯밤에 보았다.": Jimmie Angelopolous, *Indianapolis Times*, March 4, 1951.

119쪽 "이것은 예를 들자면": Jimmie Angelopolous, "Attucks Success Story: A Love for Basketball," *Indianapolis Times*, March 11, 1951; 지미 앤젤로폴루스와 가진 저자의 인터뷰.

121쪽 "인종 간 민주주의라는 해일": "Attucks Tigers and Hoosier Democracy," *Indianapolis Recorder*, March 17, 1951.

123쪽 "저는 그의 슛에 미치지 못했습니다.": 밥 주얼과 가진 저자의 인터뷰. 1990년대 중반 인디애나폴리스에서 밥 주얼과 인터뷰할 때 나는 그의 솔직함, 놀라운 자기 인식, 그리고 에번즈빌의 라이츠 고등학교에 패한 뒤 느꼈던 괴로움을 적극적으로 피력하려는 자세에 깊은 인상을 받았다. 그는 전체 공동체를 실망시킨 것 같았고, 이런 상실감을 팀 동료와 나눌 마땅한 방법을 찾지 못해 깊은 상처를 받았다. 밥 주얼은 마음의 상처를 40년 이상 떨치지 못하고 살았다. 나는 어떤 말로도 그의 괴로움을 덜어 낼 수도 위로할 수도 없다고 느꼈다.

123쪽 4강전에서 에번즈빌의 라이츠 고등학교에 패한 애틱스 팀: 경기 내용은 "Upsets Mark Play in Afternoon Tilts," *Indianapolis Times*, March 17, 1951 참조. 경기 하이라이트는 1951 IHSAA State Semifinal/Championship Highlights (비디오) 참조.

126쪽 <크레이지 송>: *Crispus Attucks Crazy Song* (비디오).

128쪽 "농구는 이제 오스카의 인생이 되었다.": Robertson, *The Big O*, 19-22.

128쪽 "우리는 다른 아이들이 나오기 전에": 할리 브라이언트와 가진 저자의 인터뷰.

130쪽 "우리는 도시 남쪽으로는 갈 수 없었다.": Robertson, *The Big O*, 9, 24.

131쪽 "그 애는 너무 절실하게": *Lockefield Gardens* (영화).

134쪽 "록필드가든스의 농구장에 가서 오스카를 쫓아내야 했습니다.": 앞의 영화.

5장 재즈 형식처럼

138쪽 선수들에 대한 레이 크로의 배려에 관한 이야기: 레이 크로, 윌리 가드너, 윌리 메리웨더, 알 스퍼락, 스탠리 워런과 가진 저자의 인터뷰.

141쪽 "소년들을 모아서 농구팀을 발전시키는 것이 아니라": Marshall, *The Ray Crowe Story* 서문.

142쪽 "제가 자른 선수들을 모으더라도": 앞의 책, 35.

142쪽 버틀러 필드하우스(박스): 폴 D. "토니" 힌클과 가진 저자의 인터뷰; Angevine, *Hinkle Fieldhouse*, 12-35.

144쪽 "경기를 치를수록 매번 관람객이 증가했다.": Hoose, *Hoosiers*, 67-68.

147쪽 "네이스미스가 의도한 바가 아니었다.": *Attucks: The School That Opened a City* (영화).

149쪽 "애틱스 체육 기금": 알론조 왓포드와 가진 저자의 인터뷰.

149쪽 "최소한, 녹색과 금색 유니폼을 입은 농구 선수들을 대하는 태도는": 윌리 메리웨더, 빌 스콧, 스탠리 워런과 가진 저자의 인터뷰.

149쪽 "우리는 시내 이곳저곳을 시험 삼아 둘러보았습니다.": 스탠리 워런과 가진 저자의 인터뷰.

151쪽 "나 하나 때문에 동네분들이나 학교 관계자들 모두를 실망시킨 것 같다.": Marshall, *The Ray Crowe Story*, 66.

152쪽 중학생 선수 시절의 오스카 로버트슨: 레이 크로, 윌리 메리웨더, 톰 슬리트와 가진 저자의 인터뷰.

6장 10점은 심판들의 몫

159쪽 "윌리 가드너의 1952/1953 시즌 참가를 불허": 레이 크로, 윌리 가드너와 가진 저자의 인터뷰.

161쪽 "우리와 경기 한 번 치르고 나면": 1985년에 진행된 알론조 왓포드와의 인터뷰는 잊을 수가 없다. 나는 인디애나폴리스에 소재한 그의 자택에서 왓포드가 세상을 떠나기 몇 주 전에 그를 만났다. 가족이 곁을 지키고 있었다. 산소 공급용 텐트 속에서 왓포드는 침상에서 몸을 일으켜 힘겹게 나와 대화를 나누었다. 그에게 말을 걸려는 나를 그의 경찰관 아들이 만류했다. 하지만 왓포드의 아내인 마리(Marie)는 한번 말을 시켜 보라고 격려했다. 내가 그날 밤에 던진 질문을 그에게 물었던 다른 사람은 없었다고 했다. 왓포드는 말하는 것을 매우 힘겨워했다. 몇 달 전까지만 해도 애틱스 팀과의 시합을 거부했던 다른 학교의 운동 감독들이 예의 바르게 전화를 걸어 부탁했던 장면에 이르기까지, 그는 말 한 마디, 한 마디를 완성하고자 애썼고 얼굴이 일그러졌다. 하지만 당시의 기억이 되살아나자 왓포드는 키득키득 웃음을 터뜨렸고, 그 바람에 산소 텐트가 흔들릴 정도였다.

162쪽 　버나드 맥피크의 이야기, 심판 관련 문제: 레이 크로와 가진 저자의 인터뷰, 다른 많은 선수들에게 재확인; Marshall, *The Ray Crowe Story*, 91-92. 맥피크 씨는 1954년 다시 한번 심판협회 가입을 신청했으나 또다시 거절당했다. 다음 자료도 참조. "Referees Hold to Jimcrow," *Indianapolis Recorder*, December 4, 1954, and Preston Box, "The Referees Foul Out," *Indianapolis Recorder*, December 11, 1954.

164쪽 　"가장 치명적이었던 심판의 휘슬": Marshall, *The Ray Crowe Story*, 93.

166쪽 　"저는 다른 생각을 할 수 없었습니다.": "'This Will Be with Me Rest of My Life,' Says Hallie," *Indianapolis Recorder*, March 21, 1953.

167쪽 　"많은 흑인 젊은이들": *Indianapolis Recorder*, March 21, 1953.

7장 "나의 사람들 곁에"

175쪽 　"여덟 시간 동안 500km 가까이": Robertson, *The Big O*, 11, 30-31.

177쪽 　시카고에서 열린 글로브트로터스 선발전에 참가한 윌리 가드너와 클리브랜드 하프: 레이 크로, 윌리 가드너와 가진 저자의 인터뷰.

180쪽   "어디에서 저런 녀석을 찾으셨어요?": 윌리 가드너와 가진 저자의 인터뷰.

180쪽   "캠프에 모인 신입 선수가 모두 33명이었는데": Gregg Doyel, "Willie Gardner Had So Much; Lost So Much," *Indianapolis Star*, June 17, 2016.

184쪽   "그 아이를 지켜보고, 챔피언십에서 승리를 이끄는 모습을 바라보면서": 윌리 메리웨더와 가진 저자의 인터뷰.

185쪽   빌 스콧 가족의 창고에서의 삶: 빌 스콧과 가진 저자의 인터뷰.

185쪽   "첫 경기를 불안하게 시작했다.": Robertson, *The Big O*, 32-33.

186쪽   "2학년생으로서 예상치 못한 침착함": 앞의 책, 33.

187쪽   "오스카에게 공이 건네지면": *Something to Cheer About* (영화).

189쪽   "네가 허프란 애지?": Roberts, *"But They Can't Beat Us,"* 56-58.

193쪽   "그는 오스카 로버트슨을 백코트에 넣기로 했다.": Roberts, *"But They Can't Beat Us,"* 59.

193쪽   "오스카의 의지는 처음부터 분명했습니다.": 레이 크로와 가진 저자의 인터뷰.

195쪽   할리우드 영화《후지어》(박스): Robertson, *The Big O*, 40-41; Hoose, *Hoosiers*, 47-52.

197쪽   "그날 저녁에 식사를 하러 나갔는데": 윌리 메리웨더, 바비 플럼프와 가진 저자의 인터뷰; Roberts, *"But They Can't Beat Us,"* 62-69.

8장 "애틱스는 우리 팀이었으니까요!"

203쪽   "독자 여러분께 용서를 구하지만": Robert Preston, "And Away We Go!," *Indianapolis Recorder*, October 30, 1954.

204쪽   "나는 [W. E. B.] 두보이스나 [랠프] 엘리슨, [리처드] 라이트의 작품을 읽었고": Robertson, *The Big O*, 46.

206쪽   한 경기, 한 경기 이어 갈 때마다 관객 수는 늘어났다.: "World's Top Crowds Watched Crowemen," *Indianapolis Recorder*, April 2, 1955.

206쪽   "관중 수로는 세계 기록": 앞의 기사.

207쪽   "네가 학교를 졸업할 때는": 빌 햄프턴과 가진 저자의 인터뷰.

207쪽   "거리를 걷다 보면": 빌 스콧과 가진 저자의 인터뷰.

209쪽   "우리는 특별 대접을 받았습니다.": 윌리 메리웨더와 가진 저자의 인터뷰.

209쪽   "인디애나 금융이라는 대출 회사의 소유주였던 해럴드 스톨킨": 해럴드 스톨킨과 가진 저자의 인터뷰.

214쪽   "오늘 이후": 밥 콜린스, 로버트 크로, 윌리 메리웨더와 가진 저자의 인터뷰; Robertson, *The Big O*, 47.

214쪽   애틱스와 먼시 센트럴의 대격돌: Robertson, *The Big O*, 47 - 48; Roberts, *"But They Can't Beat Us,"* 98 - 104.

219쪽   "결승전 1주일 전에": 러셀 레인과 가진 저자의 인터뷰.

221쪽   "무슨 일이 일어날지 우리는 전혀 짐작할 수 없었습니다.": 앨릭스 클라크와 가진 저자의 인터뷰.

222쪽   "지금 뭐 하시는 거예요?": 빌 햄프턴, 윌리 메리웨더와 가진 저자의 인터뷰.

223쪽   "토너먼트 경기 자체보다도": *Indianapolis Recorder*, March 12, 1955.

224쪽   치어리더 밥 웨이트(박스): 밥 웨이트와 가진 저자의 인터뷰; "Sportsman-ship Forever!," *Indianapolis Recorder*, March 12, 1955. "공간이 부족하여 모든 [치어리더의] 이름을 기록할 수는 없다."라고 편집자는 썼다. "하지만 브로드 리플 고등학교의 밥 웨이트는 자신의 활동 분야에서 시민 챔피언을 뽑는 투표에서 당선되었다." 그리고 2003년 오스카 로버트슨은 다음과 같이 썼다. "[도시 대표] 치어리더들이 줄지어 선 모습 …… 그때를 다시 돌이켜 보아도 감동적인 장면이었다. 지금 이 순간까지도 지난날을 돌이켜 볼 때마다 힘이 되는 작은 사건 중 하나였다"(*The Big O*, 50).

225쪽   1955년 주 결승전 경기 묘사: Robertson, *The Big O*, 50 - 51; 레이 크로, 빌 햄프턴, 윌리 메리웨더, 오스카 로버트슨, 빌 스콧과 가진 저자의 인터뷰; *1955 IHSAA State Championship: Indianapolis Crispus Attucks 97, Gary Roosevelt 74* (비디오).

226쪽   우승 후의 카퍼레이드: 레이 크로, 빌 햄프턴, 베일리 로버트슨 시니어, 오스카 로버트슨, 빌 스콧, 마커스 스튜어트 주니어 등을 포함한 여러 사람과 가진 저자의 인터뷰. 애틱스 팀의 우승 퍼레이드는 뜨거운 감자와도 같은 역사적 주제였다. 오스카 로버트슨이 주로 토론을 주도했지만, 그 혼자만의 주장은 아니었다. 오스카와 다른 많은 사람들은, 챔피언들이라면, 그것도 44년 만에 탄생한 인디애나폴리스 관내 최초의 챔피언이라면 다운타운에서, 우승 팀에 감사하기 위해 사방에서 찾아온 팬들 사이에서, 대낮에 퍼레이드를 누릴 자격이 있었다. 하지만 실제의 퍼레이드는 이런 방식으로 진행되지 않았다. 실제 어떻게 진행되었는지는 논란의 여지가 있었다. 오스카는 인디애나폴리스 중심, 모뉴먼트 서클을 한 바퀴 돌고 멈추지 않고 노스웨스턴 공원으로 곧장 향했다고 기억했다. 한편, 1955년 3월 26일 자 《인디애나폴리스 리코더》는 다음과 같이 다소 다르게 묘사하고 있다. "클라크 시장이 레이 크로 코치에게 시 열쇠를 증정할 때 약 1만 2,000명의 사람들이 모뉴먼트 주변을 에워싸고 열렬히 환호했고 코치는 자신의 선수들을 한 명씩 소개했다. 허먼 시블러 교육감이 짧게 연설했고, 애틱스 팀은 소방차에 올라 노스웨스턴 공원으로 향했다." 《인디애나폴리스 리코더》는 이날 신문 전면에 도시 열쇠를 받는 레이 크로의 사진을 실었다. 하지만 오스카는 당시 기억을 생생하게 간직하고 있었다. "내 기억에 우리는 **모뉴먼트 서클**에서 정지한 적이 없다. 카퍼레이드는 서클을 한 바퀴 돈 다음에 인디애나 애비뉴로 향했고, 이어서 북쪽의 웨스트 스트리트를 탔다."(The Big O, 52) 어찌 되었든, 카퍼레이드가 진행된 시각은 겨울이 끝나 가는 즈음의 쌀쌀한 늦은 밤이었고, 목적지는 백인 시민들은 전혀 모르는 노스웨스턴 파크였다. 때문에 인디애나폴리스의 주민들은 도시 주민 모두가 한마음이 되어 기쁨을 나눌 기회를 박탈당했다.

231쪽   "그들은 우리가 미개한 동물이라서": Robertson, *The Big O*, 53-54.

9장 완벽

244쪽   "그 녀석의 아빠가 다가가": *Indianapolis Monthly*, March 2005(reprinted March 24, 2014, indianapolismonthly.com/news-opinion/remember-the-tigers).

245쪽   "아무도, 제가 분명 아무도라고 했습니다.": Roberts, *"But They Can't Beat Us,"* 126.

247쪽   "인디애나폴리스 역사상 최고의 득점왕": 앞의 책, 135-36.

248쪽   "오스카는 아래에서 슛하고": "Oscar Is Magnificent as He Hits 62 over Spartans," *Indianapolis Recorder*, February 18, 1956.

248쪽   몽고메리 버스 보이콧: Hoose, *Claudette Colvin* 참조.

249쪽   "몽고메리의 상황과 인디애나에서 벌어지는 농구팀 이야기는": Roberts, *"But They Can't Beat Us,"* 145.

256쪽   토너먼트 경기에서 손을 부상당한 오스카: Marshall, *The Ray Crowe Story*, 146-47.

256쪽   "인디애나폴리스 시의 관계자들은": 앨릭스 클라크와 가진 저자의 인터뷰.

262쪽   애틱스 대 라피엣 제퍼슨 고등학교의 결승전: Marshall, *The Ray Crowe Story*, 149; Robertson, *The Big O*, 56-57; *1956 IHSAA State Championship: Indianapolis Crispus Attucks 79, Lafayette Jefferson 57* (비디오).

265쪽   "오스카 로버트슨은 제가 코치 생활을 하면서": Roberts, *"But They Can't Beat Us,"* 162.

265쪽   1956년 우승 퍼레이드: Robertson, *The Big O*, 58.

265쪽   "오스카는 충동적으로 소방차에서 뛰어내렸다.": Roberts, *"But They Can't Beat Us,"* 165.

10장 유산

272쪽   "애틱스 고등학교의 농구팀이 이룬 성공": 밥 콜린스와 가진 저자의 인터뷰.

272쪽   "우리는 흑인 공동체에 희망을 선사했습니다.": *Indianapolis Monthly*, March 2005(reprinted March 24, 2014, indianapolismonthly.com/news-opinion/remember-the-tigers).

273쪽   "이전까지는 없었던 일로 알고 있는데": 앞의 기사.

274쪽   "아빠는 '깜둥이'라는 표현을 쓰셨습니다.": 이름을 밝히기를 거부한 한 여성과 가진 저자의 인터뷰.

274쪽   "오스카는 우리에게 로자 파크스와 같았습니다.": Ray Tolbert in Jeff Rabjohns, "Robertson Became 'Big O' During Endless Hours Perfecting Game on Indy Playground," the bigo.com/AboutOscarRobertson/IndyPlayground.php

274쪽   "[오스카는] 우리의 왕이고": 조지 맥기니스와 가진 저자의 인터뷰.

274쪽   프로그아일랜드 지역의 재개발과 애틱스가 인종 통합에 미친 영향: *Attucks: The School That Opened a City* 특히 2부; *Lockefield Gardens* (영화); 윌마 무어(인디애나 역사학회의 아프리카계미국인사 담당 선임 기록관) 및 스탠리 워런과 가진 저자의 인터뷰.

275쪽   "저는 아빠가 우시는 것을 그때 딱 한 번 보았습니다.": 퍼트리샤 페인과 가진 저자의 인터뷰.

276쪽   "내가 가장 아끼는 추억 대부분은": Marshall, *The Ray Crowe Story*, 167.

276쪽   오늘날의 크리스퍼스 애틱스 고등학교: 저자가 애틱스 고등학교를 방문해 둘러보면서 현재 교장 로런 프랭클린과 나눈 대화. 아울러 "Retro Indy: Crispus Attucks High School", *Indianapolis Star*, February 24, 2014, indystar.com/story/news/history/retroindy/2014/02/24/crispus-attucks/5774495 참조.

279쪽   2017년 애틱스의 3-A 클래스 고등학교 챔피언십 우승: 하이라이트와 종료 버저가 울리는 순간 오스카 로버트슨이 보인 반응을 포함한 경기 내용은 Kyle Neddenriep, "Crispus Attucks' State Title Is 'Bigger Than Basketball,'" *Indianapolis Star*, March 26, 2017, indystar.com/story/sports/high-school/2017/03/25/crispus-attucks-wins-first-state-title-since-1959/99380574 참조.

284쪽   생략되었던 퍼레이드(박스): *Indianapolis Star*, May 23, 1955.

찾아보기